中青年 新时代中青年学者文库

本研究系国家社会科学基金一般项目（14BSH101）的研究成果，同时得到华南农业大学公共管理学院学科建设经费（7700－223126）的出版资助。

社会企业与社区集体经济发展：

以四个社会企业为例

贺建军 张维维 著

中国财经出版传媒集团
中国财政经济出版社

图书在版编目（CIP）数据

社会企业与社区集体经济发展：以四个社会企业为例/贺建军，张维维著. -- 北京：中国财政经济出版社，2023.8（2025.9重印）
ISBN 978-7-5223-2437-1

Ⅰ.①社… Ⅱ.①贺… ②张… Ⅲ.①民营企业－经济发展－研究－中国 Ⅳ.①F279.245

中国国家版本馆 CIP 数据核字（2023）第 156976 号

责任编辑：陆宗祥　　责任印制：张　健
封面设计：卜建辰　　责任校对：徐艳丽

社会企业与社区集体经济发展：以四个社会企业为例
SHEHUI QIYE YU SHEQU JITI JINGJI FAZHAN：YI SIGE SHEHUI QIYE WEILI

中国财政经济出版社 出版
URL：http：//www.cfeph.cn
E－mail：cfeph@cfeph.cn

社址：北京市海淀区阜成路甲 28 号　邮政编码：100142
营销中心电话：010－88191522
天猫网店：中国财政经济出版社旗舰店
网址：https：//zgczjjcbs.tmall.com
北京厚诚则铭印刷科技有限公司印刷　各地新华书店经销
成品尺寸：170mm×240mm　16 开　15.25 印张　221 000 字
2023 年 8 月第 1 版　2025 年 9 月北京第 2 次印刷
定价：59.00 元
ISBN 978－7－5223－2437－1
（图书出现印装问题，本社负责调换，电话：010－88190548）
本社质量投诉电话：010－88190744

序　言

集体经济是我国社会主义公有制经济的重要组成部分，是推动我国经济社会全面、协调和可持续发展的重要力量，而社区集体经济作为我国城乡社区特有的一种集体经济形式，其发展决定了城乡社区经济的水平，也直接决定了城乡社区发展的质量。随着我国城乡经济的快速提升、市场经济的不断深入以及非公有制经济的迅猛发展，社区集体经济活动越来越活跃，同时社区集体经济的创新与发展也显得尤为迫切和重要。国家“十四五”规划和《2035年远景目标纲要》提出，深化农村集体产权制度改革，发展新型农村集体经济。党的二十大报告指出，巩固和完善农村基本经营制度，发展新型农村集体经济，发展新型农业经营主体和社会化服务，发展农业适度规模经营。2023年“中央一号文件”指出，巩固提升农村集体产权制度改革成果，构建产权关系明晰、治理架构科学、经营方式稳健、收益分配合理的运行机制，探索资源发包、物业出租、居间服务、资产参股等多样化途径发展新型农村集体经济。近年来，各地立足自身资源资产和地理区位等优势条件，积极探索城乡集体资产所有权与经营权分离的运营机制，以低风险、可持续的方式放活经营权，通过租赁、参股、联营、股份合作的方式，探索新型城乡社区集体经济的有效实现形式。在实践层面，浙江省总结试点经验，提出城乡社区集体经济发展的十大模式，即资源开发型、物业经营型、资产盘活型、资本运营型、基金运作型、村庄经营型、产业发展型、生产服务型、村落建设型、土地合作股份型；广东省实施“万企帮万村”行动，积极探索城乡社区集体经济发展，形成资产盘活型、资源开发型、建园兴产型、资本运营型、村庄经营型五种社区集体经济发展模式。浙江和广东的经验表明，我国城乡社区集体经济多渠道、多类型、多样化的发展态势，已经显示出在市场经济中的活力和良好的前景。

然而，近些年来开展的社区集体经济股份合作制改革以及通过不同发展模式盘活城乡社区集体经济的尝试与努力，有一个明显的倾向，那就是城乡社区集体经济在市场化的道路上越走越远。社区股份合作制改革将现代企业制度引入社区集体经济领域，社区集体资产被完全纳入市场框架，暴露于资本和市场面前。社区集体经济的市场化激活了社区集体经济的发展潜能和活力，但同时它以市场为逻辑展开、以利润最大化为追逐的目标，把社区集体经济发展当成一个纯粹的经济问题，从而忽视、遮蔽甚至侵蚀了城乡社区集体经济的乡村性和社区性，过度的市场开发和市场化势必对城乡社区的资源要素禀赋、城乡社区的历史文化积淀以及城乡社区的风土人情构成威胁和侵害，社区集体经济的市场化无疑偏离了社区集体经济发展的方向。

20 世纪 80 年代以来，欧美世界的社会发展领域出现了一种新的动向，那些原本和社会科学有关的概念和理解，突然之间与“企业家精神”“资本”“创新”等市场经济的词汇发生了“亲密接触”，最终形成了一种新的经济形式或组织形态，即社会经济的形式或社会企业（Social Enterprise）。社会企业不同于营利性企业。它们的不同不在于商业模式、市场策略、服务对象、经营范围等方面，而在于组织主要目标的不同：营利型企业的主要目标是经济的，即利润或收益最大化，而社会企业的主要目标是社会的，即“造福社会”，如提供儿童和老年人照顾、推动边缘化人群的融合、促进落后乡村和困顿社区的重建与发展等。社会企业也不同于传统第三部门或非营利性组织，在传统的第三部门组织中，其行动方式和目标取向完全是社会性、公益性的，它们授受捐赠、社会公众的支持、志愿行动或政府资助，商业和经济目标很少或几乎没有相应的位置，而社会企业则不然，尽管社会企业也接受捐赠、志愿行动或政府资助，但更多的是寻求某种商业模式的开发和运用，因此，社会企业比非营利性组织拥有更多的商业因素和经济目标。社会企业有一个重要特征常常被人忽视，那就是它倾向于扎根地方特别是落后的乡村和社区，社会企业依赖社区的人力、物力、组织等各种资源，推动社区居民就业、提供社区服务以及促进社区经济发展等。社会企业不仅能够激发社区发展的活力，而且也能永续社会企业的竞争力和生命力。

社会企业作为一种社会经济的新形态，它植根于乡村或社区，兼有社会、经济、环境甚至文化等多重价值底线。实际上，社区集体经济的发展不是、也不应是纯粹的市场行动和经济发展，而是一种以社区为中心的发展。它需要关注社区里弱势群体的利益，需要合理利用社区资源要素禀赋，需要有效保护社区历史文化遗产，需要重建社区成员之间的关爱与信任，更需要彰显社区的共同体价值。社区集体经济依赖我国城乡社区，需要在社会、经济、环境、文化等多方面获得发展，而社会企业在这些领域具有独特的价值和明显的优势，刚好符合社区集体经济的发展要求和期待，因此，社区集体经济发展可以社会企业为组织形式，社会企业可为社区集体经济发展提供动力和支持，推动社区集体经济的发展。

作为我国社会主义公有制经济的重要组成部分，同时也作为我国城乡社区特有的一种经济形式，城乡社区集体经济发展在市场经济条件下以何种形式得以有效实现，是一个必须解决的现实问题，也是一个十分重大的学术问题。社会企业为研究城乡社区集体经济发展提供了新的视角，以社会企业为研究视角和分析工具，社区集体经济及其发展将获得新的阐释和理解。

（1）社会企业及对地方经济发展的影响。关于社会企业的概念，理论界和实务界并没有形成一致的意见，但其基本内核并没有太大差别，大多数研究都认为，社会企业包含运用商业或市场策略、社会使命、不以利润最大化为目的、社会创新等理念。基于我国社会企业的发展实践，结合理论界和实务界对社会企业的各种定义，可将社会企业做如下表述：社会企业是指经地方工商行政管理机构登记注册，以解决社会与生态环境问题，改善社会治理、提供社会服务、投身慈善公益，参与乡村振兴或社区重建与发展，服务于弱势群体或贫困人群为宗旨和首要目标，以市场化运作和创新商业模式为策略和主要手段，所得利润不能私人占有或用来分红，而按照社会目标投入社会事业、乡村发展和社区重建，并且持续坚持社会目标的新型组织形态。社会企业作为一种介于私营企业与非营利组织之间的组织形式，因其拥有公共政策、市场与社会多重价值，能够破解地方经济发展面临的结构性困境，对地方经济发展特别是那些困顿社区的经济重建产生积极的影响。当其嵌入地方，能够动员地方居民依托地方资源开展地方行动，实现地方经济的内源性发展（Endogenous Development）和在地化发展（Indigenous Development）。

（2）理解社区集体经济及其发展。在传统语境中，社区集体经济一直被视为一个经济的或市场的概念，但实际上，作为社区经济和集体经济的重要形式和类型，社区集体经济可从社区、集体和经济三个角度来理解，它是一种社区与社会经济、一种合作与参与经济、一种正式与非正式经济。相应地，社区集体经济发展也应抛弃传统的经济学思考，而要从社区、集体、经济和发展四个方面来理解：①面向社区的发展，即社区集体经济发展中社区概念的应有之义；②超越集体的发展，即社区集体经济发展中集体概念反映的趋向；③带动经济的发展，即社区集体经济发展中经济概念表达的内涵；④促进发展的发展，即社区集体经济发展中发展概念隐藏的深意。基于这样的理解，社区集体经济的发展就要从过度市场化与行政权力的干预中摆脱出来，建立起社区、集体、经济、发展的推进路径，从而推动社区集体经济的可持续发展。

（3）社会企业驱动社区集体经济发展。社会企业作为一种扎根地方的新型组织形态，它对于重拾社区的社会人文价值与自信，为社区建立睦邻友好关系、共享经济成果和环境永续，帮助社区拥有健康的幸福意识，有着重要的价值与意义，具体地说，社会企业能够从社区、集体、经济、发展四个方面推动社区集体经济发展。①社会企业促进社区的发展。社会企业以社区为依托，调动社区各种资源，实现对社区资源的利用与再造，同时也改变着社区的社会关系和带来社区社会政治价值的提升。②社会企业超越集体的发展。社会企业基于民主和联合的观念，吸引社区居民的民主参与，并促成利益相关者的合作，共同承担起社区集体经济发展使命。③社会企业带动经济的发展。社会企业运用商业策略和市场机制，不仅能够促进地方经济数量上的增长和个人经济实力的提升，它更推动了地方经济结构的变化和经济发展方式的变革。④社会企业推动发展的发展。基于目标的多元化，社会企业不仅倡导社会、经济、环境、文化的整体发展，它更关注社区成员的发展。

（4）社会企业驱动社区集体经济发展的经验证据。观察和分析社会企业或准社会企业的多样形态，结合社区集体经济发展的研究议题，确立社会企业的分类依据，根据资源利用和市场空间两个变量，将嵌入社区的社会企业分为四种类型：社区嵌入型、资源利用型、外部扶持型和市场竞争型。采用判断抽样的方法，根据研究者对四种不同类型社会企业的把握与理解，多次往返调整研究个案样本，最终选择四个社会企业作为典型案例。四个社会企业依据不同的资源条件和市场空间，以及自己的创意与能力，谋求社会企业的持续发展，也从不同的侧面推动社区集体经济的发展。

（5）社会企业在社区的培育与社区集体经济发展。在乡村振兴和城市更新的背景下，发展新型农村（社区）集体经济，需要创新农村（社区）集体经济的组织形态或活动形式，在乡村和社区中培育和发展社会企业不仅符合社会企业扎根乡村和社区的本性，而且也符合乡村振兴背景下农村（社区）集体经济的创新要求。具体说来，可从如下方面培育乡村和社区社会企业，以促进社区集体经济发展：一是依托社区合作社创立和发展社会企业。可将社区股份合作社和各类专业合作社改造成社会企业，这样在商业策略和社会使命的双重驱动下，社会企业以多样化的形态给社区成员带来合作与共享的社区经济福利。二是鼓励支持社会力量投资举办社会企业。近年来在农村（社区）大量兴起的社会组织和作为市场化重要力量的私营企业可为社会企业在社区的创新和发展方面提供支持和动力，政府应允许社会组织以市场化方式运作和鼓励私营企业投资社会公益事业。三是优先发展社区服务类、发展类社会企业。政策的制定应围绕社区居民的迫切生活需要和个人发展诉求，重点支持和优先发展服务类和发展类社会企业，从而建立社会企业与社区之间的良好互动与联系。四是力争在社区中发现和培育社会企业家。社区中的经济能人、政治精英以及志愿者、社会组织负责人等，都有成为社会企业家的足够资质和潜力，可让他们成为社会企业成长的带头人和社区集体经济发展的关键力量。

社会企业在世界范围内不断兴起，它们推动人们发挥创意和想象，为本地的问题寻求本地化的解决方案。然而在中国，社会企业还是一个新生事物，决策者们还远没有认识到社会企业对于地方社会经济发展的重要性，更没有将其纳入我国城乡社区集体经济创新与发展的框架之中，学术界也没有将社会企业与社区集体经济发展联系起来考虑和研究的先例。本书想在这方面做些大胆的尝试，将社会企业引入社区集体经济发展的研究领域。

这种尝试不免会面临巨大的质疑和挑战——在人们的传统认知里，社区集体经济的边界相对清晰，如果把专业合作社、互助经济、共享经济等视为社区集体经济形式，通常认为是不合适的。但是，从社会企业角度来看社区集体经济及其发展，从而试图建立社会企业与社区集体经济之间的联系，就需要突破社区集体经济的传统认知和理解——重新认识社区集体经济，要把社区集体经济看成是一种更为宽泛意义上的经济形式，以合作、参与、共享、互助为基础的经济形式，都应该纳入社区集体经济的范畴。只有这样，才能理解社会企业与社区集体经济的这种联系，才能理解社会企业何以能够推动社区集体经济发展。因此在实践中，社会企业嵌入社区集体经济有三种表现形式：第一种是因应当前社区集体经济股份制改革而形成的社区股份合作社（公司），可以社会企业为组织形式，或向社会企业转变；第二种是社区集体经济活动可以社会企业模式运作，如物业经营、乡村资源开发与利用、产业发展等；第三种是社区内以合作、参与、共享、互助为基础的经济形式，也就是在宽泛意义上理解的社区集体经济，其本身就是社会企业性质和取向的。本书研究以社会企业为导向创新社区集体经济形式，旨在重新重视乡村和社区价值、淡化集体的意识形态痕迹，从而回归社区集体经济发展的常识和本位。可以设想，以社会企业为组织蓝本或价值样板创新社区集体经济形态，城乡社区集体经济发展将会获得新的生机和活力。

作　者

2023 年 6 月

目　录

第一章　问题与背景

社区集体经济作为中国城乡社区特有的一种经济形式，是中国城乡经济发展的重要基础和社区居民收入的重要来源，社区集体经济的实现形式和发展及经济效益关乎基层群众的切身利益和整个城乡社会的稳定，是中国城乡基层社会普遍关注的重大问题，对当前中国推进基层社会治理体系和治理能力现代化有十分重要的意义。[①] 随着中国城乡经济的快速发展和城镇化、城市化水平的进一步提升，社区集体经济活动越来越活跃，社区集体经济发展问题也逐渐成为中央政府的重要政策议题。例如，党的十五大报告指出，要支持、鼓励和帮助城乡多种形式集体经济发展，对以劳动者的劳动联合和劳动者的资本联合为主的集体经济，尤其要提倡和鼓励。后续中央政策聚焦社区集体经济发展的实现形式和路径，提出深化和推进集体企业改革，继续支持和帮助集体经济发展，发展多种形式的集体经济、合作经济，探索集体经济的有效实现形式。党的十八大报告注意到集体经济与城乡一体发展之间的关系，提出要发展壮大集体经济实力，推动城乡一体化发展。在党的十九大报告中，集体经济发展更是被置于乡村振兴、农村产权制度改革与城乡融合发展的政策议题与框架内，提出要深化农村集体产权制度改革，保障农民财产权益，壮大集体经济，建立健全城乡融合发展体制机制和政策体系，加快推进农业农村现代化。[②] 近年来，社区

① 2019年6月23日，中共中央办公厅、国务院办公厅印发《关于加强和改进乡村治理的意见》，提出推进乡村治理体系与治理能力现代化，夯实乡村振兴基层基础。社区集体经济作为中国城乡融合发展的重要载体和内容，无疑对推进中国基层治理体系和治理能力现代化起着重要的作用。

② 近年来，中央涉农或涉及城市发展与基层治理的重要文件大都聚焦集体经济发展的政策议题，特别是在当前乡村振兴与城乡融合发展的大背景下，农村（社区）集体经济发展更是受到中央高层的极大关注，从中共十五大报告到中共十九大报告，都有对集体经济发展的政策指示与建议。

集体经济发展问题更是各级地方政府关注的政策焦点。例如，浙江省早在2001年就明确提出发展壮大村级集体经济促进农村经济社会发展，并不断探索集体经济的实现形式和发展模式，率先开展社区股份合作制改革和集体经济“飞地”抱团发展。① 总之，中央及各级地方政府为社区集体经济的发展提供了重要的政策保障，也为社区集体经济发展指明了方向。

在中国，社区集体经济是一个特征鲜明而又需要辨明的概念。它的鲜明特征体现在，与欧美国家的社区经济形态比较，欧美没有所谓的集体经济或集体所有制形式，也就相应地没有农村或社区集体经济的说法，欧美国家的公共政策和学术辩论大都倾向于使用社区经济的概念。② 尽管在中国与欧美国家社区经济形态比较的语境中，社区集体经济的概念特征鲜明，但这一概念仍有必要在中国社区与社区发展的框架内进一步辨明。20世纪80年代以前，中国还处于传统的农业社会阶段，农村村落还属于传统的农业共同体，而城市大都还处于单位制的管理模式之下，直到1986年，民政部借鉴香港经验，将社区概念引入中国内地的城市治理，伴随着单位制的改革，社区在中国的城市管理中扮演了越来越重要的角色。③ 同时，随着中国农村在政治经济领域改革的推进，中国农村也逐步建立起社区体制机制，形成农村社区。因此，社区既包括城市社区，又包括农村社区。④ 相应地，社区集体经济并不是单指城市社区的集体经济。目前纯粹的城市社

① 浙江省人民政府分别于2001年和2014年印发《关于进一步发展壮大村级集体经济的通知》（浙委〔2001〕20号）、《关于全面开展村经济合作社股份合作制改革的意见》（浙政办发〔2014〕101号），明确提出推进集体经济发展问题；2019年，浙江省率先在全国探索集体经济发展模式，发文强调村级集体经济“飞地”抱团发展，开创集体经济发展新模式，从而将集体经济发展问题提高到新的政策高度。

② 集体经济或集体所有制概念是高度计划经济下的产物，西方发达国家推行自由市场，因而也就不可能有所谓集体经济概念或形式，在欧美文献中也基本难以看到集体经济或集体所有制的概念。尽管欧美国家奉行自由主义市场经济，因而没有形成集体经济或集体所有制的概念，但并不能由此断言那些国家不存在集体经济形式，实际上，集体经济模式在资本主义发达国家也不同程度地存在。中国学者郑萍考察了日本山岸主义社会实验地，指出山岸主义社会实验地是资本主义制度框架内的一种集体经济与社会组织形式，是日本农业集体所有制的经济组织。因此，将集体经济作为社会主义国家的特有事物而与资本主义国家无关的观点是一种对集体经济概念的误解。参见郑萍：《日本山岸会——国外集体经济的一种实验》，《上海集体经济》，2014年第4期，第37－41页。

③ 熊易寒：《社区共同体何以可能：人格化社会交往的消失与重建》，《南京社会科学》，2019年第8期。

④ 人们通常有一种误区，认为只有城市才有社区，农村是村落或村庄。其实不然，城市有社区，农村也有社区。我们应该将社区看成是中国城市和农村共有的一种体制机制。

区，经过改革和社区减负，已基本不再被赋予经济职能，传统的街道企业等城市社区类集体经济已改制或剥离。虽然在一些城市社区存在房屋出租等经济活动，但其出租的房屋产权一般不属于社区集体所有。而在中国城市，现今更为多见的一种情况是以商品房小区为主要形式的城市社区，这种社区在一定数量商品房住宅的基础上建立起来，除了社区居委会外，开发商、物业公司和业主委员会的权责互动与博弈是这种类型社区的重要特征，这类社区毫无疑问没有集体经济形式。城市中还有一种类型的社区，即城中村社区，这类社区以前大多是农村地区，由于城市化扩张，将原来农村的空地建成现代化大楼，而原来村民自己建的房子都被包围在城市之内，就形成了城中村社区。这类社区大多是由城市周边的农村演变而来，而原有农村一般都有集体经济形式，因此，这类城中村社区大部分都有集体经济问题。① 城市中还有一类社区与城中村社区很相似，那就是城郊社区或农村城市化社区。这两类社区都是在城市化推进中由农村演变而来，但不同的是，城中村社区并不处于城市的边缘地带，而城郊社区在地理空间上介于城市与农村之间，是城市地理区域不断向农村扩张的结果。不仅从地理空间上看，城郊社区处于城市边缘地带即城市与农村之间，而且从社区形态上看，城郊社区也是兼有城市社区和农村村落的双重特征，如这类社区有城市社区的居委会建制，但有些社区居民还保留有原来农村居民的生活习惯和风俗。这类在城市化进程中村改居的社区可称为“转型中的社区”，此类社区还保留有相当程度的集体经济。现在有集体经济的主要是农村社区，这类社区以村或镇为活动中心，居民聚居程度较为分散，大部分是以从事农业为主的村落共同体。农村社会学家对农村社区有不同的理解，但大都认同集体经济在这类社区中的重要地位。集体经济在农村社区较为普遍，相当长时期内，农村社区集体经济都是以简单的土地经营、物业租赁等形式实现。近年来，农村社区在经过股份合作化改革后，出现了一些新型的集体经济形式，如土地合作型经济、物业经营型经济、乡村

---

① 城中村社区是近些年来中国快速城市化过程中出现的一种特殊类型的社区，对于这类社区，学术界普遍认为是城市化发展过程中出现的一种必然现象，有其存在的价值和合理性，但这种类型社区流动人口比较多，居住条件、环境整治、安全隐患、公共服务供给等都成为这类社区发展的难题，因此有必要对城中村社区进行改造，使之向真正意义上的城市社区发展。

服务型经济、资源开发型经济等，在当前乡村振兴战略的背景下，如何盘活农村闲置土地资源，如何开展土地合作与资源开发利用，如何用集体经济的形式提供乡村服务，这都是发展新型集体经济、推进农村社区集体经济发展，从而实现乡村全面振兴需要思考的重要问题。①

综上所述，由于中国城乡正处于转型与融合发展的时期，社区形态出现多样化的倾向与特征，即有四种不同类型的社区：商品房社区、城中村社区、城郊社区、农村社区。在这四种不同类型的社区形态中，并不全部都有社区集体经济问题，在纯粹的城市社区特别是那些商品房社区，集体经济已经成为一种历史或完全没有。而对于有些城中村社区，虽有一定的集体经济，但在城中村社区的政策议题中，治理转型与改造是其主题词，促使城中村社区向纯粹的城市社区或商品房社区发展是当前城市化发展面临的主要任务，因此原有城中村社区的集体经济可能会慢慢剥离或萎缩。城郊社区和广大的农村社区是集体经济发展的重镇，这两种类型社区中的集体经济也是当前中国城乡发展中最有活力的一种力量，本书尝试从社会企业角度研究的社区集体经济，便是这两种类型社区中的集体经济及其发展问题。

中国城乡社区集体经济发展以 20 世纪 80 年代为重要时间节点。新中国成立后相当长时期内，各级城市主要以单位制为特色的管理体制，而农村还处于传统的农业共同体阶段，社区概念和社区体制并没有在中国城乡运用和发展起来。但是，集体经济或集体所有制自新中国建立后就一直存在，统称为农村集体经济，而无社区集体经济的说法。20 世纪 80 年代以来，随着中国经济、政治体制的变迁，结构的调整以及农村城市化的加快，中国传统农业共同体开始向现代城乡自治社区转变，② 原有以单一农业集

① 学术界有一种观点认为，乡村振兴应该从农村社区集体经济开始抓起，通过发展农村新型集体经济而壮大农村集体经济，从而实现乡村全面振兴。参见翟成新、刘希柱：《乡村振兴从发展新型集体经济抓起》，《农业知识》，2019 年第 10 期。

② 中国的村庄正在经历从传统农业共同体向城乡自治社区的大转型，这主要表现在：经济共同体转型，即村庄从人民公社体制下的集体大队转向社区经济共同体；治理共同体转型，即村庄从国家的基层治理单位转向国家与社会共同治理、乡土性公共领域得到初步生长的共同体；村庄作为农民社区的转型，即从传统农业社区转向城乡自治社区。参见毛丹：《村庄的大转型》，《浙江社会科学》，2008 年第 10 期，第 2 – 12 页。

体劳动和土地集体所有为主导模式的农村集体经济也开始向以土地开发、房屋租赁、企业经营、商业拓展等多元形态的城乡社区集体经济转变，社区集体经济作为一种中国独有的城乡社区经济形态开始出现。经过 30 多年的转型发展，中国城乡社区集体经济从根本上结束了传统农业从互助组、合作社到人民公社的国家权力全面渗透的集体化时代，同时也开启了现代城乡社区集体经济以股份合作制为主导和以国家、市场与社会多元力量介入的发展格局，① 其所造就的经济行动及其展示的博弈力量为观察和重构中国城乡社区集体经济提供了场景，也为探寻中国城乡社区集体经济发展根源提供了素材。

在这场由地方政府推动和市场机制主导的经济变革运动中，行政权力与市场化释放出独特的转型力量，社区集体经济从产权归属、分配原则到经营管理模式发生了根本性的转变，社区股份合作公司作为一种"社区集体经济创新发展的重要组织形式和制度性安排"，② 随之登上历史的舞台，并成为动员和组织社区居民推动社区集体经济发展的重要力量。随着社区股份合作制改革的不断深入，以社区股份合作公司带动的社区集体经济发展呈现出三种新的倾向：

第一种倾向是权力干预的发展。城乡社区作为社区居民行使自治权利的基层单位，在制度安排上不受地方政府行政权力的约束，但实际上，地方政府的行政权力从来就没有退出中国城乡社区的发展视域，社区集体经

---

① 自 20 世纪 90 年代以来，中国城乡社区集体经济发展最引人注目的现象便是社区股份合作制改革，学术界因此普遍将目光聚焦于社区集体经济的市场化，把社区集体经济的发展也视为一个完全的经济问题与市场问题，从而忽视了近 30 年来政府权力和社会力量对社区集体经济的建构。实际上，社区集体经济的市场化浪潮虽然结束了政府权力全面控制的集体化时代，但政府权力从来没有退场，当下进行的社区股份合作制改革，正是政府权力推动的结果；社会的力量相对而言较为微弱，但近些年来民间组织的兴起、社区集体行动的展开和居民自治力量的壮大等，这些社会的力量或直接或间接地为社区集体经济的发展提供了支撑。对于我国目前社区发展中"社会是否在场"这一问题，学术界存有更大的争议，例如，冯刚就认为在我国社区建设中只有政府在场，市场和社会都不在场；陈伟东则认为在中国的社区建设中在最低程度上社会还是在场，参见麻鸣：《"社区发展与中国实践国际学术研讨会"综述》，《浙江社会科学》，2013 年第 5 期，第 94 - 99 页。总体上看，政府权力、市场机制和社会这三种力量共同推动了社区集体经济发展和社区发展，只不过，市场机制处于显性位置，政府权力则是幕后推手，而社会的力量在市场与政府的双重挤压下往往被社区集体经济发展这样一个经济学话题所掩盖。

② 杨刚勇等：《经济发达地区社区集体经济改革研究——以深圳市龙岗区为例》，《特区实践与理论》，2015 年第 2 期，第 88 - 91 页。

济的发展特别是社区股份合作化改革一直处于地方政府的政策干预之下。[①]更为直接的是，社区党委和居委会成员与社区股份合作公司经营班子实行交叉任职，从而使得社区政府直接控制社区股份合作公司的运作。在地方政府行政权力的干预下，社区集体经济发展便会缺乏自主性，社区合作社、企业、社区居民甚至社区政府时刻等待着来自上级的决策和资源，因为他们相信政府对发展的各个方面拥有主要的权力和责任。[②]

第二种倾向是市场力量僭越的发展。市场规则的兴起给社区集体经济发展带来了新的契机，它“影响市场决策、消费者行为、市场结构和资源获得，并培育更好的责任、透明度、政策方向和结果”，[③] 也在客观上扭转了社区集体经济发展完全集体化的倾向。但是，社区股份合作制改革将“现代企业制度引入社区集体经济发展”，[④] 从而使社区集体经济的市场化之路走得更远，社区集体资产作为全体社区居民拥有的资产，将其完全纳入市场框架，暴露于资本和市场面前。引入现代企业制度是社区集体经济做大做强的重要路径和必要选择，将资产所有权和经营权分离，成立资产经营或村庄经营公司具体负责资产运作，通过发包、租赁、参股等方式获得经济收益。但是，社区集体经济的市场化却面临社区资产流失的风险，同时也可能“导致对社区成员利益的侵害、社区居民价值观念的冲击以及社会公平的缺乏”，最终偏离社区集体经济发展的方向。[⑤]

第三种倾向是社区成员旁观的发展。在地方政府权力全面介入的集体化时代，集体经济实行共同劳动、集体经营、集中分配的管理体制，农村或社区居民实际上被完全纳入集体化的体制框架，他们对于社区集体经济的发展而言并不是一个置身事外的“旁观者”，而是一个参与其中的“局

---

① Sargeson, Sally and Zhang, Jian, 1999, “Reassessing the Role of the Local State: A Case Study of Local Government Interventions in Property Rights Reform in a Hangzhou District”, *The China Journal*, 42: pp. 77 - 99.

② Birkhölzer, Karl, 2009, “The Role of Social Enterprise in Local Economic Development”, Paper for the 2nd EMES International Conference on Social Enterprise, 1st to 4th of July in Trento, Italy.

③ Hendrickson, David J., 2011, “Pushing the envelope: market mechanisms for sustainable community development”, *Journal of Urbanism: International Research on Placemaking and Urban Sustainability*, 4 (2): p. 165.

④ 陈品嵩：《把现代企业制度引入农村社区集体经济》，《农民日报》，2003年4月5日，第003版。

⑤ 贺建军：《社区发展的角色困境及其解决路径——一种社会企业的观察视角》，《浙江社会科学》，2015年第4期，第71-72页。

内人”。不过，作为实际参与集体经济发展的局内人，农村或社区居民并不具有自主性，他们的劳动意愿被国家意志所左右，劳动成果在很大程度上也以集体的名义被剥夺。市场化改制释放了社区居民的劳动意愿，也使他们最大限度地享有自己的劳动成果，但是，社区居民在失去国家体制约束的同时，也就自然地从一个参与集体经济发展的“局内人”向一个置身集体经济发展之外的“旁观者”角色转变，社区集体经济的发展最终成了社区政府或社区股份合作公司的事务。

应该承认，中国城乡社区集体经济的发展有着严重的困境及其根源，地方政府行政权力的过度干预，钳制了社区集体经济发展的活力，市场化转型迎合了主流经济学将社区集体经济视为一个经济学课题的期待，但过度的市场化开发势必偏离社区集体经济发展的社区方向，社区集体经济发展处于行政权力与市场化的双重挤压之下，而社区成员的旁观者心态从根本上瓦解了从社区内部生长出发展力量的基础。因此，从根源上看，社区集体经济的发展需要摆脱行政权力的依赖和过度市场化的宰制，同时建立起社区成员自主参与社区集体经济发展的组织或制度框架，从而使社区集体经济“朝向更多的经济民主和社会正义的方向发展”。①

社区集体经济发展的核心在于社区成员，动员社区成员运用社区资源开展社区经济行动，促成一种“来自社区内部的发展”，一种“自我帮助”(Self－help) 的发展。② 当社区成员认识到政府和市场都不能服务于他们的需求或解决他们的问题时，他们便组织起来寻求自我帮助与发展。诚如卡尔·伯克霍尔泽（Karl Birkhölzer）所言，地方经济发展“不能逃离自助”

① Birkhölzer, Karl, 1999, “Local economic development: a European－wide movement toward more economic democracy and social justice”, *Local economy*, 14 (1): p. 43; Wallace, S. Leronda, 1999, “Social entrepreneurship: The role of social purpose enterprises in facilitating community economic development”, *Journal of Developmental Entrepreneurship*, 4 (2): p. 157.

② 卡尔·伯克霍尔泽提出地方经济发展的四种情境：第一种情境是来自上部的发展，这种发展的主角是国家，采取自上而下地从中央政府到地方政府的方式开展工作；第二种情境是来自外面的发展，这种发展的主角是外部投资者，外部投资者可以为地方发展带来资源和资金；第三种情境称为等待观望（wait and see）的发展，这种情境下人们消极地等待和观望，甚至移民；第四种情境是来自内部的发展，这种发展既不来自国家，也不来自私人投资和宿命论者，而是来自地方民众，他们在地方经济发展中充当了主要角色。参见 Birkhölzer, Karl, 2009, “The Role of Social Enterprise in Local Economic Development”, Paper for the 2nd EMES International Conference on Social Enterprise, 1st to 4th of July in Trento, Italy, pp. 3－4.

(There is no escape from self - help),[①] 社区集体经济作为一种社区层面的地方经济形式，社区成员的自主参与（自助）无疑应该成为理解社区集体经济发展的重要线索。

但是，在现有制度安排下，社区成员自主参与社区集体经济发展的愿望势必难以实现。行政权力压制了社区成员的自主性，以股份制为代表的市场机制则为社区成员一味追求私人利益打开了缺口，而作为一种制度创新的社区股份合作公司，原本可以借合作之名实现社区成员的自主参与，但“现行村或社区经济合作社的运作并没有遵循合作社原则”,[②] 社区成员也就不可能实现社区集体经济事务的自主参与。不过，应该承认的是，社区集体经济组织按照合作社原则兴办的专业合作社则带有合作社性质，这些“准合作社”(quasi - cooperatives)[③] 成为当下中国城乡社区居民自主参与社区集体经济发展的重要组织形式。

作为社会企业的一种重要类型，合作社在社区的生长及其规范运行对于社区集体经济的发展至关重要。[④] 从社区合作社模式拓展开去，社区企业、小额贷款公司、社区基金会、慈善超市、时间银行、互助协会等多样形态的社会企业“能够成为一种引人关注的从内部驱动发展的工具”（So-

---

① Birkhölzer, Karl, 1999, “Local economic development: a European - wide movement toward more economic democracy and social justice”, *Local economy*, 14 (1): p. 43.

② 郑有贵指出，村或社区集体经济组织是否戴合作社帽子，应当看其是否遵循了合作社原则。根据罗虚代尔合作社原则和国际合作社联盟在1995年百年庆典大会上提出的合作社原则，即：①自愿与开放的社员资格；②民主的社员控制；③社员经济参与；④自治与独立；⑤教育、培训和信息；⑥合作社之间的合作；⑦关心社区。郑有贵认为，现行村社区性集体经济组织不必戴合作社帽子，实际上，社区股份合作公司（社）有合作社名而无合作之实。参见郑有贵：《村社区性集体经济组织是否冠名合作社——以福建省仙游县村经济合作社为例》，《管理世界》，2003年第5期，第96-97页。

③ 张小山认为，只有少数农村股份合作企业和农民专业合作社（rural shareholding cooperative enterprises and farmers' specialized associations）与国外合作社相似，这部分合作社可以称为“准合作社”(quasi - cooperatives)。参见Zhang, Xiaoshan, 1999, “Co - operatives, communities and the state: the recent development of Chinese rural co - operatives in transition”, *Land Reform*, 1-2: pp. 93-105。郑有贵在其论文的注释③中也明确指出，不能否定社区性集体经济组织按照合作社原则兴办的专业合作社的合作社性质。参见郑有贵：《村社区性集体经济组织是否冠名合作社——以福建省仙游县村经济合作社为例》，《管理世界》，2003年第5期，第100页。

④ 在欧美社会企业的语境中，合作社一直被作为社会经济或社会企业的一个突出内容或重要类型，甚至在许多国家，社会企业被登记为合作社。在中国，大量存在的农民专业合作社或社区合作社是否能够作为一种社会企业类型来看待，学术界仍然存有争议，争议的焦点在于中国的合作社是否符合真正的合作社原则和构架。

cial enterprises can represent an interesting instrument for endogenously driven processes of development)。[①] 社会企业并不寻求过多的外部投资和公共财政的支持，而是更多地将目光聚焦于地方或社区的人力资源、社会资本、地方传统以及服务的地方需求，调动或组织地方的人们或社区居民利用这些资源开展市场化行动，最终达至经济和社会双重目标的实现。在这个意义上，社会企业能够实现一种“在地发展（Indigenous development)”，而不是一种“外部驱动的发展（externally - driven development)”。[②] 就中国城乡社区集体经济而言，社会企业作为一种社区嵌入的新型组织形态，能够调动“社区居民运用社区资源开展社区行动”（Local Work for Local People using Local Resources)，[③] 从而为社区居民自主参与社区集体经济发展提供有力的组织支持，推动社区集体经济的发展。

① Borzaga, Carlo & Tortia, Ermanno, 2008, "Social Enterprises and Local Economic Development", *School on Local Development* (*SLD*) *working paper*, p. 14.

② Giovannini, Michela, 2012, "Social enterprises for development as buen vivir", *Journal of Enterprising Communities: People and Places in the Global Economy*, 6 (3): pp. 284 - 299.

③ Birkhölzer, Karl, 2009, "The Role of Social Enterprise in Local Economic Development", Paper for the 2nd EMES International Conference on Social Enterprise, 1st to 4th of July in Trento, Italy, p. 5.

第二章　文献回顾与研究尝试

社区集体经济作为一种中国特有的地方经济形式，其发展一直处于政府、市场与社会的三重语境之下，但是，地方政府行政权力的干预、过度的市场导向以及社会价值的缺失，使得社区集体经济的发展陷入了由政府、市场与社会带来的结构性困境之中。社会企业作为一种超越传统企业和民间非营利组织的新型组织形式，它运用市场化策略解决社会问题，能够同时实现市场和社会的双重价值，欧美世界的学术辩论因之将其视为地方经济发展的重要动力。社会企业在中国的兴起，[①] 无疑为理解与重构社区集体经济发展提供了一个新的视角和进路。

第一节　文献回顾与述评

20 世纪 80 年代肇始的社区股份合作制改革，使得社区集体经济发展呈现出明显的市场化倾向，社区集体经济发展的研究也逐渐从以集体所有制为中心的政治化向以股份合作制为中心的市场化范式转换，在社区集体经济中引进现代企业制度、进行产权改革、寻求市场资源和拓展市场空间成为当前市场化研究范式的重要关照。不过，尽管行政权力全面干预的集体化余温渐渐退却，但社区集体经济发展的政治化倾向仍然明显，制度依赖、权力干预与政策嵌入自然成为社区集体经济发展研究的思考主题。近

① Zhao, Meng, 2012, "The Social Enterprise Emerges in China", *Stanford Social Innovation Review*, spring 2012: pp. 30 – 35.

十年来，中国学术界开始普遍的市场化反思与社会转向，加之社区集体经济的市场化对社区与社会领域的侵蚀愈益明显，研究者们开始注意到社区集体经济发展的社会学维度，社会资本、社区合作、社会角色等社会因素随之得到社区集体经济发展研究的关注。因此，从宏观脉络上看，社区集体经济发展研究主要围绕三条线索而展开。

一、市场力量推动的社区集体经济发展

中国传统计划经济向市场经济的转变，从大背景上为社区集体经济发展确立了基调，市场化也就自然成为社区集体经济发展研究的焦点，现代企业制度、股份制、资产重组、公司化改造以及集体资产的产权安排等经济学名词相应成为学术辩论的惯常用语。不过，起初的研究并没有明确以社区集体经济的市场化为论题，而只是意识到“发展和巩固社区集体经济要走新路，不能走过去集体所有、集体经营、集体劳动的经营管理道路”。① 社区集体经济要在经营管理制度上创新，就必须引入对外开放、对内搞活的市场经济管理机制，资产量化、股份合作被研究者们作为社区集体经济的有效实现形式而提出来。② 研究者们一般都同意，社区股份合作克服了传统集体经济的缺陷，将集体资产进行股份制改造，极大地推动了社区集体经济发展，社区股份合作公司（社）也被作为社区集体经济的重要组织形式而在实践中得到推广。③ 不过，早期的研究大都停留在常识层面，它们充其量仅认识到社区股份合作制对于传统集体经济而言建立的市场优势，从而对社区集体经济的市场化发展方向特别是社区股份合作制改革路径做了预判，而对社区集体经济股份合作制改造中出现的问题缺乏细

① 江立：《发展巩固社区集体经济要走新路》，《南方农村》，1994 年第 2 期，第 38 - 39 页。

② 陈暹秋：《广州社区集体经济引入股份制改造合作制做法及意义》，《农村经营管理》，2004 年第 4 期，第 41 - 42 页。徐元明：《社区股份合作：农村集体经济新的实现形式》，《中国集体经济》，2005 年第 4 期，第 37 - 39 页。

③ 傅晨等：《农村集体经济组织管理体制改革的探索——广州市天河区社区股份合作制考察》，《社会科学研究》，1994 年第 1 期，第 46 - 51 页。

致的观察。①

近几年来，社区集体经济市场化发展的研究出现了两大转向：一是突破简单的社区集体经济市场化发展的理论研判，转向对社区集体经济市场化转型的经验研究。社区集体经济在国家政策上的变动和实践上的拓展为经验研究提供了足够的证据。新闻界人士的嗅觉最为敏感，他们就社区集体经济股份合作制改革议题进行了大量的新闻报道，②这类报道有一个共同的倾向，即以积极、乐观的心态看待社区集体经济股份合作化改革，这无疑为早期研究将股份合作形式作为社区集体经济发展方向的预判提供了经验证据。二是摆脱单纯的社区集体经济市场化发展的优势澄清，转向对社区集体经济市场化转型的问题探究。经验研究的兴起以及股份合作公司在社区的不断生长，社区集体经济在发展中存在的问题不断暴露，社区股份合作模式在制度规范、股权设置、治理结构、经营模式、政企关系、监管机制、人才需求等方面的问题，③逐渐引起研究者们的注意。不过，针对这些问题，相关研究并没有从市场化自身寻找原因，而仍然倾向于认为是股份制改革力度不够所致，他们错误地将股份合作制改革简单看成是对集体资产的股份化，其最终发展方向是股份制企业，因而主张建立现代企业制度的治理结构，从而对股份合作公司进行全面“公司化”改造。④

这条线索直观地反映了社区集体经济的经济本质，看到社区集体经济的发展关乎的是社区居民的经济利益得失，从而简单地认为只要将社区集体经济进行公司化改造，将其推向市场，盘活社区资产、利用民间资本、

---

① 贺建军：《社会嵌入与社区集体经济发展——来自中国城市社区的经验证据》，《浙江大学学报》（人文社会科学版），2018 年第 5 期。

② 新闻记者对社区股份合作制改革进行了大量的新闻报道。参见钟伟：《村民变股民 幸福日子节节高》，《德州日报》，2014 年 9 月 1 日。李萍：《创造社区集体经济转型发展新经验》，《深圳特区报》，2014 年 3 月 24 日。叶海英：《社区股份合作社的宁波样本》，人民网，2014 年 2 月 13 日。王红梅：《推动社区股份公司转型发展》，《深圳商报》，2015 年 5 月 29 日。陆晓华：《苏州新建社区股份合作社 取消“集体股”》，《苏州日报》，2015 年 4 月 8 日。罗长安：《居民变股东 年年有分红——樊沟社区试水集体经济股份化改革》，《许昌日报》，2015 年 4 月 18 日。

③ 宋晓东：《深圳社区集体经济存在的问题及改革》，《特区实践与理论》，2014 年第 3 期，第 70－74 页。杨刚勇等：《经济发达地区社区集体经济改革研究——以深圳市龙岗区为例》，《特区实践与理论》，2015 年第 2 期，第 88－91 页。

④ 李桂模：《转制社区股份合作企业公司化改造的路径选择——以广州市“城中村”改制为视角》，《法治论坛》，2009 年第 4 期，第 260－274 页。

参与市场竞争，就可以获取大量的市场利润，从而壮大社区集体经济总量，提高社区居民的生活水平。市场化逻辑无疑击中了社区集体经济发展的要害，也符合市场经济背景下人们的经济利益期待，但是，就这类研究而言，它显然没有注意到社区集体经济在其市场化发展中除了经济总量的增长外还有质上的提升，更没有看到社区居民的社会诉求。尤为明显的是，社区股份合作制改革一直在行政权力的支持下进行，而这类研究却恰恰忽视了地方政府、社区政府的政治影响。

二、行政权力干预的社区集体经济发展

这类观点强调行政权力包括各级地方政府或社区政府权力对社区集体经济发展的政治作用，[①] 但由于社区股份合作化改革使社区集体经济朝着市场化的道路发展，股权改革及其市场化自然成为学术辩论的中心议题，人们对行政权力与社区集体经济之间的关系便不是很关注，充其量，只是在朴素意义上从政府视角表达了一种对社区集体经济市场化的简单回应。不过，有一种明显的倾向，即当股份制、产权、市场化等术语成为社区集体经济发展的明显标签时，学术辩论也就不再在集体化的语境下来讨论行政权力及其对集体经济的政治影响问题，而是将行政权力仅仅视为一种推动或阻碍社区集体经济市场化改革的力量来讨论。

大致来看，从政府权力干预的角度谈论社区集体经济有两个切入点：一是政策嵌入或依赖。社区股份合作制改革从一开始就是在从中央到地方各级政府的政策指导下进行的，因此可以说，社区股份合作经济是一种政策性经济。[②] 不过，这类研究并没有一般性地谈论社区集体经济的政策嵌入问题，而是将其置于股份合作制改革或市场化的语境下。例如，采用深圳市龙岗区政府的经验推进政企分开和股权改革，规范监管并促进社区多

---

① Sargeson, Sally and Zhang, Jian, 1999, “Reassessing the Role of the Local State: A Case Study of Local Government Interventions in Property Rights Reform in a Hangzhou District”, *The China Journal*, 42: pp. 77 - 99.

② 李桂模：《转制社区股份合作企业公司化改造的路径选择——以广州市“城中村”改制为视角》，《法治论坛》，2009 年第 4 期，第 260 - 274 页。

元化经营发展；[①] 或者针对“村改居”社区集体经济发展逐步陷入政策低谷的问题，提议地方政府应从政策意义上给予支持。[②] 这类观点实际上确认社区集体经济的发展离不开政府政策的支持，出现社区集体经济发展滞后，是因为政府政策力度不够，因此，对政府和社区居民的期待而言，只要在股份合作制改革以及市场化方向上把政策调适好，社区集体经济就能实现可持续发展。另一个是社区政府或以社区居委会为代表的社区权力。作为国家权力的延伸，社区权力结构对社区集体经济发展的影响不是政策意义上的，而是一种对社区集体经济的“治理”或“运作”。针对社区权力，明显存在两种截然相反的观点：一种是积极意义上的，认为高效的村社权力是集体经济发展的关键因素，村社权力效能与集体经济发展之间存在正相关性。[③] 原因在于，村社权力立足社区自有资源，能够根据自身条件合理规划集体经济，做出科学决策；同时，社区政治精英负责管理经济的同时也为社区集体经济的发展获取了政治上的支持。[④] 另一种是消极意义上的，认为社区权力对社区集体经济的干预严重影响了其市场化进程，最明显的表现是社区集体经济组织与社区自治组织出现职能的交叉重合，两块牌子，一套班子。社区集体经济组织的代理人是现社区居委会，即使组建公司，仍然是居委会在运作集体经济组织。[⑤] 这两种论调明显各有偏颇，积极的观点看到社区权力对社区资源利用的优势，而消极的观点则看到社区权力限制了社区集体经济的市场化发展，因此，对社区集体经济而言，社区政府的合理权限始终是争论的焦点。

这条线索勾勒出了上至中央政府下至社区居委会对社区集体经济的干预，看到了政府权力在社区股份合作制改革的情境下所展现的魅力。尽管研究者们普遍认识到政府权力在某种程度上制约了社区集体经济的市场化

---

① 杨刚勇等：《经济发达地区社区集体经济改革研究——以深圳市龙岗区为例》，《特区实践与理论》，2015 年第 2 期，第 88 – 91 页。

②⑤ 张克俊、付宗平：《“村改居”社区集体经济面临的困境及出路》，《农村经济》，2015 年第 9 期，第 9 – 14 页。

③ 童列春：《农村集体经济有效实现中的村社权力》，《农业经济问题》，2011 年第 11 期，第12 – 18 页。

④ 郎晓波：《论城市化进程中农村集体经济改制的社区整合意义》，《农业经济问题》，2009 年第 5 期，第 72 – 77 页。

进程，但主流观点并不认为政府应当减少在社区集体经济发展方面的努力，而是相反，应当加强政府对股份合作经济的政策引导和扶持，以及在市场不能实现资源的社会有效配置的地方增加它的努力。[①] 政府逻辑是在社区集体经济市场化的背景下展开，看到了在社区集体经济的发展中政府与市场之间的紧张关系，但也在客观上忽视了政府在动员社区合作与参与、减少社区冲突与不信任方面的作用，更没有认识到社区集体经济还有社区性的一面，因而也就不可能引导社区集体经济“朝着社区与市场方向发展”。[②]

三、社会因素影响的社区集体经济发展

某种程度上看，学术界集体无意识地将社区股份合作制及其公司化运作模式作为社区集体经济发展的方向，社区集体经济的发展无一例外被看成是一个纯粹经济学的课题。然而，社区集体经济植根于社区，社区集体经济在朝着市场化方向发展的同时还需要关注社区和社会，因此在这个意义上，社区集体经济不是为了经济而经济、为了效益而效益，而是为了人，让人过得舒心、有尊严和有安全感，社区集体经济“必须放在整体性社会的角度进行评判，克服单向度的经济维度偏见”。[③]

应该承认，很少有人在社区集体经济及其发展研究领域进行严格意义上的社会学考察，但是，这并不妨碍人们从社区或社会视角对社区集体经

① 李桂模：《转制社区股份合作企业公司化改造的路径选择——以广州市“城中村”改制为视角》，《法治论坛》，2009 年第 4 期，第 260 - 274 页。

② 日本学者速水佑次郎在研究农民社区问题时提出社区桎梏论（Community - yoke）和市场罪恶论（Evil - market）两种观点。社区桎梏论认为，农民社区中的社会关系适合于保证社区内所有成员的最低需求，社区通过非正规的社会控制将富裕的人的财富进行重新分配，或是强求他们为穷人满足最低要求承担义务；市场罪恶论认为，在传统的农村社区中，人们的动机是在寻求个人利益而不是群体利益，每个人都想成为一个“搭便车”者，即不愿意付出代价而要求得到群体劳动的利益，从而谋求私利，而不是保护穷人。在速水佑次郎看来，社区能矫正市场偏差，市场能矫正社区不足，因此，他认为社区发展需要建立起一种朝向社区和市场方向的发展，如果发展中国家没有一种政策能积极利用土生土长的社区关系和地方市场组织，以它们来作为现代农村发展的制度基础，这些国家的农村经济就不可能获得自我持续的成长。参见［日］速水佑次郎：《社区、市场与国家》，刘守英、詹小洪摘译，《经济研究》，1989 年第 2 期，第 57 - 62 页。

③ 何明：《集体经济必须放在整体性社会的角度进行评判》，《开放时代》，2015 年第 1 期，第 37 - 38 页。

济及其发展问题给予关切，其中，人们关注最多的还是作为一种社会行动的合作以及社区股份合作社和各种专业合作社的合作问题。从理论上看，学术界普遍将股份合作视为社区集体经济的有效实现形式，将合作机制视为有效实现集体经济的组织制度基础。[①] 但是，当谈论中国城乡社区不断兴起的社区股份合作公司及其他合作社形式时，他们大都得出这样的判断，即这些股份合作公司或合作社大部分都没有践行标准的合作社原则，[②] 甚至有学者提出，社区性集体经济组织不必戴合作社的帽子。[③] 实际上，在社区集体经济的社会学语境下，作为一种社会行动的合作对于社区集体经济的发展至关重要。除此之外，在社区股份合作社、社区产业发展、农民专业合作社等相关问题研究中，社会学视角已经被作为社区集体经济发展的重要方面而得到重视。例如，王海洋（2008）基于一种社会学视角对中国农村大量出现的专业合作社进行了解读，认为农民专业合作社的发展受制于法律政策、人口结构和社会认同等构成的社会结构这一关键因素，因此，促进农民专业合作社的发展，必须在保持自己主体地位的前提下，坚持由上而下、由外到内的发展原则，充分调动社会各界的资源，实现政府、社会和合作社的互动合作；[④] 台湾地区学者郭瑞坤（2007）则从社会资本角度分析了台湾地区的社区产业经济发展问题，认为社区经济成长中必须依赖于人的互动与关系所建立的社会资本产生的影响，要增加社区产业行动实践的效果，就需通过地方认同的构建、社会信任与互动的机制及居民社区参与三个方面，并由此延伸出社区产业经济发展的策略性建议，即增强地方认同、促进政府与居民的信任与沟通、强化邻里联结与互助机制、善用志愿性参与的精神、培养居民推动社区产业发展的共识、增加居民实

---

① 徐元明：《社区股份合作：农村集体经济新的实现形式》，《中国集体经济》，2005 年第 4 期，第 37 – 39 页。杨嬛：《合作机制：农村集体经济有效实现的组织制度基础》，《山东社会科学》，2015 年第 7 期，第 155 – 160 页。

② Zhang，Xiaoshan，1999，“Co – operatives，communities and the state：the recent development of Chinese rural co – operatives in transition”，*Land Reform*，1 – 2：pp. 93 – 105.

③ 郑有贵：《村社区性集体经济组织是否冠名合作社——以福建省仙游县村经济合作社为例》，《管理世界》，2003 年第 5 期，第 96 – 97 页。

④ 王海洋等：《我国农民专业合作社发展困境的社会学解读》，《内蒙古农业大学学报》（社会科学版），2008 年第 5 期，第 35 – 38 页。

践社区产业推行的活动;[①] 郎晓波（2009）以集体经济发展为线索，讨论在市场化和城市化背景下乡村社区通过群体内部的结构调整、社区精英的再生产和共有产权回报机制的规范化等措施使社区成员得以有效组织，并认识到集体经济的市场化改制可以促进居民参与公共讨论、维护集体利益、增进自我利益并形塑现代公民;[②] 李可（2015）则以江苏南通农村集体经济组织成员数据库为例，剖析了集体经济股份化发展中集体资产的成员权问题，认为单纯依靠法律、制度来框定成员身份，不仅没有贴近现实，而且中伤村庄道德，从而深刻地认识到，成员权不仅是个产权概念，它更是个社会学概念;[③] 等等。

毫无疑问，这些研究带有一定的社会学想象力，并具体从合作、社区的社会结构、社会资本、社会整合以及集体成员的社会资格等社会性方面管窥地方经济或农村（社区）集体经济发展中的相关问题，不再把问题局限在纯粹市场化层面，这对于当前学术界普遍从市场化角度研究社区集体经济发展的倾向无疑是一种新的尝试。然而，充其量，这只是提供了一种社会学的研究意图，而缺少社会学的理论判断和专业思考。例如，有学者明确提出一种对社区专业合作社的社会学解读，但却将法制、政策等作为一种社会性因素，同时还将企业产品支持作为社会学视角的政策建议,[④] 这明显不符合专业社会学的概念图示，因而也就不可能发展出一种成型的社会学理论。

以上三条线索所反映的社区集体经济发展困境都是结构性的。股份合作制改革使社区集体经济走上了市场化发展之路，市场给社区带来了经济的增长与繁荣，但市场的力量压制了社区作为一种生活共同体与精神共同体的应有气质，社区集体经济的发展成为一种纯粹经济意义上的发展；同

---

① 郭瑞坤、林佩璇:《社区产业发展影响因素研究：基于社会资本视角的分析》,《公共管理研究》,2007 年第 1 期，第 231 - 256 页。

② 郎晓波:《论城市化进程中农村集体经济改制的社区整合意义》,《农业经济问题》,2009 年第 5 期，第 72 - 77 页。

③ 李可:《集体重构中的成员权——以江苏南通“农村集体经济组织成员数据库”为例》,《社会发展研究》,2015 年第 4 期，第 183 - 208 页。

④ 王海洋等:《我国农民专业合作社发展困境的社会学解读》,《内蒙古农业大学学报》（社会科学版）,2008 年第 5 期，第 35 - 38 页。

时，地方政府在为社区集体经济的市场化张目时，却忘却了社区集体经济的发展要旨以及其对于社区的责任；在社区集体经济的市场化改制之下，社会力量并没有展现其应有的社会担当，社区集体经济的发展也偏离了社区方向。这三条线索在客观上揭示了社区集体经济发展的内在逻辑，即市场化是社区集体经济发展的必由之路，但纯粹的市场化则有悖社区集体经济的真义，社会力量的价值应该成为社区集体经济发展的应有之义，地方政府作为一种支撑性力量，应在提供公共政策的支持同时把握发展的方向。因此，摆脱社区集体经济发展的结构性困境，需要重构政府、市场与社会三者之间的关系，使社区集体经济朝着市场与社区（社会）的方向发展。

第二节　社会企业：一个新的视角?

20 世纪 80 年代以来，随着西方“福利国家”危机的不断显现，欧美国家开始寻求破解之策，社会企业作为一种解围西方“福利国家”困境的有效形式开始兴起并在世界范围内迅速发展起来。2006 年，孟加拉国银行家尤努斯因创办格莱珉乡村银行（Grameen Bank）解决乡村地区的贫困问题而获得诺贝尔和平奖，社会企业作为一种推动贫困乡村或社区发展的重要方式和途径，迅速受到了世界各国的普遍关注，如今已经发展成为一种“全球性现象”。①

社会企业最先在欧美国家发展起来，英国是最早倡导社会企业的国家，也是目前公认的社会企业发展最好的国家之一。20 世纪 70 年代末期，英国政府坚持采取政府和市场主导型政策解决那些复杂的社会问题，但都未能取得良好的社会效果，寻找一种全新的方法解决日益严重的社会问题成为当时的主要声音，社会企业作为一种新的社会力量随之出现。根据英国社会企业联盟在 2017 年发布的《商业的未来：社会企业现状调研》中显示的数据，英国有 7 万家社会企业，为经济贡献 240 亿英镑，雇佣了近 100

① Kerlin, Janelle A., 2010, “A Comparative Analysis of the Global Emergence of Social Enterprise”, *Voluntas: International Journal of Voluntary and Nonprofit Organizations*, 21 (2): p. 164.

万员工，自 2005 年以来，已有超过 13000 家社区利益公司成立，其中，28% 的社会企业立足于英国最贫困的地区，34% 的社会企业开设在城市居住小区，这是社会企业在英国数量上不断增长以及领域上不断拓展的重要证据。[①] 在欧洲，除英国外，法国、比利时、丹麦、爱尔兰、意大利、芬兰、西班牙等国社会企业也得到蓬勃发展，并且各自表现出不一样的特征和运行机制。例如，西班牙的社会企业超过 5 万家，雇员超过 240 万人，占西班牙总就业人口 25%，西班牙的社会企业营业额就超过 870 亿欧元，约占西班牙国内生产总值的 7%。[②] 还如，意大利 70% 的社会企业能够通过自身资金以及运营而来的利润自给自足，并且能组成社会企业联盟以获得发展，等等。如今，社会企业发展成为一项国际化社会运动，从欧洲波及美国，再到韩国、日本等亚洲国家，社会企业已经成为全球公民行动的重要部分，越来越多的政府工作人员、社会工作者以及商业资本意识到，社会企业并不是传统的慈善，而是对社会进行投资，这不仅事关社会事业的长远发展，更是一种对个人生活质量和幸福的一种投资。

社会企业在中国的兴起与发展首先从中国香港和台湾地区开始的。据香港社会企业总会会长郁德芳的考证，认为 1996 年因寒流袭港造成上百名老人死亡而成立的长者安居协会（平安钟）是香港社会企业的雏形，2008 年，香港社会企业已有 200 多家，到 2013 年年底，香港社会企业已经增加到 400 多家。[③] 发展到现在，香港的社会企业经营的产品、业务以及拓展的领域更加多元化，从而对香港的社会经济产生了越来越大的影响。郑南和庄家怡也对台湾地区社会企业的发展作了相应梳理，指出台湾地区社会企业的发展始于民间金融互助，但主要还是由非营利性组织转型而来。20 世纪 90 年代，一些非营利性组织开始尝试职业训练及开设福利工厂，同时将生产的产品拿到市场上去卖，这些非营利性组织开始探索通过营利获得收入，从而为社会企业的形成奠定了重要基础。2009 年以后，台湾地区社会

① 英国社会企业联盟的调研是全英最大规模、最具代表性的社会企业调研，调研数据表明，社会企业为英国的社会经济发展尤其是贫困地区和基层社区注入了新的活力。

② 赵莉、严中华：《西班牙社会企业发展的策略研究及启示》，《管理现代化》，2011 年第 4 期，第 62 页。

③ 郁德芳：《香港的社会企业及其创新力》，《中国社会工作》，2014 年第 5 期，第 52 页。

企业发展进入了新阶段，更多的非营利性组织开始思考为了增加收入而向社会企业转型。根据辅仁大学社会企业研究中心的统计，以解决社会问题为公司主要目的的公司有200多家，以解决社会问题为重要目的的公司有1000多家，除此之外，还包括社区经济组织、工作整合模式组织和合作经济组织约600多家。[①] 台湾地区社会企业的数量在不断增长，形态也非常多元化。

中国内地的社会企业起步较晚，但发展非常迅速。中国自2004年引入社会企业概念以来，[②] 如果按照宽口径纳入一定比例社会福利企业、民办非企业单位和农民合作社，社会企业数量达到170多万家，其中，有社会企业身份认证且被行业内认可的社会企业近2000家。中国社会企业组织类型多样，59.5%为工商注册的营利性企业，32.4%为采取市场化运作的非营利组织，5.1%为同时注册了工商企业和民办非企业单位等不同性质的“混合型组织”。中国社会企业主要收入来源于市场营收，91.6%从事市场经营活动（包括一般性商业活动和政府采购）并获得收入。另外，大部分社会企业利润用于再投资，近2000家有身份认证的社会企业中，80%以上的社会企业净利润用于再投资。这些社会企业多数属于中小型组织，大多服务于弱势群体，在教育与培训、健康与医疗、儿童与青少年发展等领域实现其社会价值。[③] 不过，也有学者表现出对中国社会企业发展的担忧，例如，中国学者沙勇认为，如果按照西方国家对于社会企业的严格界定，现在中国只有极少数真正意义上的社会企业，并且，观察发现一些所谓的社会企业并不履行社会目标与专注于社会价值的承诺，在经营过程中逐步转回普通企业。[④] 总体上看，中国内地社会企业发展势头良好，数量上增

---

① 郑南、庄家怡：《社会组织发展的新形态——台湾社会企业的发展与启示》，《学术研究》，2015年第9期，第45-46页。

② 中国学者何辉在《民间组织白皮书》中的《社会企业的兴起：理论观点与中国实践》一文中指出，社会企业的概念2004年首次引入我国。这一判断是以2004年1月北京大学教授刘继同在《中国社会工作研究》第二辑中最早提出或引入社会的概念为根据，该文是经济合作与发展组织起草的一个研究报告的译文，对社会企业进行了较为系统的介绍，是迄今为止国内最早关于社会企业的译介。

③ 2019年4月12日，中国社会企业与影响力投资论坛、南都公益基金会共同发布《中国社会企业与社会投资行业扫描调研报告》，该报告对中国社会企业的数量、特征、发展环境及未来趋势等方面进行了扫描。

④ 沙勇：《社会企业：理论审视、发展困境与创新路径》，《经济学动态》，2014年第5期，第50-51页。

长很快，规模也越来越大，出现了像深圳残友集团、成都朗力养老、浙江绿康医养投资管理有限公司等这样一批有影响力的社会企业。

社会企业在世界范围内的生长和强劲的发展势头说明一个事实：它能够为社会问题的解决提供一种创新的途径，从而有效地推动社会经济的发展。从本书研究的主旨来看，社会企业作为一种介于私营化企业与非营利组织之间的组织形式，坚持公共政策、市场与社会的三重价值底线，有效整合国家、市场与社会三种力量，从而能够破解社区集体经济发展的结构性困境，为社区集体经济发展提供新的动力。①

一、社会企业：做商业抑或做公益?

目前理论界和实务界关于社会企业的称谓并不统一，例如，“社会目的企业”（Social Purpose Enterprise）、“社会目的公司”（Social Purpose Corporation）、“社会公司”（Social Firm）、“社区利益公司”（Community Interest Company）等。社会企业最早源于法国经济学家蒂埃里·让泰提出的“社会经济”的概念。他认为，社会经济不是“以人们衡量资本主义经济的办法即工资、收益等来衡量的，它的产出是把社会效果和间接的经济效益结合在一起的”。② 而社会企业（Social Enterprise）的概念最早由经济合作与发展组织（OECD）在1994年的一份报告中提出，③ 后经欧洲委员会（EMES）、迪斯（J. G. Dees）、雅克·迪夫尼（Jacques Defourny）、马尔特·尼森（M. Nyssens）、英美社会企业联盟等人或机构的发展，近年不断

---

① ［比利时］马尔特·尼森编：《社会企业的岔路选择：市场、公共政策与公民社会》，伍巧芳译，北京：法律出版社，2014年。（台湾）郑胜分、王致雅：《台湾社会企业的发展经验》，《中国非营利评论》，2010年第2期，第32-59页。

② ［美］杰里米·里夫金：《工作的终结——后市场社会的来临》，王寅通译，上海：上海译文出版社，1998年，第278页。

③ 根据马修·比索普（Matthew Bishop）和迈克尔·格林（Michael Green）所著《慈善资本主义》，早在18世纪就存在着一些“把经济资源转移到对社会更有裨益的领域”的企业家，这些企业家被称为“社会企业家”，这可以被认为是“社会企业”一词的源头。但真正意义上的“社会企业”概念，则是由经济合作与发展组织（OECD）分别在1994年、1998年和2003年加以阐释和发展的。参见［美］马修·比索普（Matthew Bishop）、［美］迈克尔·格林（Michael Green）：《慈善资本主义：富人在如何拯救世界》，丁开杰等译，北京：社会科学文献出版社，2011年。经济合作与发展组织：《社会企业》，刘继同译，载于《中国社会工作》（第二辑），北京：社会科学文献出版社，2002年。

成为世界范围内国家公共政策与学术辩论关注的焦点。不过，社会企业发展至今，有非营利组织主动采取商业手段以获取所需资源，也有营利的私营企业出于企业社会责任的考虑而实践社会目的，更有融合非营利组织的公益性与私人企业的商业化而形成的混合类型，社会企业的实践呈现出从非营利组织到私营企业的一种连续态势。相应地，在欧美世界的公共辩论中，对社会企业存在非营利组织的商业化、营利企业的公益化以及公益与商业并重的混合类型三种认识。

第一种认识是非营利性组织的商业化。将社会企业视为通过寻求商业途径而实现社会目的的社会组织，是一种社会组织或非营利组织而不是企业组织。英国是最早倡导社会企业的国家，也是当前世界公认的社会企业最为发达的国家。英国贸易与工业部（1972）将社会企业定义为一种把社会目标放在首位的组织，通过商业策略获取的营利主要用来再投资于企业或社会、社区，而不是为了股东分红或谋取企业持有者的最大利益。欧洲社会企业的概念普遍支持这种观点，例如，社会企业联盟（The Social Enterprise Alliance）认为社会企业是非营利组织采取商业营利策略或其他任何赚取市场利润的手段，以便获得经费来支持实践公益慈善事业的宗旨；[①] 雅克·迪夫尼指出，社会企业处在合作社与非营利部门的交界处，甚至还认为有一些社会企业同时是真正的合作社和纯粹的非营利性组织。[②] 这些说法普遍将社会企业看成是非营利性组织采取商业手段的一种尝试，但其明显不同于传统的非营利组织的一个不可忽视的重要元素是，社会企业要能够产生“赢利”。[③]

第二种认识是营利企业的公益化。将社会企业看成是具有社会使命导向的企业组织，是一种企业形态而不是社会组织，这一认识的文献通常强调社会企业的市场策略及其财务收益（Financial Returns），是一种“商业

① Kerlin, Janelle A., 2006, “Social Enterprise in the United States and Europe: Understanding and Learning from the Differences”, *Voluntas: International Journal of Voluntary and Nonprofit Organizations*, 17 (3): pp. 247 - 263.

② Defourny, J., 2001, “Introduction: From Third Sector to Social Enterprise”, in Carol Borzaga & Jacques Defourny eds., *The Emergence of Social Enterprise*, London & New York: Routledge, pp. 1 - 28.

③ 官有垣：《社会企业组织在台湾地区的发展》，《中国非营利评论》，2007 年第 1 期，第 146 - 181 页。

主义”（Commercialism）的定义语境。[①] 社会企业作为一种企业形态，其利润可被进一步用于企业投资，并最终通过低价格、优质的服务等方式传递给目标受益群体。[②] 就美国而言，社会企业是一种以社会利益为目的的企业，其运用商业手段和市场力量来促进社会、环境及社会正义的进程，社会企业的概念更多偏重于企业的创收（enterprise for the sake of revenue generation），甚至对于那些积极承担社会责任并追求一定社会使命的营利性企业也被因此纳入社会企业的范畴。[③] 贾内尔·A. 克林（Janelle A. Kerlin）比较美国和欧洲的社会企业，并认为美国的社会企业更多地关注企业的利润增长（much broader and more focused on enterprise for the sake of revenue generation）。在美国学术界，社会企业被理解为这样一个连续的组织形态：从包含以营利为导向的商业参与社会慈善活动（公司慈善或企业社会责任）到介于目标和社会双重目标之间的商业，再到积极参与商业活动的非营利组织（社会目的组织）；然而，在学术界之外的美国社会企业的实践领域，社会企业的实践者主要关注非营利性组织的利润增长。[④]

第三种认识是公益与商业并重的混合类型。这种认识不偏向于非营利组织的公益性，也不侧重于私营企业的商业化，而是强调社会企业的混合性质，是处于非营利组织与私营企业之间的一种混合组织。[⑤] 丹尼斯·杨（Dennis R. Young）认为，社会企业是采取企业的方式和商业活动，以促进

---

① McBrearty, S., 2007, “Social enterprise: a solution for the voluntary sector?”, *Social Enterprise Journal*, 3 (1): pp. 67 – 77.

② ［孟加拉国］穆罕默德·尤努斯：《新的企业模式——创造没有贫困的世界》，鲍小佳译，北京：中信出版社，2008 年。

③ 贾内尔·凯林（Janelle A. Kerlin）比较了欧洲和美国的社会企业，认为欧洲的社会企业被视为属于社会利益作为一种主要驱动力的社会经济，社会经济里的主要组织形式包括合作社、互助组织、协会和基金会等，而在美国，社会经济的概念没有被运用，社会企业经常被置于市场经济中来讨论。参见 Kerlin, Janelle A., 2006, “Social Enterprise in the United States and Europe: Understanding and Learning from the Differences”, Voluntas: International Journal of Voluntary and Nonprofit Organizations, 17 (3): p. 249。徐君：《社会企业组织形式的多元化安排：美国的实践及启示》，《中国行政管理》，2012 年第 10 期，第 91 – 94 页。

④ Kerlin, Janelle A., 2006, “Social Enterprise in the United States and Europe: Understanding and Learning from the Differences”, *Voluntas: International Journal of Voluntary and Nonprofit Organizations*, 17 (3): p248.

⑤ Eversole, Robyn, 2013, “Social Enterprises as Local Development Actors: Insights from Tasmania”, *Local Economy*, 28 (6): pp. 567 – 579.

社会事业或对公共财政有所贡献为目标的组织，社会企业乃是一个连续体的组织，并可区分为三种组织形态：企业慈善、社会目的组织以及两者之间的混合组织。[①] 迪斯（J. Gregory Dees）提出"社会企业光谱"的说法，认为社会企业并非单纯为财政目标而存在，而是一种从纯慈善（非营利组织）性质到慈善与商业的混合性质，再到纯商业（私营企业）性质的多元混合综合体。纯慈善性质的社会企业诉诸声誉，并受社会使命的驱使，追求社会价值；纯商业性质的社会企业诉诸自利，并受市场使命驱使，追求经济价值。[②] 基于迪斯"社会企业光谱"的界说，金·阿洛特（Kim Alter）指出，社会企业在动机、责任和收益利用上都体现出社会和经济价值的混合特征。[③] 香港社会企业资源中心认为，社会企业不是纯粹的企业，也不是一般的社会组织，社会企业通过商业策略的运用，赚取利润以实现社会目标，社会企业的重要特征在于将商业运作得到的盈余用于扶助弱势群体，促进社区发展，它们重视社会价值多于追求最大化的经济效益或企业盈利。现今，社会企业的生长越来越摆脱非营利组织的商业化和私营企业的公益化模式，而是在建立之初就朝着一种混合的组织模式发展，欧美国家社会企业的讨论也因之越来越倾向于将其作为一种兼具营利性和公益性的混合组织来对待。

社会企业的概念在20世纪90年代进入我国香港特区和台湾地区，在新世纪初才进入内地。与港台地区社会企业的蓬勃发展和深入研究相比，社会企业在中国内地的发展和研究起步较晚。但应该看到的是，中国社会企业研究学者和那些有责任感的企业家、社会工作者也一直在社会企业问题上进行有益的尝试和研究。香港学者陈锦棠认为，社会企业作为一种扶持弱势群体的创新手段，在港台地区得到了长足的发展，并且，港台地区

① Young, Dennis R., 2001, "Organizational Identity in Nonprofit Organizations: Strategic and Structural Implications", Nonprofit Management & Leadership, 12 (2): p. 152.

② Dees, J. Gregory, 1998, "Enterprising Nonprofits", *Harvard Business Review*, 76 (1): pp. 55 - 67.

③ 金·阿洛特（Kim Alter）从九个方面对社会企业的混合特征进行了详细分析：①运用商业工具和途径获得社会目标；②融合社会和商业资本；③创造社会和经济价值；④从商业活动中获得收益来支持社会项目；⑤市场驱动和使命导向；⑥衡量财务绩效和社会影响；⑦在提供公共产品的过程中满足财务目标；⑧从无限制收入中享有财务自由；⑨为达成使命而融入企业策略。参见 Kim Alter, 2007, Social enterprise typology, p. 15.

社会企业的理念比较相似，都是通过市场运营的方法来达到社会性的目标，特别是希望通过市场化及企业化的运作方式来运营服务。[①] 香港特区社会企业总会会长郁德芳指出，社会企业尽管没有统一的说法，但发展社会企业必须具备两个条件：一是必须借助有效的商业模式；二是必须满足经济和社会两条价值底线。[②] 总体来看，我国香港特区的社会企业发展及其概念界定相对偏向于其社会经济功能。而台湾地区则有所不同，台湾地区社会企业研究偏向于以从事社会志愿或社会福利服务为主的非营利性组织为研究对象，大多是从非营利性组织的或第三部门的产业化角度展开，或者以欧美国家社会企业发展实践为经验，除社会企业的社会经济价值底线外，重点关注环境底线及台湾当局公共政策的影响。例如，台湾学者李衍儒和江明修在综合欧美学界研究经验的基础之上，认为可以将社会企业视为除指涉企业的非营利化，即企业慈善及社会责任的展现外，也包含非营利性组织的商业化，以及于创立初始直接以达成社会目标并以商业手段运作而成立之组织。[③] 而郑胜分则直接以欧美社会发展经验为基础，解读台湾地区社会企业的发展历程、影响与预测未来发展趋势和方向，指出台湾地区社会企业正在朝向“非营利性组织、企业、政策和环境所跨部门成功推动的四重底线模式”发展。[④]

在中国内地的社会企业讨论中，有的认为它是非营利性组织进行商业实践的新机制，有的则认为它是商业企业履行社会责任的新形式，但更多的人倾向于将社会企业视为一种超越非营利性组织和私营企业的混合组织。例如，潘小娟认为，社会企业是一种超越传统企业和民间非营利组织的新型组织形态，是介于传统的以营利为目的的企业和民间非营利性组织之间的、以社会责任感而非利润驱动的，为实现既定的社会、环境目标和可持续发展而进行商业交易的组织。[⑤] 又如，王名和朱晓红认

① 陈锦棠：《香港与台湾社会企业之比较》，《中国社会工作》，2011 年第 5 期，第 62 页。

② 郁德芳：《香港的社会企业及其创新力》，《中国社会工作》，2014 年第 5 期，第 52 页。

③ 李衍儒、江明修：《社会企业之发展经验与政策建议：以美国、英国、中国香港与中国台湾为例》，《中国非营利评论》，2011 年第 1 期，第 100 页。

④ 郑胜分、王致雅：《台湾社会企业的发展经验》，《中国非营利评论》，2010 年第 2 期，第 54 页。

⑤ 潘小娟：《社会企业初探》，《中国行政管理》，2011 年第 7 期，第 20－23 页。

为，社会企业是一种介于公益与营利之间的企业形态，是社会公益与市场经济有机结合的产物，并从现象和本质两个层面对社会企业进行分析：从现象上看，社会企业是企业，有明确的营利动机、风险意识、竞争取向、创新精神和不断扩大规模的资本积累冲动；同时，社会企业也是非营利性组织，有明确的公益目标和宗旨，富于参与互动的治理结构，以及面向弱势群体的社会诉求。在这种意义上，社会企业可以理解为企业的一种特殊形式，也可以理解为非营利性组织的一种特殊形式；从本质看，社会企业既不是企业也不是非营利性组织，它是对企业营利机制的否定与超越，也是对非营利组织公益机制的否定与超越。[①] 不过，其中有一个明显的倾向，那就是基于社会企业的社会与经济双重价值观念，挖掘社会企业的中国形态。例如，时立荣认为，中国社会企业包括扶助弱势群体发展的公益性社会服务组织，如残疾人福利企业，也包括公益性人本服务的社会服务组织，如民办非企业单位和社会事业单位。[②] 丁开杰还提出了准社会企业或类社会企业的概念，将民间组织、合作社、社会福利企业、社区服务中心等四类组织归于其中，认为这些组织都在从事着具有社会公益性的活动，并在一定程度上具有商业性。[③] 中国学者的讨论无疑拓展了社会企业的边界，丰富了社会企业的类型，也为社会企业的本土发展提供了语境和资源。不过，他们对社会企业或类社会企业、准社会企业的认识仍然坚守市场策略和社会使命两重共识，哪怕是将民间组织、社区服务中心等纳入社会企业的话语范围，也意识到它们在履行社会使命时存有某种对市场策略的接受与采纳。

综上所述，从欧美社会企业的公共辩论、中国社会企业的讨论包括中国香港特区和台湾地区社会企业的争论中可以看出，一方面，关于社会企

---

① 王名、朱晓红：《社会企业论纲》，《中国非营利评论》，2010 年第 2 期，第 10 页。

② 中国学者时立荣对中国社会企业的类型进行了细致的研究，认为社会企业的形态多样，非正规的就业组织也可看成是社会企业。参见时立荣：《从非正规就业组织到社会企业》，《理论学刊》，2005 年第 9 期，第 42－44 页。时立荣：《转型与整合：社会企业的性质、构成与发展》，《人文杂志》，2007 年第 4 期，第 181－187 页。时立荣等：《建国以来我国社会企业的产生和发展模式》，《东岳论丛》，2011 年第 9 期，第 159－163 页。

③ 丁开杰：《从第三部门到社会企业：中国的实践》，《经济社会体制比较之透视社会企业：中国与英国的经验》，2007 年专刊。

业的概念，理论界和实务界并没有形成一致的意见，每个人对社会企业所含意义都有不同理解。“无论从内涵上还是外延上，乃至研究视角或话语体系上，围绕社会企业的研究成果观点差异较大，莫衷一是，可谓歧见纷呈。”① 另一方面，尽管对社会企业的理解大有不同，但其基本内核并没有太大的差异，大多数研究都认为，社会企业包含运用商业或市场策略、社会使命、不以利润最大化为目的、社会创新等理念。

综合欧美、中国（含港台地区）关于社会企业的各种定义，并结合中国社会企业的发展实践，兼顾社会企业的共性、共同的基本理念和中国社会建设与治理的特殊性，笔者认为可以对社会企业进行如下一般性的界定：社会企业是指经地方工商行政管理机构登记注册，以解决社会与生态环境问题，改善社会治理、提供社会服务、投身慈善公益，参与乡村振兴或社区重建与发展，服务于弱势群体或贫困人群为宗旨和首要目标，以市场化运作和创新商业模式为策略和主要手段，所得利润不能私人占有或用来分红，而是按照社会目标投入社会事业、乡村发展和社区重建，并且持续坚持社会目标的新型组织形态。

为深入理解社会企业的这一概念，有必要给予进一步说明：第一，就组织形态而言，强调社会企业是一种新型的组织形态，而不是一种社会组织、企业或混合组织。以往大多数社会企业的研究者要么将社会企业理解成一种社会组织或非营利组织，要么理解成一种企业形态，更多的是注意到社会企业兼有社会和经济双重价值而将其理解成一种混合组织。笔者认为，学术界对社会企业的定位大都有特有的出发点和考虑，如果说将社会企业理解成一种社会组织或企业形态而显得略有偏颇的话，那么将社会企业理解成一种混合组织的观点则有很强的说服力。但是，混合组织的说法没有将社会企业的创新特质揭示出来，因此本书将社会企业看成是一种新型的组织形态，一方面在于规避将社会企业定位于社会组织或企业形态的困难，另一方面意在揭示社会企业不同于其他组织类型的创新特质。第二，就社会目标而言，强调社会企业在社会治理、社会服务、环境改善以及乡村振兴与社区重建上的价值和作用。以往关

① 王名、朱晓红：《社会企业论纲》，《中国非营利评论》，2010年第2期，第2页。

于社会企业的定义大都笼统地谈社会企业的社会目标或社会宗旨，而没有谈论社会目标或宗旨的具体内容。对于中国社会企业研究者而言，他们在对社会企业下定义时缺少对当前中国社会问题与社会治理状况的回应，特别是在当前中国的社会治理、乡村振兴、社区发展等背景下，社会企业有其特殊的意义与重要性。基于如此考虑，笔者从改善社会治理、提供社会服务、投身慈善公益以及参与乡村振兴与社区发展等方面来具体呈现社会企业的社会目标或宗旨。第三，就运作模式而言，在言及市场化机制的同时，强调创新商业模式。几乎所有人都看到，社会企业的社会目标是通过市场化或商业模式实现的，简单地说，就是像商业企业那样将产品或服务在市场上进行交易，然后获得利润回报。社会企业的确是通过市场机制在发挥作用，但社会企业的产品生产或服务供给模式在很大程度上不同于商业企业。例如，一家致力于物品回收的社会企业会将回收的物品重新再生产，然后将独特的产品投放市场，但一些商业企业很少这样做。因此在这个意义上，社会企业的商业模式是一种创新型的商业模式，而不是传统的商业模式。第四，就利润分配而言，强调所获得的利润重新投入社会，并且要求以持续稳定的社会目标为宗旨。社会企业的研究者大都认为社会企业产生的利润是为了更加有效地解决社会问题、参与乡村或社区发展治理，不允许私人占有或分红，但可以在社会企业员工中进行“有限的利润分配”或“资产锁定”。[①] 在现实中，很容易将“有限的利润分配”概念扩大化，社会企业常常被理解成个人特别是社会企业家可以私人占有其利润。但实际上，有限的利润分配是指允许利用社会企业利润发放员工工资、解决困难员工的生活之需、帮助员工成长与发展等。只有这样，有限的利润分配机制和社会目标才有可能保持社会企业持续稳定的社会目标的实现。第五，就组织合法性而言，强调经本地工商行政管理机构登记注册。以前的社会企业定义很少将合法性问题纳入思考视域，而社会企业的组织合法性关涉社会企业

① 雅克·迪夫尼（Jacques Defourny）强调社会企业允许有限的利润分配或资产锁定，避免利润的最大化。参见［比利时］雅克·迪夫尼：《从第三部门到社会企业：概念与方法》，《经济社会体制比较》，2009 年第 4 期，第 120 页。

的生存和发展，合法性问题的解决有利于推动社会企业的规范化发展。[①]通过对世界范围内各种各样的社会企业的观察和了解，特别是针对中国社会企业的发展现实，在当今中国，社会企业的发展尚无关于社会企业的专门立法，所以难以依据法律界定社会企业的边界，因此，本书试图从制度认证角度出发来确定社会企业的合法性，认为社会企业必须经地方工商行政管理机构认证通过，没有经相关机构登记注册的，不属于社会企业类型。

总之，虽然社会企业的组织形式多样，其组织目标、组织策略、利润分配机制、法律地位等也并不完全相同，但本书力图勾勒出社会企业的基本面貌，还原社会企业的基本要素。笔者认为，运用商业策略或市场机制解决社会问题，社会目标在前，经济目标在后，这体现了社会企业的基本特征，可以借此判断社会企业的实践发展动态，从而产生更加具有实践性、创新性和解释力的社会企业定义。

二、社会企业的价值选择：公共政策、市场与社会

社会企业概念的争论折射出社会企业的发展态势，从早期非营利性组织的商业化到营利企业的公益化，再到商业与公益并重的混合模式，社会企业已经越来越从边缘成为主流。[②] 社会企业作为一种社会经济的新形态，兼有社会和经济双重价值底线（Double - bottom Line）：社会上，解决高失业及社会排斥问题，关注弱势群体，提供社区照顾或服务，促进地方或社区发展；经济上，作为切实可行的商业组织，社会企业直接参与产品生产或提供针对市场的服务，赚取利润。[③] 欧洲研究网络（EMES）关注社会和经济两大目标，其中，社会目标包含五个维度，即有益于社区的明确目标、公民群体的倡议、并非基于资本拥有的决策权力、参与多种团体活动的参

---

① 刘小霞：《社会企业：合法性困境及出路》，《学习与实践》，2012 年第 10 期，第 95 页。

② Morrin, M., Simmonds, D. & Somerville, W., 2004, "Social Enterprise: Mainstreamed from the Margins?", *Local Economy*, 19 (1): pp. 69 - 84.

③ Shaw, Eleanor, 2004, "Marketing in the social enterprise context: is it entrepreneurial?", *Qualitative Market Research: An International Journal*, 7 (3): pp. 194 - 205.

与本性、限制利润的分配；经济目标包括四个维度，即一个生产和销售商品或服务的连续行动、高度的自治、一个值得注意的经济风险、少量的工薪。① 在社会和经济双重价值底线之下，欧美各国社会企业发展出不同的运作经验：欧洲社会企业以“工作整合”（Work Integration）为核心策略，力图应对弱势群体或困顿社区的失业问题，而美国社会企业则以非营利组织的“非营利创业”（Enterprising Nonprofits）和传统企业的“社会投资”（Social Investment）为核心策略，试图克服非营利组织的财政缺口和传统企业的永续发展问题。② 但是，欧美社会企业在社会和经济双重价值指引下陷入了结构性困境：一方面，非营利性组织与弱势群体的结合，仍然难以摆脱弱势困境；另一方面，非营利性组织的市场化运作在一定程度上解决财政危机，但其营利行为被质疑，造成了其社会使命的漂移，致使产生合法性危机。在这种情况下，欧洲研究网络（EMES）提出通过公共政策的介入，采取服务外包或特许经营等活化策略，破解非营利组织双重弱势的结构性困境，或者在商业化的前提下，加进生态价值，开展生态创业（Ecopreneurship），获得更多的合法性支持，从而使欧美社会企业逐渐朝市场、公共政策和社会三重价值底线方向发展。③

中国社会企业的生长与发展得益于社会经济体制的改变以及由此带来的企业商业活动的兴盛与草根非营利性组织的开展。20 世纪 80 年代初期，中国开始从计划经济向市场经济体制转型，传统营利的企业商业行为得到认可，国家权力也逐渐放松了对社会和经济生活的干预。到了 90 年代，企业商业活动的繁荣兴盛在客观上导致了大量的社会问题，劳工问题、环境污染、贫困问题、经济社会不平等加剧等，为应对这些问题，民间非营利性组织开始走上历史的前台。④ 但是，它们在发展中一直受到限制性法律体系以及公众与政府低信任度的双重困扰，同时，财务上的可持续性也成

---

① ［比利时］马尔特·尼森编：《社会企业的岔路选择：市场、公共政策与公民社会》，伍巧芳译，北京：法律出版社，2014 年。

②③ （台湾）郑胜分、王致雅：《台湾社会企业的发展经验》，《中国非营利评论》，2010 年第 2 期，第 32－59 页。

④ 中国由公益组织发起的慈善活动可追溯久远，但如欧美世界定义的第三部门或非营利性组织形态的发展，其历史则相当短暂，直到 20 世纪 90 年代中后期，中国才出现真正意义上的民间非营利性组织或草根 NGO。

为非营利组织良性发展的最大障碍。进入21世纪以来，欧美国家的非营利性组织成功的商业化运作及其社会企业的经营理念引入中国，这时也有大量“来自社会、商业以及政府部门的声音，呼吁引入社会企业的模式来解决一些政府和商业部门都无暇顾及而非营利性组织未能成功处理的社会和环境问题”，社会企业开始在中国崛起，并相继出现了诸如草根非营利性组织、社会创业、公益风险投资等社会企业的不同形式。[①]

或许由于自身发展经验缺乏，加之政府对社会企业的身份感到困惑，中国社会企业在外来经验借鉴与本土资源依赖中求得发展。一方面，紧跟欧美社会企业的发展态势。从欧洲的经验来看，通过工作整合以应对弱势群体的就业问题，训练或培训劳动力市场中被排除的员工，提供个人及福利服务，运用市场机制以互助合作的方式解决社会问题，鼓励社会创新；就美国而言，遵循美国商业收益的产生与营利不得分配原则，通过非营利性组织的商业化开展非营利性创业，从事以社会使命为导向的商业活动来增强组织的可持续能力，引导企业投身“社会投资”（Social Investment）以积极承担社会责任，顺应社会企业家精神趋势。[②] 另一方面，开拓中国社会企业的本土资源。社会企业是一种来自国外的制度创新，如果按照欧美国家对于社会企业的标准定义，现今中国只有极少数真正意义上的社会企业。[③] 但是，中国存在许多准社会企业或类社会企业，如社会福利企业、民办非企业单位、农村或社区专业合作社以及小微企业等，它们拥有很大的发展潜力，也为中国社会企业的发展提供了本土资源。[④]

---

① Zhao, Meng, 2012, “The Social Enterprise Emerges in China”, *Stanford Social Innovation Review*, spring 2012: pp. 30 – 35.

② Kerlin, Janelle A., 2006, “Social Enterprise in the United States and Europe: Understanding and Learning from the Differences”, *Voluntas: International Journal of Voluntary and Nonprofit Organizations*, 17 (3): pp. 247 – 263. 杨家宁、陈健民：《西方社会企业兴起的背景及其研究视角》，《中国非营利评论》，2010年第1期，第172 – 187页。

③ 沙勇：《社会企业：理论审视、发展困境与创新路径》，《经济学动态》，2014年第5期，第49 – 56页。

④ 中国学者通常认为社会企业是一种来自于欧美世界的社会创新组织，但中国学者时立荣却认为实际情况并不尽然，在她看来，自新中国成立以来，中国产生并存在着较为丰富的社会企业的组织形式，从新中国成立初期的“以工代赈”组织、烈军属和贫民生产单位、计划经济时期的社会福利企业到改革开放后的街道、企事业单位办社会福利企业、为应对下岗失业问题而出现的灵活就业企业、非正规就业组织、民办非企业单位、城市住宅合作社及创业型社会企业等。参见时立荣等：《建国以来我国社会企业的产生和发展模式》，《东岳论丛》，2011年第9期，第159 – 163页。

中国社会企业秉承社会和经济双重价值的发展方向。就市场价值而言，通过市场整合和资本运作，能够直接带来地区经济收入的增加、贫困人口的减少，甚至带动整个地区或社区经济的复苏和发展，更直接地，减少政府对非营利组织的财政支出，增强组织或社会企业的财务持续性；就社会价值而言，社会企业不仅涉及社会弱势或边缘群体的就业、贫困地区的教育和医疗、老年人照顾、留守儿童的关心等社会问题，而且通过其行动倡导慈善互助、促进社会信任和社会成员间的合作，全面激活社会。[①] 但是，中国社会企业在实践双重价值底线过程中面临社会影响力与投资不足、各利益方缺乏共识、合法性质疑、社会认知度和公信力缺失等诸多障碍，[②] 在这样的情况下，就需要政府公共政策的介入，从而使社会企业朝三重价值底线的方向发展。可喜的是，随着媒体和公众的宣传，地方政府逐渐开始接受和理解社会企业的经营理念，并在实际工作中给予社会企业更多的便利和支持。例如，政府部门已经在扶贫开发、公共服务、照顾弱势群体就业、保护民族优秀文化遗产和鼓励文化创意产业以及扶持小微企业发展等方面给予相应政策支持和吸纳社会企业进入这些领域，以促进社会企业的健康发展。

社会企业具有独特的价值和明显的优势，它在中国社区集体经济发展领域有着巨大的发展潜力，并且，随着中国政府改革和社会治理创新的不断推进，社会企业越来越成为推动社区集体经济发展的重要力量。但是，社会企业在中国是一个新生事物，它没有健康成长的政策环境和社会文化土壤，这就使得社会企业嵌入社区可能存在诸多潜在的风险。一是社会企业假借社会公益之名而行追逐利润之实的风险。社会企业的商业性质很容易使公众质疑其公益性，“在相应的法律支持建立起来之前，鼓励社会企业介入社区服务，实际上为资本进入社区攫取社区资源，甚至是国家资源打开了便利通道。”[③] 的确，在实际的经营管理中，社会企业极有可能在社

---

① 贺建军：《社区发展的角色困境及其解决路径——一种社会企业的观察视角》，《浙江社会科学》，2015 年第 4 期，第 69 – 75 页。

② 沙勇：《社会企业：理论审视、发展困境与创新路径》，《经济学动态》，2014 年第 5 期，第 49 – 56 页。

③ 麻鸣：《“社区发展与中国实践国际学术研讨会”综述》，《浙江社会科学》，2013 年第 5 期，第 97 页。

会公益的幌子下进行赤裸裸的市场谋利，这比单纯的市场行为更具有隐蔽性和危害性。二是社会企业缺乏有效的商业运作而出现软弱无力的风险。理论上看，社会企业应该较少地依赖政府资助和企业捐赠等外部资金来源，而更多地寻求商业活动以获得自给。但是，在现实层面，中国社会企业的发展处于起步阶段，缺少专业的经营管理人员，更缺乏真正意义上的有现代企业经营管理理念的社会企业家，这势必会导致社会企业管理混乱，从而出现资金严重缺乏的现象，最终影响社会企业的健康发展。三是社会企业缺少政策法律的支持而承担行为偏离的风险。在我国目前的公共政策和法律体系中，社会企业嵌入社区还处于一个"真空地带"，这使得政府难以形成对社会企业的有效支持与监督。例如，社会企业介入社区弱势群体就业方面，可能会出现资金短缺、员工的不公平对待、低薪、超负荷工作等问题，这就需要政策法律的合理介入。总之，社会企业在自身发展及介入社区集体经济发展的过程中可能存在着大量未知的风险，这不能不引起地方政府的警惕，也是学术界理应关注的焦点。

三、社会企业与地方经济发展：欧美文献检视

从文献上看，社会企业在弱势群体就业、社会服务供给、生态环境保护、地方文化传承等领域的价值已不断被人们所认识，但是，对于地方经济发展特别是在那些困顿社区重振地方经济，社会企业却很少被作为一个有效的工具。[①] 但是，随着社会经济在全球范围的兴起，社会企业在地方经济重建中充当着越来越重要的角色，欧美世界的公共辩论也逐渐转向对社会企业与地方（社区）经济发展之间关系的思考。

20世纪90年代以来，专门研究社会企业的欧美学者首先开始注意到地方经济的独有特性，从而形成对地方经济及其发展模式的重新理解。卡尔·伯克霍尔泽（Karl Birkhölzer）特别具备洞识地方经济及其发展本质的眼光。他从欧洲国家地方经济发展的成功经验和失败教训中发现，发展地

---

① Birkhölzer, Karl, 2009, "The Role of Social Enterprise in Local Economic Development", Paper for the 2nd EMES International Conference on Social Enterprise, 1st to 4th of July in Trento, Italy, p. 3.

方经济需要：①依赖地方居民未开发的资源；②聚焦地方未满足的需求；③在地方共同体内重建地方经济网络；④为地方居民创造社会有用的工作。[①] 在他看来，地方经济并非一种纯粹的经济，而是一种依靠地方资源开展地方活动以满足地方需求的经济。希里·沃勒斯（Sherri L. Wallace）就比卡尔·伯克霍尔泽（Karl Birkhölzer）委婉和含蓄。他说，社区经济发展意味着“通过自决、文化意识和群体自足而实现一种经济的营造”（economic empowerment through self - determination, cultural awareness and group self - sufficiency），因此，从一个综合的观点来看，“社区经济发展需要对地方经济有一种民主的影响和资源的平等分配”。[②] 林赛·杰弗斯（Lindsay Jeffs）将社区经济发展建立在一个简单的假设之上，即“每个社区有在它之内的或理解范围之内的、相当大的能力和机会以影响其未来经济和就业”，社区经济发展是“一个由整个社区完成的持久的和一致的努力，这种努力通过建立他们从全球经济变化中适应和获利的能力，以提升地方经济和生活质量”，也是一个“地方居民为他们未来的经济承担责任，支持和利用社区资源以刺激经济活力的过程”。[③] 这些观点颠覆了人们对地方经济及其发展的传统认识，他们不再将地方经济发展看成一个纯粹的经济发展过程，而是强调关注地方性（Locality）。在这种理解下，原有依赖外部资源或外部力量并凭借国家权力和市场化方式推动的地方经济发展的外源（Exogenous）性模式显然不符合地方经济的概念本质，地方经济的发展是一种内源性（Endogenous）发展。[④]

卡尔·伯克霍尔泽（Karl Birkhölzer）等人知道地方经济发展需要回应地方的要求，从而使地方经济朝向民主与正义的方向发展。不过这并不是

---

① Birkhölzer, Karl, 1999, “Local economic development: a European - wide movement toward more economic democracy and social justice”, *Local economy*, 14 (1): p. 44.

② Wallace, S. Leronda, 1999, “Social entrepreneurship: The role of social purpose enterprises in facilitating community economic development”, *Journal of Developmental Entrepreneurship*, 4 (2): pp. 156 - 157.

③ Jeffs, Lindsay, 2006, “Social Enterprises, the Social Economy and Community Economic Development”, *paper to be presented at the second annual CommEnt Research Symposium*, *Hanmer Springs*, p. 3.

④ 卡罗·波兹卡（Carlo Borzaga）和艾尔曼诺·托迪（Ermanno Tortia）提出地方经济发展的两种模式：第一种模式寻求发展的外源性因素（Exogenous factors of development），如外部投资、公共部门干预、资本交易等；第二种模式聚焦发展的内源性因素（Endogenous factors of development），如社会资本、嵌入地方的人力和其他资源等。参见 Borzaga, Carlo &Tortia, Ermanno, 2008, “Social Enterprises and Local Economic Development”, School on Local Development (SLD) working paper, pp. 13 - 15.

他们要谈论的主题，他们最终关注的是，作为一种桥接社会和经济两大领域的新型组织形态，社会企业是否能够推动地方经济发展。相当长时期以来，欧洲各国的地方经济发展一直受主流经济学的影响，建立自由市场与开展商业经营一度被视为地方经济发展的有效策略，但是，地方经济的市场化开发导致了地方或社区的不发展：经济上的两极分化与不平等、弱势群体的高失业率以及日益严重的社会疏离等。[①] 因此，地方经济发展不仅需要有一个从全球市场经济到地方经济的范式转换，而且在实践发展策略上需要有一个根本的改变，代替单纯对市场力量或福利国家的关注，出现了一个超越市场和国家二分的新途径，即社会经济或社会企业的途径。[②] 伯克霍尔泽在20世纪90年代末期只是尝试性地提出地方经济发展的社会企业策略问题，而时隔十年之后，他才明确论证地方经济发展中社会企业的角色问题。[③] 在他看来，社会企业对地方经济发展产生三种影响，即整体上的经济发展、劳动力市场和就业以及社区发展。[④] 卡罗·波兹卡（Carlo Borzaga）的论证惊人地相似，他在对地方或社区经济发展本质的追问中指出，社会企业能够增长地方福利、创造就业以及不同的分配模式减少贫困和不平等，从而实现一种内源性的发展。[⑤] 希里·沃勒斯（Sherri L. Wallace）则将社会目的公司作为推进社区经济发展的最好工具。在他看来，社会目的公司是一种保护、生产和增强人们能力的商业，能在生产和分配社区财富中以创造性的社会正义为中心，当传统的社会福利政策不能很好地解决社会政治和经济问题时，社会目的公司为地方层次的政策制定

---

① Birkhölzer, Karl, 1999, "Local economic development: a European - wide movement toward more economic democracy and social justice", *Local economy*, 14 (1): pp. 49 - 50.

② Birkhölzer, Karl, 1999, "Local economic development: a European - wide movement toward more economic democracy and social justice", *Local economy*, 14 (1): pp. 50 - 51.

③ 2009年7月1日至4日，欧洲研究网络（EMES）在意大利召开第二届社会企业国际会议（2nd EMES International Conference on Social Enterprise），卡尔·伯克霍尔泽（Karl Birkhölzer）提交《地方经济发展中社会企业的角色》的论文，集中阐述了社会企业对于地方经济发展的重要价值。参见 Birkhölzer, Karl, 2009, "The Role of Social Enterprise in Local Economic Development", Paper for the 2nd EMES International Conference on Social Enterprise, 1st to 4th of July in Trento, Italy.

④ Birkhölzer, Karl, 2009, "The Role of Social Enterprise in Local Economic Development", Paper for the 2nd EMES International Conference on Social Enterprise, 1st to 4th of July in Trento, Italy, pp17 - 20.

⑤ Borzaga, Carlo &Tortia, Ermanno, 2008, "Social Enterprises and Local Economic Development", *School on Local Development (SLD) working paper*, pp. 16 - 17.

者提供了一种有效模式。①

基于以上分析，社会企业的多重价值为社区集体经济发展提供了现实基础，而欧美文献对社会企业与地方或社区经济发展关系的论断为重构社会企业与社区集体经济之间的关系提供了理论支撑。因此，社区集体经济要走出发展困境，实现社会和经济的双重发展，或许需要一种新的视角——社会企业的视角来予以审视。

① Wallace, S. Leronda, 1999, "Social entrepreneurship: The role of social purpose enterprises in facilitating community economic development", *Journal of Developmental Entrepreneurship*, 4 (2): p. 171.

第三章　社区集体经济及其发展

社区集体经济作为中国城乡社会经济结构的重要组成部分，其良性发展关乎城乡社区居民的切身利益乃至中国社会的繁荣稳定，也决定了中国城乡社区经济的水平和社区发展的质量。从实践上看，中国城乡社区集体经济在30余年的发展中，为繁荣社区经济、增加居民收入、促进社区公共服务以及提升社区居民组织化和参与度等作出了重要贡献。但是，随着中国城市化进程的加快和经济产业结构的不断升级，以及市场经济的迅猛发展，社区集体经济的传统模式越来越难以适应城乡社区发展的要求，因此，发展壮大社区集体经济实力，积极探索社区集体经济有效实现形式，就成为地方政府公共政策普遍关注的重大问题。

第一节　社区集体经济：概念、类型与历史

早在20世纪80年代，随着城市化运动的兴起，中国传统农业共同体开始向现代城乡社区转变，社区集体经济也就随之纳入中国城乡社会经济政策和学术辩论的视野，并且，在实践上出现了社区集体经济的多种形式，如社区企业、社区物业、社区资源开发经营等，同时，作为中国独有的一种社区经济形式，社区集体经济的言说与理解离不开中国语境，离不开社会主义中国从成立到成长的历史。

一、社区集体经济：社区、集体与经济

在中国，社区集体经济并不是一个新概念。从文献上看，社区集体经

济的概念一直被作为一种习惯性用语而使用，因而总体上缺乏对这一概念的深入阐释，再加上社区集体经济实践上的发展过程基本与中国改革开放特别是市场经济体制转型同步，社区集体经济也就理所当然地被视为一个经济的或市场的概念。但实际上，作为中国城乡社区经济的一种形式，同时也是作为集体经济的重要类型，社区集体经济与社区经济和集体经济有着紧密的联系，因而，反思与批判社区集体经济纯粹经济的或市场的阐释路径，就需要从社区经济、集体经济和纯粹经济的概念说起，从而建立起社区、集体和经济的三维视角。

（一）从社区经济到社区集体经济

欧美国家没有所谓集体经济或集体所有制形式，也就相应地没有社区集体经济的说法。欧美国家公共政策和学术辩论大都习惯于使用社区经济的概念。但是，在欧美学者的意象中，社区经济从来就不是一个纯粹经济的或市场的概念，而是一个经济的、地理的和社会的概念。例如，索尔奈（Laszlo Zsolnai）就将社区经济描述为在特定地理区域内的成员，他们各自生产物品与相互交换以获取生活所需，将生活环境变成更有吸引力，因而在一个社区内，主要有三种不同类型的经济活动，即生产经济、商业经济和服务经济。在索尔奈看来，社区经济需要建立起“自给自足（Self - reliance）的理念”：融合工作职能多样化的社区成员，就可以打造出社区内部成员相互服务、彼此供需平衡的互助共同体，社区成员越多，便可以容纳更多的产品需求和服务提供，因此，社区经济基本上是“运用地方资源满足地方居民的需要，而不是更远的市场需求”。①伊桑·米勒（Ethan Miller）则对社区经济的理解展现出激进民主的（Radically - Democratic）经济政治新思维，具有潜在的“非资本主义谋生的伦理政治活动”（the complex ethical and political work of building noncapitalist livelihoods）的概念意涵，表现出地方性社会的自足与互助，希望能够建立有利于社区自主生存力的生

① Zsolnai, Laszlo, 2002, “Green business or community economy?”, *International Journal of Social Economics*, 29 (8): pp. 652 - 662.

产与交易系统。[1] 在这种理解下，社区经济的发展也就不可能局限于一种经济的增长，而是关乎社区生活的所有方面，包括健康、教育、阻碍犯罪、就业和培训、商业发展、家庭稳定性和住房等，[2] 是一种导向“社区性”“经济民主与社会正义”的发展。[3]

在中国，由于社区集体经济一直作为中国城乡社区的重要经济形态，社区经济的概念随之被弱化了，但社区经济作为一种谈论语境与社区集体经济完全迥异的客观经济活动早就存在。[4] 大致看来，中国学者对社区经济的认识经历了一个从经济学到社会学的概念转换过程。从起源上看，社区经济的前身是街道经济或乡镇经济，它们的发展有不断走向市场的趋势，其概念也就理所当然局限于纯粹经济学的范围。到 20 世纪 90 年代，中国学者叶金生仍然从这一角度来理解社区经济，他认为，社区经济是在一定的社区中物质形态和价值形态的资源变数通过市场机制的作用重新组合配置，创造新价值的一种经济现象。[5] 进入 21 世纪以来，社区经济常常被置于社区建设的大背景中去认识，甚至有学者认为，社区经济“正是针对社区建设的发展而提出的一个新概念”。因此，社区经济是对“以基层社区组织为主体，利用社区自身的资源优势，以服务于社区建设为目标，为社区居民物质和文化生活的消费需求而提供产品和服务的一切经济活动的总称”。[6] 随着非营利组织和社会经济在中国的不断兴起，各种非营利性组织

---

① Miller, Ethan, 2013, “Community Economy: Ontology, Ethics, and Politics for Radically - Democratic Economic Organizing”, *Rethinking Marxism*, 25 (4): pp. 518 - 533.

② Handy, John W., 1993, “Community economic development: some critical issues”, *The Review of Black Political Economy*, 21 (3): pp. 41 - 64.

③ Boothroyd, Peter & Davis, H. Craig, 1993, “Community Economic Development: Three Approaches”, *Journal of Planning Education and Research*, 12 (3): pp. 230 - 240. Birkhölzer, Karl, 1999, “Local economic development: a European - wide movement toward more economic democracy and social justice”, *Local economy*, 14 (1): pp. 43 - 54.

④ 很少看到文献讨论社区经济与社区集体经济之间的关系，不过，从一般意义上看，社区经济应该包含社区集体经济，也就是说，社区集体经济是社区经济的一种类型。中国学者张超区分狭义的和广义的两种社区经济的概念：狭义的社区经济指以非营利组织为行为主体、社区福利最大化为目标、解决社区的社会必需，改善社区的社会环境，提高社区生活质量为己任的经济活动；广义的社区经济则可理解为社区所发生的一切经济活动的总称。根据这一区分，在广义的社区经济概念上，社区经济包含了社区集体经济。参见张超：《社区经济及其管理体制创新》，《学海》，2004 年第 2 期，第 71 页。

⑤ 叶金生：《社区经济论》，企业管理出版社，1997 年，第 23 页。

⑥ 文军：《社区经济略论》，《社会》，2000 年第 6 期，第 8 - 9 页。

和公益组织，如志愿者、合作社等，被视为社区经济活动的主体，社区经济也因之被理解成一种非营利性的经济活动。①

从发展趋势上看，社区经济的概念逐渐从一种纯粹经济学的阐释中慢慢发生转变，而越来越倾向于聚焦社会学意义上的社区意蕴。作为一种社区全体居民共同拥有的社区经济形式，社区集体经济无疑更应关注社区，关注社区居民社会关系的改善以及社区社会生活环境的维护与提升，社区集体经济活动最终要以改进和发展社区为旨归。

（二）从集体经济到社区集体经济

社区集体经济的概念要从集体经济说起。集体经济又称为“集体所有制经济”，马克思首次明确提出了“集体所有制”这个概念。② 马克思主义所谓“集体所有制经济”，是指社会主义社会中生产资料和劳动成果归一定范围的劳动群众集体共同占有的一种公有制经济形式，是劳动者共同劳动并共同分享收益的经济形式。在马克思主义的意义上，集体（所有制）经济的概念有以下意涵：一是在经济形态上，集体经济是社会主义社会的一种公有制经济形式，它在其他社会形态中并不存在；③ 二是在生产经营上，实行共同劳动和统一的生产经营活动，劳动者直接参与劳动过程；三是在收益分享上，根据劳动者共同所得分享收益，所有劳动成果属集体经济成员共同所有，劳动者共同分享的收益来自他们的共同劳动，而不是资本或资金分红的收益。应该承认，中国在社会主义改造和人民公社制度时

---

① 张超：《社区经济及其管理体制创新》，《学海》，2004 年第 2 期，第 71 页。

② 薛暮桥在《经济研究》1978 年第 10 期发表《论社会主义集体所有制》一文，认为马克思主义文献中不可能“产生集体所有制这一概念”，但梅文杰等人根据详实的文献资料，对这一观点给予反驳，指出集体所有制概念最先由马克思明确提出来。参见薛暮桥：《论社会主义集体所有制》，《经济研究》，1979 年第 10 期，第 2 – 9 页；梅文杰：《马克思明确地提出了“集体所有制”这个概念》，《经济研究》，1979 年第 12 期，第 74 页。

③ 王景新将集体经济追溯到中国上古社会的井田制、原始社会的血缘家族公社、氏族公社等经济形态，认为中国传统社会就存在集体经济，集体经济是人类历史上最为古老的经济形式（王景新，2012），这一观点明显是对集体经济概念的误解。张小军区分“公有集体”和“共有集体”两个概念，认为公有集体是以社会主义为主的有国家在场的集体，而共有集体则是以初民社会为主的无国家在场的集体，根据这种区分，王景新所谓宗族共有的集体经济就不可能是马克思主义意义上的集体经济。参见王景新：《集体经济的历史演进：从家庭公社到合作经济》，《古今农业》，2012 年第 4 期，第 1 – 13 页。张小军：《谁的村落？谁的集体？——集体化村落发展模式反思》，《开放时代》，2015 年第 1 期，第 54 – 57 页。

期从互助组、农业合作社到人民公社推行的“土地集体所有、共同劳动、按劳分配”就是集体经济的经典范式。不过，随着集体经济在中国的实践不断展开，集体经济的概念也呈现扩大化的趋势。特别是中国全面推进市场经济体制改革后，集体经济的实现形式发生了重大变化，生产经营上已经不限于共同劳动和统一生产经营，而是实行集体所有分散经营，原有以共同劳动所得分享收益的单一分配模式也开始扩展到企业运作、资源资产经营等多种经济活动形式，甚至出现了像江苏华西村、河南南街村这些所谓的“集体经济村庄”。[①] 更有集体经济采取资本运作的方式，将集体资本投入证券、股票等金融业务并获取利润，集体经济成员同样能够从中获取分红收益。

从文献上看，集体经济的概念表述大多以农村或村域集体经济的形式呈现。例如，翟新花等认为，农村集体经济是指农村生产资料由集体占有、支配和使用，生产经营的成果归集体所有并由集体决定分配的一种公有制经济，成员共有、民主管理、利益共享是其基本特征。[②] 王景新则明确从所有权归属、资源配置、分配原则、经营管理制度等要素出发来界定农村集体经济，即农村集体经济是“土地等资源和其他共有资产分别归乡镇、村、组三级农民集体所有，采用成员优先、市场调节等多种手段配置资源，实行统分结合的双层经营体制和‘多元化、多层次、多形式’的经营管理方式，按集体经济规则和生产要素相结合的分配方式分享收入的公有制经济”。[③] 而在对村域集体经济的概念表述中，王景新则放弃了将村域集体经济归于公有制经济的做法，仅从所有权归属方式和分配方式两个方面给予说明，即“行政村范围内，村、组两级集体成员分别共同所有的资源、资

---

① 2014年11月1－2日，《开放时代》杂志社组织十余位研究集体经济问题的中国学者在浙江省宁波市江北区慈城镇慈湖书院围绕“集体经济村庄”展开学术研讨，与会学者对“集体经济村庄”进行了深入讨论。腾讯网《今日话题》栏目于2012年3月25日第2017期发表评论文章《明星村是集体经济之功?》，文中特别指出像华西村、南街村这样的“明星村”的经济形式根本就不是“集体经济”，而是一个个能够给原始股持有人进行分红的企业，这种观点显然是对集体经济概念的曲解。参见王景新等：《集体经济村庄》，《开放时代》，2015年第1期，第11－73页。

② 翟新花、赵宇霞：《新型农村集体经济中的农民发展》，《理论探讨》，2012年第4期，第73页。

③ 王景新：《当今明星村集体经济发展的有效实现形式》，《开放时代》，2015年第1期，第13页。

产及其经营收入和利益分配”。[①] 杨勇则视农村集体经济为“社会主义公有制与市场经济的有效结合”，它基于社会主义市场经济“以市场作为资源分配的基础性方式”，建立起一种“产权明晰、经营灵活、方式多样、互惠双赢”的农村经济发展局面。[②]

以上概念表述阐明，农村集体经济的实质或内涵植根于集体概念——共同劳动、统一经营、集体所有等，这些关于集体的概念表述一定程度上把握住了集体经济或农村集体经济作为一种社会主义公有制经济的本质，但也不可避免地捆绑上了某种意识形态的意蕴。其实，对于集体经济或农村集体经济而言，问题的关键不在于是劳动者的集体还是资本或资金所有者的集体，而在于是自主的集体（Independent Collective）还是依附的集体（Dependent Collective）。[③] 杨勇从农民发展的视角出发将农村集体经济定位于一种“由农民自发组织起来而构建的合作经济形式”，[④] 无疑是对自主的集体的最好阐释。社区集体经济脱胎于传统的农村集体经济，同时也作为集体经济的一种形式，从依附的集体到自主的集体的观念嬗变，理应成为诠释社区集体经济的内在逻辑，社区集体经济活动要以社区成员的合作与自主参与为前提。

（三）从正式经济、非正式经济到社区集体经济

在纯粹的正式的经济活动中，产品的生产与销售受正式的市场规则约束，其最终产品能够得到合法认可。但是，在现代经济尤其是地方经

---

① 王景新：《经营村域集体经济应借鉴有益经验》，《农村工作通讯》，2009 年第 16 期，第 1 页。

② 杨勇、赵宇霞：《新农村建设视域下农村集体经济助推农民发展理路研究》，《贵族社会科学》，2013 年第 12 期，第 67 页。

③ 自主的集体和依附的集体意在说明集体与集体里的个人之间两种完全不同的关系，在一个自主的集体里，所有成员自由平等，并能够根据各自的意愿加入或退出集体，集体事务基本上由所有成员共同决定，而在一个依附的集体里，成员间缺少自由和平等，他们并不具有决定集体事务的权力，很大程度上处于集体的控制与监视之下。从价值上看，自主的集体提供民主、公平、责任的价值观念，而在依附的集体里，这些价值观念则根本就不会存在，只有专断、歧视、冷漠与不负责任。参见 Daryl D'Art and Thomas Turner，2003，“Independent Collective Representation：Providing Effectiveness，Fairness，and Democracy in the Employment Relationship”，*Employee Responsibilities and Rights Journal*，15（4）：pp. 169 - 181.

④ 杨勇、赵宇霞：《新农村建设视域下农村集体经济助推农民发展理路研究》，《贵族社会科学》，2013 年第 12 期，第 67 页。

济发展中存在着大量的非正式经济，如街边小贩的无证经营、大学生的兼职、朋友间的借贷等，这些经济活动不受正式的市场规则约束，但其灵活性、渗透性和社会性的特点使之与正式经济一起推动地方经济发展。贾斯汀·W. 韦布（Justin W. Webb）等将人类经济活动分为正式经济、非正式经济和变节的经济（Renegade Economy），并从手段与目的及正式制度与非正式制度两个方向建立起辨识三种经济活动的概念框架。即，正式经济是指那些在手段与目的及正式制度与非正式制度上都具有合法性的经济形式。变节的经济是指在手段与目的及正式制度与非正式制度上都不具有合法性的经济形式。而非正式经济则包含：①从手段上看，在正式制度上非法而在非正式制度上合法的经济行为；②从目的上看，在正式制度上合法而在非正式制度上非法的经济行为。[①] 杰谢里（J. Gershuny）把非正式经济分为三种类型，即家庭经济（the household）、共有经济（the communal）和地下经济（the underground）。[②] 康纳德·W. 奈特（Donald W. Light）区分边缘的非正式经济（Marginal informal economy）和主流的非正式经济（Mainstream informalized economy）。[③] 显然，非正式经济的概念超越了合法与非法的简单二分，在公共社会学的视野下，非正式经济对于低收入邻里关系而言，能够培育经济增长从而成为一种更有效的方式。[④]

自20世纪70年代以来，非正式经济在世界范围内不断成长并不断得到关注，而在中国，随着经济的市场化，国家统计机构却一直忽视非正式

① Webb, Justin W., Tihanyi, L., Ireland, R. D. and Sirmon, David G., 2009, "You Say Illegal, I Say Legitimate: Entrepreneurship in the Informal Economy", *Academy of Management Review*, 34 (3): p. 496.

② Gershuny, J., 1979, "The informal economy: its role in post - industrial society", *Futures*, 11 (1): p. 3.

③ 奈特认为，边缘的非正式经济有如下七个特征：①不合法的或准合法的手段；②网络型的嵌入；③有限的制度环境；④非正式的、个人化的工作；⑤绩效工资；⑥弹性的价值交换；⑦企业家精神；而主流的非正式经济有如下八个特征：①合法的或准合法的手段；②网络型嵌入；③一个支撑型的制度环境；④非正式的、个人化的工作；⑤绩效工资；⑥弹性的价值交换；⑦允许创业失败和错误的开端；⑧鼓励组织化的弹性和网络。参见 Light, Donald W., 2004, " From migrant enclaves to mainstream: Reconceptualizing informal economic behavior", Theory and Society, 33 (6): p. 725.

④ Light, Donald W., 2004, " From migrant enclaves to mainstream: Reconceptualizing informal economic behavior", Theory and Society, 33 (6): p. 730.

经济的存在。[①] 据估计，在 20 世纪 80 年代，中国有高达 50% 的个体和私营商业没有登记注册，没有出现在任何官方统计中。[②] 因此，中国在向市场经济转型中，正式经济与非正式经济的界限并不那么清晰，很多非正式经济和地下经济是“合法”存在的。[③] 尤其在中国农村或城市社区，非正式经济更是大量存在，如村民间的互助经济、基于民间借贷的信用经济、成员间自发形成的合作经济以及家政服务、老年或儿童照护服务类型的服务经济等，这些非正式经济活动有效地促进了低收入群体和下层街区的经济发展。

根据正式经济与非正式经济的区分，中国现有城乡社区集体经济基本属于正式经济。社区居委会或社区股份合作公司以集体的名义对社区土地楼盘、商业企业、资产资源等开展经济活动，生产市场需要的产品或提供相应服务。从手段和目的来看，这些经济活动都是合法的并且符合相应市场规则，属于正式经济的范畴。但是，对于社区集体经济而言，非正式经济特别是一些社会经济活动，更应成为其总体经济活动的重要组成部分。梅尔·埃文斯（Mel Evans）区分有偿的非正式经济活动（Paid Informal Economic Activity）和无偿的非正式经济活动（Unpaid Informal Economic Activity），其中，无偿非正式经济活动有两种形式，即家计的或范围更广的家族活动和邻里关系的或范围更广的社区活动（that conducted for the household or wider family and that conducted for the neighbourhood or wider community）。在埃文斯看来，对于贫困社区或低收入群体而言，这种无偿的非正式经济活动是非常关键的，而对于大量有偿的非正式经济活动，本身应该拥有合法的地位。[④] 埃文斯的判断显然是合理的，其对非正式经济的深刻认识也为社区集体经济概念的重新阐释提供了依据，社区集体经济的概念需

---

① Huang，Philip C.，2009，“China's Neglected Informal Economy：Reality and Theory”，*Modern China*，35（4）：p. 405.

② Young，Susan，1989，“Policy，Practice and the Private Sector in China”，*The Australian Journal of Chinese Affairs*，21（1）：p. 62.

③ 高崇：《移民创业、非正式经济与地方政治：以广州城郊的服装加工区为例》，《公共管理研究》，2007 年第 8 期，第 106 页。

④ Evans，M.，2007，“Mutualising cash－in－hand? Social enterprise，informal economic activity and deprived neighbourhoods”，*Local Government Studies*，33：pp. 388－389.

要抛弃单一正式经济的观念，而要将非正式经济特别是社会经济纳入其概念范围之中。

基于以上分析，社区集体经济的概念阐释需要：（1）跳出公有制的概念框架，回归其作为一种社区经济的价值本位；（2）摆脱集体概念的意识形态影响，完成从依附的集体向自主的集体的视角转换；（3）超越纯粹的正式经济概念，将正式经济与非正式经济共同纳入社区集体经济范围之内。据此，我们将社区集体经济表述如下：在社区范围内，社区成员共同拥有、共同劳动或合作参与社区资源、资产和资本的生产、经营与管理，并共享其收益的社区经济形式。从这一定义来说：（1）社区集体经济是一种社区与社会经济。其社区概念并不能简单地视为一种地理意义上的社区，而更要将其理解成一种社会学意义上的社区，这一方面表明是社区成员运用社区资源开展社区行动的一种内源性经济，另一方面意味着社区范围内的经济民主与正义。（2）社区集体经济是一种合作与参与经济。社区集体经济的集体是社区成员的集体，社区股份制改革后，集体就成了所有股东即出资人的集体，但是，集体概念的真正意蕴在于集体成员的自愿合作参与。（3）社区集体经济是一种正式与非正式经济。社区集体经济的经济并不局限于劳动经济，还包括社区资源、资产、资本的经营投资或服务供给等多种经济形式，不仅如此，那些非正式的经济特别是一些社会经济形式，如邻里之间的互助经济、互惠经济等，也应成为社区集体经济的重要内容。

二、社区集体经济的类型

社区集体经济类型或实现形式与社区类型或社区形态直接相关。有的社区坐落在城市中间，除了单纯的店面、物业租赁外没有其他集体经济来源；有的社区具有深厚的历史文化底蕴，可通过开发利用旅游资源发展集体经济，甚至有的社区拥有规模较大的集体企业。根据社区集体经济的运行方式并结合中国城市多样化的社区形态，可以将社区集体经济的类型大

致归纳如下：[①]

（一）社区资产经营

这里所谓的“社区集体资产”，主要是指社区集体全体成员集体所有的有形资产（如固定资产、流动资产、长期资产）和无形资产（如地理标志、企业商标、专利、特许权等），它不包括土地、森林等资源性资产。从社区集体经济发展的历史来看，社区物业租赁及社区其他资产倒卖与经营，一直是中国城乡社区集体经济发展的主要形式，这也是当前许多中国城乡社区集体经济的主要类型。他们将集体所有的办公用房、厂房、沿街门店等资产，以租赁、转让或其他形式进行经营，实现集体资产增值。从收益上看，出租或出售社区闲置资产，发展社区集体产权物业经济，是社区集体经济获得稳定收入的重要来源之一。

（二）社区资源开发

社区资源（Community Resources）是指满足社区居民生活需求的所有物质自然资源、地理环境资源和社会文化资源，大致可将社区资源分为三种类型：一是社区人力资源，包括社区领袖、社区志愿者、社区精英、专业人士、社区劳动力等，社区普通居民，也是一种重要的社区资源；二是社区物质资源，包括土地资源、地理环境资源等，社区物质资源是社区居民赖以生存与发展的基础；三是社会文化资源，包括社区的历史传统、居民生活习俗、社区文化形式等，还包括社区内成员间形成的人际关系网络、社会资本等，这些社会文化资源是社区精神与活力的重要体现。对于社区而言，只要有助于社区居民生活改善和社区发展的资源，都应加以动员、开发与利用。合理开发利用社区内土地、矿产、文化、旅游、劳动力等各种资源，可以有效提高社区居民的生活水平，促进社区经济繁荣。例如，利用社区特色或优势开发旅游资源，创办酒店、宾馆、娱乐场所等，可以

---

① 社区集体经济的类型划分大量参考了地方政府发展社区集体经济的政策文件，如湖北省襄阳市政府发布的《关于加快发展壮大村（社区）集体经济的意见》（2012 年 9 月 25 日）、江苏省政府发布的《关于发展村级集体经济的意见》（2010 年 2 月 23 日）、四川省岳池县政府发布的《关于发展壮大村集体经济的指导意见》（2015 年 9 月 5 日）等。

从中获取盈利，这对于社区经济发展和社区居民生活水平的提高具有重要作用。不过，通过开发与利用社区资源来发展社区集体经济，有一点需要特别注意，那就是所有社区资源的开发与利用都必须自我约束，避免为了创造和获得无限制的利润，而让社区资源过度消耗，以至于社区环境受到伤害。

（三）社区资本运作

资本运作主要是指利用市场原则，通过资本的科学运作同时也是技巧性运作，最终实现价值增值和效益增长的一种市场化经营方式。它与实体经济的区别在于，实体经济以产品或服务的生产或供给为主要形态，而资本运作则重在借助于资本市场，通过企业买卖或资产上市等方式赚钱的经营活动。社区资本主要是指通过社区集体资产或商业企业经营所得的集体资本收益，它不属于社区居民个人。在当前社区股份合作经济体制下，社区居民个人拥有社区资本股份或产权。社区资本的市场运作主要有两种方式：一种方式是利用社区集体资金入股企业经营、购买资产等实现资本增值；另一种方式是将社区集体资本投入股市，或者直接将社区集体企业上市进行资本运作，获取资本红利。需要注意的是，社区资本不同于一般工商资本，社区资本具有集体属性，是社区全体居民的共有资本，而工商资本则属于私营性质，因此，工商资本在市场竞争中以市场利润为主要目标，而社区资本在市场运作中则不得不考虑到社区居民的权益。

（四）社区企业商业

这主要是指依托社区兴办带有集体性质的工业、企业、商业或其他产业，不包括纯粹私营或民营的企业商业。社区里有大量的个体经营户，他们开办便利店、超市、汽修店、水果店等，或者兴办家庭作坊甚至家族企业，这些类型的企业商业不属于社区企业商业，社区企业商业是那些具有集体性质的，是社区集体全体成员所有的企业商业。从形式上看，这种类型的集体经济有两种形式：一是社区企业。如利用社区集体资金兴办的制造加工业、高科技产业或其他行业；二是社区商业。如国内近些年大量出现的购物中心、生活广场、娱乐休闲一条街、步行街等。

（五）社区服务创收

社区集体通过成立兴办专业合作社或其他合作经济组织、协会等，培育专业技术人才，提供养老、医疗卫生、物业管理、法律咨询、技能培训等各种社区服务，或者组建人力资源公司、旅游公司等，在服务供给中创造或增加社区集体经济收入。服务创收型集体经济有两大特征：第一个特征是以社区居民或与社区发生联系的人群的服务需求为依托。例如，社区居民有小区安全保卫方面的服务需求，社区可以组建巡逻队提供相关服务，并从中收取费用；或者这是一个具有旅游特色的社区，经常有大量社区外人群进入社区观光游览，社区成立旅游公司为这些游客提供相关服务，获取利润充实集体资金。第二个特征是社区服务创收以市场利润为导向。对于那些由社会公共部门提供社区服务，如学校教育、养老照顾、环境保护等，不仅不能从中获取利润，更需要从社区集体资金中抽出一部分来维持和发展；而对于那些由市场供给的社区服务，如家政服务、维修服务、培训教育等，则可以采取市场化运作方式获取利润，实现社区服务创收。

上述五种形式并不能完全涵盖社区集体经济的类型。例如，有些地方在强调发展壮大村或社区集体经济时提出了社区集体经济的九种类型，即资源开发型、盘活存量型、异地发展型、产业带动型、股份合作型、服务创收型、市场经营型、旅游引领型、项目合伙型；浙江省财政厅根据相应案例总结出浙江10种村级集体经济发展模式，即资源开发型（典型案例：开化县长虹乡霞川村大石龙水电站增效扩容技改项目）、物业经营型（典型案例：缙云县溶江乡洪坑桥村农贸市场迁建工程）、资产盘活型（典型案例：东阳市六石街道张麻车小区文化创客项目）、资本运营型（典型案例：金华市婺城区集体经济发展小微企业创业园项目）、基金运作型（典型案例：三门县基金式扶持村集体经济发展）、村庄经营型（典型案例：桐庐县莪山畲族乡新丰村空心村二次创业试点项目）、产业发展型（典型案例：如州市黄岩区高桥街道下浦郑村米面产业发展项目）、生产服务型（典型案例：桐乡市梧桐街道安乐村劳务专业合作社）、村落建设型（典型案例：庆元县县长砻村扶持集体经济试点项目）、土地合作股份型（典型案例：衢州市衢江区莲花镇扶持集体经济试点项目）。这些类型的社区集体经济形式可能在有些社区存在，也可能只是部分类型存在，社区集体经济类型与社区紧密相关。这就要求地方政府在制定社区集体经济发展策略时要充分考虑社区特性，根据社区自身条件来发展社区集体经济。

不过，随着当前全球范围内互联网信息经济、休闲经济和合作经济的崛起，以及社区集体经济的发展和壮大，如果还是一味地依靠原来的物业租赁、低端制造业等方式，显然是远远不够的。只有积极探索社区集体经济多元化发展路径，创新发展思路，才能推动社区集体经济更快更好地发展。从形式上看，社区集体经济发展呈现出以下趋向：一是朝合作经济方向发展。创办各种形式的社区专业合作社，是搞活社区集体经济，提升社区居民参与社区集体经济发展的重要方式。二是朝休闲旅游经济方向发展。充分利用乡村或社区地理环境、历史人文传统，发展社区旅游观光，特别是在一些农村社区，可以利用其资源优势，发展家庭农场、农家乐、采摘园及其他休闲观光产品。三是朝互联网经济方向发展。现代经济在互联网的驱使下越来越扁平化，通过电子商务可以使社区产品送达全球各地，这也为社区集体经济发展创造了新的契机。总之，社区集体经济类型呈现出越来越多样化的趋势。

三、社区集体经济的历史演进

社区集体经济起源于集体经济，在中国传统语境下，集体经济一直是一个有独特政治意蕴的词语。王景新将集体经济的源起追溯到中国上古社会的井田制，原始社会的血缘家庭公社、氏族公社等经济形态，认为集体经济是人类历史上最古老的经济形式。中国传统社会就存在集体经济，“农村集体经济的历史存在，是人类社会经济发展的自然产物，而非人们的行为偏好、意识形态的作用抑或是政治强制。”① 很明显，王景新把集体经济的概念扩大化了。他简单地认为只要生活在一起的人们就构成一个集体。但实际上，在当前语境下，当我们谈论集体经济时，集体经济是有某

① 王景新：《集体经济的历史演进：从家庭公社到合作经济》，《古今农业》，2012 年第 4 期，第 12 页。

种意识形态或政治化的意蕴在里面的，集体概念是有特定的时代背景和内涵的，至少在马克思主义集体所有制的意义上，宗族共有的祠田和庙产不可能是集体经济形式。张小军在《谁的村落？谁的集体？——集体化村落发展模式反思》中比较“公有集体”和“共有集体”两个概念，指出公有集体是社会主义为主的有国家在场的集体，而共有集体则是以初民社会为主的无国家在场的集体，[①] 在这种区分上，王景新所谓宗族共有的集体经济充其量只是一种共有集体的经济，不可能是马克思主义意义上的集体经济。不过，在共有集体的意义上理解集体经济，似乎为我们正确理解集体经济概念指明了一种方向，也为淡化集体概念的意识形态内涵提供了思考的进路。罗必良认定“集体经济”起源于1953—1956年实施的社会主义改造是有历史根据的。[②] 毫无疑问，罗必良理解的集体是公有的集体而非共有的集体，这种理解 也代表了当前学术界和实务界的通常看法，因此，正是在这个意义上，我们才能探讨社区集体经济的历史演进过程和逻辑。大致看来，从社会主义改造开始，在半个多世纪的历史变迁中，中国集体经济的发展总体上可分为三个阶段。

第一阶段：人民公社下的高度集体化时代（1953—1978年）。在中国，集体经济的制度安排始于1953—1956年的社会主义改造，并在人民公社制度时期得到进一步发展。在这一时期，集体经济的发展是一个渐进的过程，从临时互助组和常年互助组，到农业合作社（初级社），再到更高级的农业生产合作社（高级社），然后到集体化程度更高的人民公社，最终形成乡社合一、集体劳动、统一经营与共同拥有的集体经济格局。[③] 这一时期的集体经济主要以生产队、生产大队、人民公社为特定场域，其实质是农村的集体经济或农业的集体化。城市社区的集体经济便脱胎于这种全国范围内轰轰烈烈开展的农村集体化运动，社区集体经济也就相应地承继了社会主义改造和人民公社时期农村集体经济的基本格局。

---

① 张小军：《谁的村落？谁的集体？——集体化村落发展模式反思》，《开放时代》，2015年第1期，第54－57页。

② 罗必良：《集体经济体制的效率生成逻辑》，《开放时代》，2015年第1期，第50－53页。

③ 中国农业委员会办公厅对集体经济或农业集体化在社会主义改造和人民公社时期的发展过程有过详细记录，参见中华人民共和国国家农业委员会办公厅编：《农业集体化重要文件汇编》（1949—1957）、《农业集体化重要文件汇编》（1958—1981）。

第二阶段：改革开放后的集体经济转型时代（1978—1990年）。改革开放后，一些沿海发达地区的农村村落转变成城市社区，社区集体经济出现了一些新形式，如社区集体企业、商业及其他产业、集体资产或资源的经营等。应该说，这种集体经济体制相较于之前的农村集体经济已经有了重大的变化。尽管社区范围的土地或其他资源、资产依然归集体所有，但集体劳动模式发生了变化，按劳动所得分享收益的形式也变得不那么重要了，社区集体经济出现了多元化的发展趋势。例如，原先在人民公社体制下出现的集体企业，在改革开放的激励下，可以采取个人承包、租赁经营等方式，或者将原集体企业改制为股份合作经济或其他合作制经济形式，甚至将原有集体制企业进行改制，实行个体或私营企业，或者与外资企业联合投资，成为股份制企业。总之，社区集体经济实行多样化转型发展，极大地激发了社区居民的积极性，也结束了原有人民公社体制下生活产品供应严重短缺的局面。

第三阶段：股份合作化的市场化发展时代（1990年至今）。进入20世纪90年代，在一些发达地区，城乡社区出现了股份合作化改革的动向，使集体经济原有的集体产权转变成由社区成员持股的个体产权，从而建立起与市场经济体制相适应的产权制度和资产营运机制。[①] 特别是近十年来，全国大部分城乡社区都相继进行股份合作制改革，把股份制和合作制两大经济组织原则结合起来，并在此基础上建立现代股份合作制企业，走多元化经营发展之路，为社区集体经济的市场化发展铺平了道路。

从脉络上看，社区集体经济在其历史发展中发生了三种根本性改变：一是所有制形式的变化，从社区集体所有向社区居民个体所有转变。在人民公社制度下，所有财产归集体所有；改革开放后，高度集体化的产权性质开始松绑，逐步向私人个体转变；而在社区股份制时期，产权明确归社区居民个人所有。二是集体行动方式的变化，人民公社制度下的集体是劳动的集体，而到股份合作制时期，从共同劳动向公司化、合作式运营转变。三是分配方式的变化，从按劳分配向按股份或其他资本占

---

① 例如，广东省广州市天河区从1987年就开始试水社区集体资产产权制度改革（陈暹秋，2004），深圳市龙岗区也从20世纪90年代以来逐步完成集体经济的股份化改造，普遍成立社区股份合作公司（杨刚勇、杨友国，2015）。

有量分享收益。不难看出，这三种根本性变化都无一例外地指向社区集体经济的市场化。

第二节 社区集体经济的发展

进入21世纪以来，中国许多地方都在探索社区集体经济发展的新模式。随着土地流转、资产运作、服务增收以及社区股份合作公司的相继建立，中国城乡社区集体经济发展走上了全面市场化道路。社区股份合作作为社区集体经济最为有效的实现形式，它“克服了传统集体经济的缺点，把集体资产的所有权明晰到社区全体成员，并以股份合作的形式，建立健全法人治理结构，最终形成产权明晰、权责明确、管理科学的现代企业制度，这是一种民办民营的集体经济”。[①] 社区集体经济引入现代企业制度，推行股份合作，促进了社区资产保值增值以及居民增收，这刚好印证了经济理论的主流论调，即产权清晰的制度安排是经济繁荣的前提条件，社区集体经济的股份合作制无疑是这样一种使社区集体经济的模糊产权转向清晰产权的制度安排。社区集体经济的市场化基本符合主流经济学对社区集体经济发展的期盼，它一方面激活了社区经济，带来了居民收入的增长；但另一方面，社区“在市场经济所产生的效率预期面前再也无法保持它原先的那种自然和谐”，“邻里关系正在失去其在更简单、更原始的社会形态中所具有的重要性”。[②] 社区集体经济发展的经济学思考将其视为一个纯粹的经济学问题，这无疑掩盖了问题的实质，也偏离了社区集体经济发展的方向。

加拿大学者彼得·布思罗伊德（Peter Boothroyd）和克拉格·戴维斯（H. Craig Davis）对社区经济发展的路径做了一项非常有趣的研究，他们将社区经济发展视为社区、经济、发展三个概念的逻辑构成，相应地，社区

---

① 徐元明：《社区股份合作：农村集体经济新的实现形式》，《中国集体经济》，2005年第4期，第37－39页。

② 冯刚：《整合与链合：法人团体在当代社区发展中的地位》，《社会学研究》，2002年第4期，第7页。

关系（Community Relationships）、经济增长（Economic Growth）和结构性变化（Structural Change）就成为社区经济发展的三种路径，政策制定者应该考虑促进社区经济发展的三个目标及相关策略。[①] 乍看起来，布思罗伊德（Peter Boothroyd）和戴维斯（H. Craig Davis）从社区、经济和发展三个概念出发阐释社区经济发展的三条路径，这显得极为严谨，但是，从社区、经济和发展三个概念的所指来看，将社区视为一种社区关系，将经济视为一种纯粹的经济增长，将发展视为一种结构性变化，这显然又压缩了这三个概念的解释空间。

德国学者卡尔·伯克霍尔泽（Karl Birkhölzer）则具体提出了地方或社区经济发展背后的六个基本原则：①为了社会利润、社区利益或共同利益；②一个整合的整体性方法；③服务于未满足的需求；④重建地方经济循环；⑤构建和提升社会资本；⑥以社区为中心的发展。[②] 伯克霍尔泽（Karl Birkhölzer）并没有像布思罗伊德（Peter Boothroyd）和戴维斯（H. Craig Davis）那样建立起社区经济发展的严谨的分析框架，但也应该承认，他对地方或社区经济发展六项原则的阐释极富创见性，尤其是将社区经济发展视为以社区为中心的发展以及运用一种整体性的方法看待社区经济发展的思路，无疑为展望中国城乡社区集体经济的发展方向提供了很好的视点。

借鉴布思罗伊德（Peter Boothroyd）和戴维斯（H. Craig Davis）拆分社区经济发展（Community Economic Development；CED）的思路以及伯克霍尔泽（Karl Birkhölzer）提出的地方经济发展原则，同时结合社区集体经济概念的重新阐释，作者结构性地将社区集体经济发展归为四种不同类型的发展：一是面向社区的发展，即社区集体经济发展中"社区"概念阐释的意蕴；二是超越集体的发展，即社区集体经济发展中"集体"概念反映的趋向；三是提升经济的发展，即社区集体经济发展中"经济"概念表达的内涵；四是促进发展的发展，即社区集体经济发展中"发展"概念隐藏的深意。这四重划分意味着社区集体经济发展的四个方向、四种路径或四项

---

① Boothroyd, Peter & Davis, H. Craig, 1993, "Community Economic Development: Three Approaches", *Journal of Planning Education and Research*, 12 (3): pp. 230 - 240.

② Birkhölzer, Karl, 2009, "The Role of Social Enterprise in Local Economic Development", Paper for the 2nd EMES International Conference on Social Enterprise, 1st to 4th of July in Trento, Italy, pp. 5 - 10.

原则，对地方政府公共政策而言，它们有一个共同的目标，即制定政策以使社区集体经济从市场与国家控制中摆脱出来，建立起社区、集体、经济、发展的四个发展方向，从而推动社区集体经济的可持续发展。

一、社区集体经济发展：促进社区的发展

在通常意义上，社区能够被简单看成为一定地理区域内、有着共同的意识和利益的人们，通过密切的社会交往，有计划地寻求长期的共同改进。根据这一定义，如果在同一地域内人们之间没有为了某种共同意识、共同目的或共同利益而进行社会交往，这个地方就不是社区；如果一个利益群体里所有成员仅仅付费、捐款、签署请愿或者出席共同的事务如会议、班级或运动会等，这样一个群体也不是社区。因此，对于一个社区而言，有两大因素至关重要：一个是一个固定的地理区域及其所属环境、资源等所代表的物的因素；另一个是一群有着共同价值观念和共同利益，并有着密切社会交往的人的因素。约瑟夫·古斯菲尔德（Joseph R. Gusfield）区分两种主要的社区概念，即一种是地理性质的邻里社区，另一种是人群属性的关联所形成的社群。[①] 这两种社区概念并不是两种不同类型的社区，而是一种社区中地理性质与人群属性的侧重差异。滕尼斯将社区视为那些由共同价值取向的同质人口组成的，关系亲密、出入相友、守望相助，极富有人情味的生活共同体和精神共同体，[②] 实际上淡化了社区概念的地域性或物性。

据此，从宏观上可将社区视为物的社区和人的社区的统合，前者强调社区的自然、社会与文化资源，后者强调社区的社会、政治与人文价值。相应地，社区集体经济推动社区的发展需从两个方向展开：一是社区资源的利用与再造。社区资源包括社区的地理区域、自然环境、物质资源、社会资本等，就一种地理学或资源学意义上的社区而言，物的社区就不是一种地理边界的扩展，而是地理空间的利用、自然环境的保护、物质资源的

① Gusfield, J. R., 1975, *The Community: A Critical Response*, New York: Harper Colophon.

② ［德］裴迪南·滕尼斯：《共同体与社会：纯粹社会学的基本概念》，北京：商务印书馆，1999年。

再生（如社区旅游资源的开发、土地资源的利用以及文化资源的革新与传承等）与社会资本的再造。二是社区价值的复兴与重建。社区价值包括社区事务的政治价值如公正、平等与民主，以及社区成员之间的社会关系如信任、关爱等，就一种社会学或政治学意义上的社区而言，人的社区就不是一种人力资源的利用，而是社区事务的公正平等、社区民主价值的坚持与社区成员社会关系的改善，如社区成员之间的互帮互助、关爱与信任并建立起来的互惠观念等。布思罗伊德（Peter Boothroyd）和戴维斯（H. Craig Davis）将社区经济发展概念中的社区理解成一种社区关系（community relationships），一种“为了最大化集体利益而形成的关系”，他们“关心彼此的幸福并从相互合作中获得满足”。[①] 这种理解无疑把握到了社区概念的本质，但也将社区关系局限于社区成员之间的“关心与共享”（caring and sharing）以及“创造更多公正公平的产品与分配功能”（to create more just or fair）production and distribution functions），从而无视作为地理学或资源学意义上的社区概念，也就不可能从社区维度导出社区经济发展的有效策略。

从社区资源和社区价值的角度来考察，近30年来，中国城乡社区集体经济着重于社区资源的再造而轻视社区价值的重建。特别是在城市化推进中，通过村改居、撤村并居等方式使社区在地理空间上得以改变或扩展，或者是利用沿海或城郊社区的地理区位优势，带动社区集体经济发展。更为明显的是，社区集体经济在发展初期，大都以土地资源为依托，卖地建楼，发展低端租赁经济，或者建立标准化厂房，吸引外部资金发展低端制造业。随着社区集体经济市场化改制的不断推进，原有以土地资源为主要依赖的发展格局开始向金融、旅游、商业企业等其他资源、资产拓展，社区物质资源成为社区集体经济市场化发展的主要依托，这也为社区集体经济在物的社区方向上的发展做了最好的注解。不过，由于地方政府的策动和市场化的侵蚀，社区集体经济在其三十多年的发展中在相当程度上远离了作为一种人的社区应该具有的潜质，社区事务以市场为逻辑而展开，以

---

① Boothroyd, Peter & Davis, H. Craig, 1993, “Community Economic Development: Three Approaches”, *Journal of Planning Education and Research*, 12 (3): pp. 235 - 236.

利润为追逐的目标，这势必导致社会公平与社区成员之间平等价值的缺失，社区成员之间也缺乏关爱与信任，社区共同体也逐渐偏离了作为一种人的社区所应拥有的生活气息与精神气质。因此，在今后的发展方向与策略上，社区集体经济需要转到社区价值上来，实现社区资源和社区价值的双重发展。

二、社区集体经济发展：超越集体的发展

集体是一些有共同目标的人组织起来并通过一定范围的活动达成共同目标或任务的整体，在一个集体中，成员之间彼此建立起稳定的合作与相互友爱的关系。从范围上看，集体概念所指广泛，小到一个班级，大到一个国家，都可以称之为一个集体。例如，一所小学的班集体，是由一些以学习、成长为共同目标的小学生组成，通过开展丰富多彩的集体活动，彼此建立起相互学习、友爱互助的氛围，最终实现每个同学的健康成长。而作为一个国家的集体，则是由不同民族、不同肤色甚至不同语言的人组成，在一国范围内，他们通过各自的活动建立起民主、自由、平等、友爱的社会政治氛围，最终促进每个国民乃至整个国家的健康发展。从本义上看，集体是一个非常中性的概念，但在中国学术语境下，特别是当其与集体所有制、集体经济联系起来考虑时，便带有强烈的意识形态色彩，也就自然地与控制、团结、整合、集体主义精神、共同体信念等发生这样或那样的关系。在当前集体经济的学术讨论中，有学者引用麦克·布洛维（Michael Burawoy）提出的“生产政体（Factory Regime）”概念来阐释集体经济村庄内部的集体主义精神，也有学者将“集体”作为一种“集体的认同”的文化现象，更有学者声称“集体经济和主义是没有关系的”。[①] 这些学者试图对集体或集体经济概念提供一种新的解释，从而扭转集体概念阐释中严重的意识形态倾向，但是，这种解释并没有从根本上改变将集体视为一种“依附的集体（Dependent Collective）”的观念。在他们的学术想象中，集

① 在当前学术界对集体经济村庄的讨论中，诸多学者从不同角度反思集体经济。参见王景新等：《集体经济村庄》，《开放时代》，2015 年第 1 期，第 19－24 页。

体中的个体仍然受制于集体的控制之下，集体主义和共同体信念成为集体中每个个体思考问题和展开行动时的原则和标杆，个体的活动与存在依附于集体之内。

从根源上看，扭转集体概念的意识形态倾向，需要重新认识集体与集体中的个体之间的关系，使集体中的个体摆脱集体的控制，从而建立起一种“自主的集体（Independent Collective）”的观念。作为一种“自主的集体”，集体中的每个成员并不依附于集体，集体事务的展开也不依赖于集体或代表集体意志的领导的强制，而是集体中每个成员之间的友好合作、团结互助和积极主动地参与，因此，要使集体成为一种“自主的集体”，全赖集体中每个成员的合作与参与，这便可以从本质上将“自主的集体”理解为“合作的集体”和“参与的集体”，前者强调集体中每个成员的互助合作，后者强调集体中每个成员的主动参与。在这个意义上，社区集体经济超越集体的发展就是要改变社区集体经济原有的国家权力主导的发展模式，而使社区集体经济朝向居民参与和相互合作的方向发展。一是走向合作的发展。所谓“合作”，就是人们为了一个目标而采取一种联合行动，并且这种联合行动是出于人们的自愿。在这个意义上，社区集体经济走向合作的发展就是要转变社区集体经济活动中社区成员的行动模式。在传统的集体观念下，集体的联合行动并不是出于每个成员的自愿，而是某种强制力量的存在；现在，在合作发展的理念下，基于互惠互助、共同发展与合作的意愿，社区中的每个成员积极、自愿地开展联合行动。二是居民参与的发展。社区集体经济参与的发展就是让社区居民参加社区集体经济事务的决策及各项活动，这种参与意味着，社区居民以一种自愿的心态和平等的身份参加集体经济事务，并从集体经济事务中获得信任与激励、成就感与责任感。在传统的集体观念下，社区集体经济活动将社区居民置身事外，社区集体经济事务被认为是社区领导单方面的事情，而参与的发展则要将社区成员纳入社区集体经济事务中，社区集体经济的发展被看成是社区所有成员共同的事情。

从合作和参与的角度观察，中国城乡社区集体经济在其实践发展中充其量只是一种名义上的合作和名义上的参与。首先，社区集体经济不是合作经济。集体经济与合作经济的关系，长期以来有三种观点：一是把集体经济与合作经济简单等同；① 二是认为集体经济涵盖合作经济或合作经济涵盖集体经济；② 三是认为集体经济与合作经济有着本质的区别。③ 当前中国城乡社区集体经济正在进行社区股份合作制改革，试图使社区集体经济朝向合作经济的方向发展。但根据国际合作社联盟提出的合作社原则，④ 社区股份经济合作社在入社自由、民主管理、自治与独立等方面都与其不符，空有合作之名而无合作之实，在这个意义上，社区集体经济很难说是一种合作经济。其次，社区居民没有真正参与社区集体经济发展。社区集体经济股份化改造后，社区居民理所当然地成为股权持有者即股东，他们理应参与社区集体经济事务的讨论、决策及各项经济发展与管理活动，但是，就目前中国城乡社区股份合作社的运转来看，由社区党委和居委会成员交叉任职的社区股份合作公司董事会直接控制社区股份合作公司的运行，社区居民只是在名义上而非真正意义上参与社区股份合作公司事务。

社区集体经济的股份制和合作化改造给社区居民参与集体经济事务和合作经济在社区的开展提供了空间，也在一定程度上扭转了社区集体经济完全集体化发展的方向，但由于社区居民合作与参与的意愿在社区内部缺乏策动力，社区居民合作参与社区集体经济事务就只能停留在形式上，社区集体经济发展也就很难在实质上形成对传统集体观念的超越。在今后的发展方向和策略上，社区集体经济需要建立起合作与参与的发展模式，引

---

① 在国家政策用语中，集体经济与合作经济始终同属一个概念，在不同场合互相替换使用，如1954年《中华人民共和国宪法》指出，合作社经济是劳动群众集体所有制的社会主义经济，其后修改的1975年、1978年、1982年宪法中，也都把合作经济称为集体所有制经济。参见韩俊：《关于农村集体经济与合作经济的若干理论与政策问题》，《中国农村经济》，1998年第12期，第11－19页。

② 孙国贵：《农村集体经济发展需要理论和实践创新》，《江苏农村经济》，2015年第5期，第40页。

③ 韩俊在对将合作经济与集体经济等同起来的误区进行分析后指出，中国合作化运动的最大失误就在于混淆了合作经济与集体经济的本质区别。参见韩俊：《关于农村集体经济与合作经济的若干理论与政策问题》，《中国农村经济》，1998年第12期，第11－19页。

④ 1844年，世界上第一个合作社即英国罗虚代尔公平先锋社成立，并提出著名的“罗虚代尔合作原则”（共5条）；国际合作社联盟于1966年曾提出6条原则，即自愿与开放的社员资格、民主的社员控制、社员经济参与、自治与独立、教育、培训和信息、合作社之间的合作；1995年，国际合作社联盟增加“关心社区”原则，至此，国际合作社原则增加到7条，这些原则得到各国的普遍认可，并成为国际合作社运动的指南。参见韩俊：《关于农村集体经济与合作经济的若干理论与政策问题》，《中国农村经济》，1998年第12期，第13页；郑有贵：《村社区性集体经济组织是否冠名合作社——以福建省仙游县村经济合作社为例》，《管理世界》，2003年第5期，第96－97页。

导社区居民互助合作、积极参与社区集体经济发展。

三、社区集体经济发展：带动经济的发展

经济发展是时下人们频繁使用的一个词语，通常意指在一定时间内一个国家或地区的经济水平与状况。传统的经济理论认为，经济发展就是一种经济的增长，即国民财富的不断增长。古典经济学家亚当·斯密的《国富论》被认为就是一本研究“怎样才能使国内生产总值增长的工具书”。这种观念延续了很长一段时间，那些新古典经济学家在很大程度上都是这一观念的拥护者，即使到了20世纪中叶，著名的发展经济学家刘易斯（William Arthur Lewis）仍然认为资本的迅速积累是经济发展的中心。反观中国，由于新中国成立后相当长时期内经济发展处于崩溃边缘，加之改革开放后经济建设的迫切，经济数量上的增长便成为社会主义经济建设的中心任务，学术界也就普遍地将经济发展等同于经济增长，并在相当长时间内将国内生产总值（GDP）或人均收入作为经济发展的衡量指标。不过，现代经济学慢慢认识到，当经济呈现增长的态势时，经济却不一定伴随了发展，学术界使用“没有发展的增长”（Growth Without Development）这一概念来描述这种现象。这种“没有发展的增长”现象使人们开始意识到，经济发展与经济增长之间有着本质的区别。如果经济增长过程中经济结构变化缓慢或经济结构变化方向不合理，则这种经济处于实质上的不发展状态。因此，经济发展并不拘泥于经济数量的增长，它还包括经济结构的变化、经济效益的提升、经济发展的稳定性、可持续性以及人们生活质量的提高等。

从经济角度看，经济的发展除了经济增长外，经济结构的变化是其另一重要方面。[①] 首先，经济增长是经济发展的中心任务。经济增长通常反

---

① 经济发展不仅包括经济数量的增长和经济结构的变化，它还包括经济效益的提升、经济稳定性、可持续性、人们生活质量的提高和社会福利的改善等多个方面。若单从经济层面来看，经济发展除了经济数量上的增长外，最重要的就是经济结构的变化，若从发展层面来看，经济发展包括稳定性、可持续性、社会福利的改善以及人们生活质量的提高等方面。笔者此处仅从经济层面来论经济发展，因此只从经济增长和结构变化两方面来讨论，其他如稳定性、可持续性等方面归于经济发展的发展层面。

映一种数量上的变化，而这种变化能够被精确地测量。例如，国家层面的经济增长通常根据国民生产总值（GNP）或国内生产总值（GDP）来进行测量。地方经济也会采取相似的方式来测量增长变化，但在增长指标上，地方经济会更多地纳入就业率、居民收入、税收等方面来全面测量其增长程度。除此之外，经济增长还反映一种经济增长方式的改变。例如，外源性增长还是内源性增长、粗放型增长还是集约型增长等，这些增长方式的不同一定程度上影响经济增长的数量。其次，结构变化是经济发展的重要方面。狭义地看，经济结构的变化通常反映一种经济类型或形态的改进和优化。例如，工业经济、农业或农产品经济、服务业经济等的合理配置与协调发展，对于农村、社区等地方经济结构而言，除了正式的经济类型（商业、服务业经济）之外，还有互惠互助经济、家庭经济等非正式经济或社会经济的存在。[①] 总之，作为一种经济的发展，不仅要保持经济的增长，更要注重经济结构的完善。相应地，社区集体经济促进经济的发展就是要改变原有单纯追求经济数量增长的倾向，而使社区集体经济实现经济增长和结构变化的双重发展：一是保持经济的增长。从增长数量看，社区集体经济需要加强社区集体资产、资源、资金、社区集体企业等集体经济的总量及其经营性收入的增长；从增长方式看，原有社区集体经济的增长过多地依靠外部资本介入或采取一种粗放的经济增长方式。例如，在沿海发达地区的社区建立标准化厂房，吸引相关产业介入，或者通过在社区开发楼盘、出租商铺来获得集体收入，增长方式的转变则要求转向社区内部，利用社区资源、资本或资金促进经济增长，或通过多元化的渠道获得集体资产增值。二是注重结构的变化。从产业结构看，原有的社区集体经济主要以社区拥有的集体工业、企业、商业以及集体资产的经营为主，产业结构较为单一，产业结构的变化要求社区集体经济转向服务业、金融业甚至向信息、新材料、新能源等新兴产业转变；从经济形态看，社区集体经济是一种正式经济形式，主要以市场为导向和依托，遵循市场规则，开展市场活动，以实现集体资产增值，社区集体经济的结构转型要求从正式经济

---

① 广义地看，经济结构的变化除了经济类型或形态的改进优化外，还可能包括各种资源、资金、科技、劳动力等经济要素的有效使用与合理配置。

形式向非正式经济转变，大力发展社会经济，从而使社区集体经济得到合理、协调发展。

从经济增长和结构变化上看，中国城乡社区集体经济在近 30 年的发展中，单纯追求经济上的增长，而在很大程度上忽视了经济结构的升级转型。长期以来，中国城乡社区集体经济发展存在一定程度的路径依赖，走的是以土地和资产为中心的发展道路，社区利用集体资金和土地修建楼盘或厂房，出租给企业或其他私营业主，并从中收取租金以获得集体资产的增值。对一般社区而言，社区自办或联办经营实体较少，基本没有形成自主、自有的经济形态，更不用说形成有一定品牌效应的社区企业和商业。不可否认，这种单一的经济发展模式带来了数字上的良好效应，社区集体资产获得了量上的巨大增长。但是，由于社区集体土地和部分资产并无再生性，社区集体经济对有限土地和固定资产的过度开发随即使之陷入了无地可用与无产经营的困境。从社区集体经济结构上看，这种发展模式的背后隐藏着经济结构单一的深层动因，社区集体经济严重依赖土地资源和物业出租，而忽视其他产业或行业，社区集体经济的结构性失调最终导致其陷入难以为继的局面。以深圳市龙岗区为例，据统计，全区集体经济中土地、厂房净值约占集体资产总值的 97%，2005 年全区股份合作公司总收入 27.79 亿元，其中租金收入 17.33 亿元，占总收入的 62.4%。[①] 社区集体经济股份合作化改革后，为顺应市场需求而拓展集体经济形态，一定程度上打破了集体经济结构单一的格局，社区集体经济在朝向多元结构的方向发展。

四、社区集体经济发展：推动发展的发展

从经济学上看，发展意味着一国或地区经济的增长，通常使用国内生产总值、人均收入、就业率等指标来反映经济发展的程度。一些理论也强调经济的发展与经济结构之间的关系，农业生产的持续存在被视为一个地区经济的高度不发展，而相应地，工业或服务业的兴起或繁荣则是经济发

① 作为改革开放的前沿阵地，深圳市社区集体经济的发展态势更具有代表意义。参见钟再勤、毛冬宝：《城市化转制转地后社区集体经济的转型发展》，《特区实践与理论》，2007 年第 3 期，第 63 页。

展的重要标志。当然，经济学家们并非都忽视发展的非经济因素，一些社会指标如教育、健康卫生条件等也被经常作为评估经济发展的重要因素。但总的说来，在相当长的时期内，经济学家们基本上将发展视为一种经济增长现象。虽然许多国家或地区在20世纪五六十年代出现了不同程度的经济增长，但大多数民众的生活却没有发生显著变化，经济学界也开始对发展提出不同解释。英国发展经济学家杜德利·西尔斯从贫困、失业和不平等三个方面评定一个国家或地区是否发展。在他看来，如果一个国家在贫困、失业和不平等方面趋于减少，说明这个国家在发展。[①] 这样一种对发展的认识已经超越了传统的定义，但这种认识无疑仍局限于纯粹的经济学范围。实际上，发展远不止拥有经济的意涵，它既包括经济的增长、不平等和贫困的消除或减少，也包括自然环境的保持与改善、民众健康与福利的获得、社会心态与精神气质的提升等，因此，发展必须理解为整体的发展。而同时，作为一种与人们生活息息相关的经济现象，米切尔·托达罗（M. P. Todaro）将发展定义为“一个社会或社会体系向着更加美好和更为人道的生活持续前进”；[②] 阿马蒂亚·森更是强调发展的本质在于扩展人的能力（capability），即将发展视为“消除贫困、人身束缚、各种歧视压迫、缺乏法治权利和社会保障，从而提高人们按照自己的意愿来生活的能力”。[③] 从根源上看，这些认识完全突破了发展的传统观念和整体性框架，而将发展最终定位于一种人的发展，即人的平等、自由、权利以及人的美好生活。

因此，社区集体经济发展作为发展的发展，旨在寻求一种整体发展和人的发展。在这个意义上，社区集体经济导向发展的发展就是要促使社区整体发展并最终实现社区居民的发展。一是寻求社区整体的发展。卡尔·伯克霍尔泽（Karl Birkhölzer）运用“一种综合整体的方法（An integrated holistic approach）”来看待地方（社区）经济发展，这种方法“不仅包含

① ［英］杜德利·西尔斯：《发展的含义》，载于（美）塞缪尔·亨廷顿《现代化：理论与历史经验的再探讨》，罗荣渠主编，上海：上海译文出版社，1993年。

② ［美］米切尔·托达罗（M. P. Todaro）：《第三世界的经济发展》，于同申等译，北京：中国人民大学出版社，1988年。

③ ［印度］阿马蒂亚·森（Amartya Sen）：《以自由看待发展》，任赜、于真译，北京：中国人民大学出版社，2012年。

商品和服务的生产，而且包括环境、社会和文化资源的再生产”。[1] 同样地，社区集体经济发展不是一种单纯的经济发展，而是一种整体发展，它不仅包含社区经济的增长和社区居民物质生活水平的提高，更在于社区邻里关系的融洽、社区环境的改善、社区文化的提升以及总体意义上的社区精神共同体和生活共同体的构建。诚如卡尔·伯克霍尔泽（Karl Birkhölzer）所警告的，“如果我们忽视环境、社会和文化资源的再生产，我们将以地方或社区的衰败而结束”。[2] 二是实现社区成员的发展。社区集体经济是社区成员共同参与和拥有的社区经济形式，社区集体经济的发展最终旨在促进社区居民的发展。这主要包括：社区居民的职业技能培训与就业、社区居民的文化与文明素质的提高、社区居民向社会人与公共人的转变等。可以说，实现社区居民的发展是衡量社区集体经济发展的指标，离开社区居民的发展，社区集体经济的发展将失去准心和方向。

从整体发展和人的发展上看，中国城乡社区集体经济通过股份合作化改革，部分地认识到社区居民利益及其参与社区集体经济建设的重要性，但在其市场化实践中，社区集体经济缺乏对社区环境、社会和文化资源的关注，更没有重视社区居民自身的发展。首先，社区集体经济发展缺乏整体性。当前全国社区范围内开展的股份合作化改革，其目的在于使股份合作公司成为独立的市场主体，并通过公司化和专业化运作，实现社区集体资产的保值增值。可以说，社区股份合作化改革就是一场完全市场化的改革，其关注点仅在于市场收益，诸多学者也提出运用现代企业制度来明确社区股份合作公司的改革方向。在这个意义上，社区集体经济发展只是单纯追求社区经济的发展，而在很大程度上忽视了社区环境、社会和文化资源的重视与整合。其次，社区集体经济发展缺乏对人的关注。社区股份合作化改革把社区居民当成股东或者是一个纯粹的市场受益人。作为股东身份的社区居民，他们关注的是社区集体资产的股份分红收益，维护的也是以市场收益为导向的经济权利，在市场的优胜劣汰面前，社区弱势群体将处于更加不利的境地。同时，社区居民作为一个纯粹的市场受益者，他们

---

①② Birkhölzer, Karl, 2009, “The Role of Social Enterprise in Local Economic Development”, Paper for the 2nd EMES International Conference on Social Enterprise, 1st to 4th of July in Trento, Italy, p. 6.

普遍缺乏对社区社会公共问题的关注，他们只是一个个“私人”，而不是一个社区人、社会人。总之，在今后的发展方向和策略上，作为一种整体发展，社区集体经济发展需要扭转单纯经济发展的格局，而要求得社区经济、环境、社会和文化资源的整体发展；同时，作为一种人的发展，社区集体经济发展需要改变忽视社区居民的倾向，而转向对社区居民的关注，实现社区居民自身的发展。

综上所述，在社区集体经济发展的四种路径中，促进社区的发展和超越集体的发展可以归为一类，带动经济的发展和推动发展的发展可以归为另一类，前一类涉及社会领域，即社会学意义上的社区、社会和成员间的互助与合作，而另一类则涉及经济领域，即社区集体经济量上的增长和质上的提升。总之，社区集体经济需要从社区、集体、经济和发展四个方面来确立发展框架。

第四章　社会嵌入与社区集体经济发展

社区集体经济（Community Collective Economy，CCE）作为一种社区成员集体拥有的经济形式，它是中国城乡社区经济的重要组成部分。社区集体经济的发展决定了中国城乡社区经济的水平，也直接决定了社区发展的质量。相当长时期以来，中国城乡社区集体经济大多以低端制造业、传统单一的物业租赁、低效的土地开发与资源利用等为主要发展路径。随着中国城市化进程的加快和经济、产业结构的不断升级，社区集体经济发展的传统模式越来越难以适应城乡社区发展的需要。自20世纪90年代以来，中国许多地方都在探索社区集体经济发展的新模式，其中最为明显的趋向便是社区集体经济的市场化，最主要的表现就是社区集体经济的股份合作制改革，全国范围内也相继建立起不同类型的社区股份合作社（公司）。例如，深圳市罗湖区成立31家社区股份合作公司，实行股权改革，推动社区集体经济转型发展；[①] 浙江省宁波市江东区29个“村改居”全面推行股份合作制，社区居民变身股东，持股分红，并探索股权融资，建立股权流转交易平台，推进社区集体经济市场化综合改革；[②] 江苏省苏州市推进社区股份合作社股权固化改革，全市新建社区股份合作社1288家，其中452家社区股份合作社已股权固化，建立符合市场经济要求的社区集体经济运营机制。[③] 社区集体经济的股份合作制改革将社区集体经济的经营权与社区行政权和社会职能分开，实行市场化运作，这激活了社区经济，推动了社区发展。然而，社区集体经济的完全市场化势必会偏离社区发展的轨道，

---

① 王红梅：《推动社区股份公司转型发展》，《深圳商报》，2015年5月29日。

② 叶海英：《社区股份合作社的宁波样本》，人民网，2014年2月13日。

③ 陆晓华：《苏州新建社区股份合作社 取消“集体股”》，《苏州日报》，2015年4月8日。

社区集体经济的发展面临着脱离社区或社会的危险。

根据观察，中国城乡社区集体经济在近30年的转型发展实践中，其重心明显偏向经济领域，而没有过多关注社区集体经济发展中的“社区”和“合作”。尽管中国城乡社区集体经济的改革被冠以“股份合作”的名号，但其重心仍然在于“股权改革”，而不是“成员合作”。[①] 实际上，社区集体经济发展的本质不仅要求实现经济增长、经济结构转型以及经济发展方式的变革，更重要的是要关注社区和社会，建立社区成员之间的互助合作。也就是说，社区集体经济的发展需要建立起经济行动与社会结构之间的平衡关系。

社区集体经济的社会学研究将社区集体经济的发展指向社会维度——社区集体经济的发展必须嵌入社区、嵌入社会，脱离社区或社会的社区集体经济势必会偏离社区集体经济的发展轨道。恰好的是，社区集体经济的社会指向暗合了经济行动的社会嵌入框架，而波兰尼（Polanyi）、格兰诺维特（Granovetter）等诸多新经济社会学领域的学者诠释了这一框架：经济行动嵌入在社会关系之中，经济脱离社会而按照自己的逻辑独自行动，这不仅导致经济对社会的宰制，更会使经济行动失去准心。社区集体经济不同于一般的经济形式，它植根于社区，也就更加离不开对社区这一特定的社会场域的依赖，因此，社会嵌入理论的引入，可以为社区集体经济的发展提供一个很好的解释框架。

第一节　社会嵌入及其路径

经济行动的社会嵌入问题是新经济社会学的核心问题。卡尔·波兰尼（Karl Polanyi）、格兰诺维特（M. Granovetter）、莎伦·祖金（Sharon Zukin）和保罗·迪马乔（Paul DiMaggio）等诸多学者对社会嵌入理论进行过阐释

① 郑有贵以福建省仙游县某村社区性合作社为例，通过对合作社原则、管理机构实际运行状况及在村民自治制度下的成本等方面的分析，指出村社区性集体经济组织没有必要冠名合作社，同时论证了社区集体经济并不是合作经济问题。参见郑有贵：《村社区性集体经济组织是否冠名合作社——以福建省仙游县村经济合作社为例》，《管理世界》，2003年第5期，第96－98页。

和发展，社会嵌入问题和嵌入性（Embeddedness）概念深受国内外学者的关注，越来越多的学者在公司治理、市场拓展、社会资本、组织适应等领域对这一问题进行理论与实证研究。

一、社会嵌入：概念源起与理论发展

从社会嵌入的源起来看，英国新经济社会学代表人物卡尔·波兰尼（Karl Polanyi）首先提出嵌入性概念并阐释了这一理论。① 在《大转型：我们时代的政治与经济起源》中，“嵌入性”这一术语仅仅在“市场模式的演进”这一章中出现过两次，第一次是波兰尼反思市场控制的经济体系对整个社会产生的致命后果，“与经济嵌入社会关系相反，社会关系被嵌入经济体制之中”。② 其后，波兰尼在分析古代巨大的交易行为和地方市场时，再次提到了嵌入性的概念。“在古代巨大的再分配体系中，交易行为和地方市场都是常见的，但总是只具有从属性的现象。在互惠原则占主导地位的场合，情况也是如此：在这里，交易行为通常是嵌入在包含着信任和信赖的长期关系之中，这种关系往往能消除交易的对立性。”③尽管波兰尼只是零星地在其论著中使用“嵌入”概念，但它作为“新经济社会学的纲领性术语”，④ 带出了一个重大的理论命题，即“人类的经济是浸没（submerged）在他的社会关系之中的……经济体系，从原则上说，是嵌入在社会关系之中的”。⑤

对于这一命题，波兰尼运用了一种历史主义的论证方法。⑥ 在他看来，

---

① B. 巴伯将波兰尼称为“嵌入概念之父”，参见 Barber，B.，1995，“All Economies are ‘Embedded’：The Career of a Concept，and Beyond”，Social Research，62（2）：p. 396.

②③ Polanyi，Karl，2001，*The great transformation*，Boston：Beacon press（originally published in 1944），p. 60.

④ 符平：《嵌入性：两种取向及其分歧》，《社会学研究》，2009 年第 5 期，第 141 页。

⑤ Polanyi，Karl，2001，*The great transformation*，Boston：Beacon press（originally published in 1944）：pp. 48，279.

⑥ 波兰尼从人类历史发展角度论证经济与社会的嵌入关系，但他在《大转型：我们时代的经济与政治起源》开篇声称，这本著作不是一本历史著作，不是探讨历史事件令人信服的发生次序，而是从人类制度角度对这些事件的趋势作出解释。参见 Polanyi，Karl，2001，The great transformation，Boston：Beacon press（originally published in 1944）：p. 4.

经济活动嵌入社会是人类历史的本质和普遍逻辑，以亚当·斯密为主要代表的传统经济学从根本上误读了过去的历史，自发调节的市场是一种彻头彻尾的乌托邦。在对人类经济活动的历史考察中，波兰尼总结出四种经济活动原则即互惠、再分配、家计（householding）和交换，与此相应，形成对称（symmetry）、中心（centricity）、自给自足（autarchy）和市场四种社会组织结构模式，这些原则在社会组织结构的帮助下得到制度化。波兰尼认为，19 世纪以前的所有经济体系的组织要么是互惠，要么是再分配，要么是家计，或者三者之间的某种组合，而 19 世纪之后的经济体系则是完全遵循交换和交易的经济原则。毫无疑问，基于互惠、再分配和家计之上的经济活动深深地嵌入于社会组织结构之中，而基于交换与交易之上的市场模式则“意味着要让社会的运转从属于市场”,[①] 经济行动不再嵌入于社会关系之中。

波兰尼的论证看似富有历史感和逻辑，但波兰尼提出的嵌入性概念在当时并没有引起学界的普遍关注与重视，而且，波兰尼自己也认为资本主义市场经济处于社会脱嵌之中的观点具有很大的局限性。实质上，有学者认为，波兰尼后来对自己提出的市场经济处于社会脱嵌之中的观点进行了修正，其认为市场经济同样可能嵌入在社会和文化结构当中。[②] 中国学者符平认为，波兰尼提出了经济的整体性嵌入观，经济牢牢地附属于整体社会是嵌入概念的本质内涵，“嵌入性既是他用以辨别人类历史上经济与市场在社会中的位置变化的分析性概念，更是他所秉承的整体主义方法论的重要基石”。[③]

当然，波兰尼提出的嵌入性理论也能得到部分学者的支持。例如，法国历史学家布罗代尔（2002）在对 15 世纪至 18 世纪资本主义物质和经济生活进行考察后就社会结构、国家以及人口、货币、城市等日常生活结构

---

① Polanyi, Karl, 2001, *The great transformation*, Boston: Beacon press (originally published in 1944): p. 60.

② 丘海雄、于永慧：《嵌入性与根植性——产业集群研究中两个概念的辨析》，广东社会科学，2007 年第 1 期，第 175 - 181 页。

③ 符平：《嵌入性：两种取向及其分歧》，《社会学研究》，2009 年第 5 期，第 142 - 143 页。

对经济介入的论述无疑为波兰尼的观点提供了有力支撑。[①] 但同时，这一理论也受到不少学者的批评。例如，巴伯（B. Barber）、凯普纳（G. Krippner）吉米兹（K. Gemici）等人批评了波兰尼将互惠和再分配模式看成嵌入社会而将市场模式解释成脱离社会的观点。他们认为市场模式并没有“脱嵌”，而波兰尼则人为地将所有经济交换与社会关系割裂，从而陷入了“市场悖论”。[②]

波兰尼提出了嵌入性概念也阐释了经济嵌入社会之中的观点，仅此而已，他并没有给嵌入或社会嵌入下一个明确的定义。格兰诺维特以社会关系网络的视角观察分析了波兰尼讨论的那些社会，发现经济行动以不同方式，并且不同程度地嵌入于历史上的各种社会中，而不是如波兰尼所说的那样，在资本主义社会里市场行动必然存在着脱离社会的趋向。[③] 延续波兰尼的思考，格兰诺维特以更明确的方式提出社会嵌入问题。[④] 他在《经济行动与社会结构：嵌入问题》（1985）中将社会关系网络的研究方法引入经济社会学，认为新古典经济学在研究经济行动时存在着社会化不足的问题，而社会学理论则存在过度社会化的问题，从而对主流经济学中的社会化不足和社会学中的社会化过度两种观点进行了批评，进而再次提出市场中的经济行动必定嵌入于社会结构之中的观点。[⑤]

更具体地，格兰诺维特在《经济生活的社会学》（1992）中提出经济生活嵌入社会的路径问题，从而对波兰尼的嵌入理论做了实质性的推进。

---

① ［法］费尔南·布罗代尔：《15 至 18 世纪的物质文明、经济和资本主义》，顾良、施康强等译，北京：生活·读书·新知三联书店，2002 年。

② Barber, B. , 1995, “All Economies are ‘Embedded’: The Career of a Concept, and Beyond”, *Social Research*, 62 (2): pp. 387 – 413. Krippner, G. 2001, “The Elusive Market: Embeddedness and the Paradigm of Economic Sociology”, *Theory and Society*, 30: pp. 775 – 810. Gemici, K. 2008, “ Karl Polanyi and the Antinomies of Embeddedness. ” *Socio – Economic Review*, 6 (1): pp. 5 – 33.

③ 符平：《嵌入性：两种取向及其分歧》，《社会学研究》，2009 年第 5 期，第 144 页。

④ 格兰诺维特与波兰尼对嵌入问题的研究存在时间上的先后顺序，但格兰诺维特是否继承了波兰尼的嵌入理论，凯普纳（G. Krippner）持非常肯定的态度，而中国学者符平则引用 2002 年加州大学戴维斯分校举行的嵌入性专题研讨会上格兰诺维特的发言，否定格兰诺维特与波兰尼对嵌入问题的思考有继承关系。参见 Krippner, G. 2001, “The Elusive Market: Embeddedness and the Paradigm of Economic Sociology”, Theory and Society 30: p. 775. 符平：《嵌入性：两种取向及其分歧》，《社会学研究》，2009 年第 5 期，第 141 页。

⑤ Granovetter M. , 1985, “Economic Action and Social Structure: The Problem of Embeddedness”, *American Journal of Sociology*, 91 (3): p. 487.

格兰诺维特将嵌入分为关系嵌入（relational embeddedness）和结构嵌入（structural embeddedness），关系嵌入是指经济行动嵌入由行动者与他人互动形成的关系网络之中，从互动频率、感情强度、亲密程度和相互性四个维度出发，行动者在这种关系网络中获取信息；结构嵌入是指经济行动嵌入行动者所在整体社会网络，它是对行动者嵌入各种社会网络的总体描述，其重点在于整体网络的结构功能和行动主体在网络中的位置节点。格兰诺维特认为，经济行动主体正是通过关系嵌入和结构嵌入而获得相互之间的信任和互动，从而保证经济行动的实现。①

总体上看，格兰诺维特复活了波兰尼的嵌入性概念和嵌入性观点，并运用社会关系网络分析作为经济社会学的研究方法对嵌入性理论进行了重新解释，进而确立了经济社会学的基本理论假设，即经济行动依赖于社会关系网络，经济活动中的个体在开展经济活动时受社会关系网络的影响。

继波兰尼和格兰诺维特之后，更多的学者从不同角度对经济行动的社会嵌入问题进行研究，或者将嵌入理论运用于公司治理、金融市场的变化、商业活动、劳动力转移、家族企业的发展等领域，从而建立了一种研究经济行动的新视角，即从社会结构或社会关系网络的角度研究经济行动的社会合法性。在这些学者多样化的研究之下，社会嵌入理论迅速发展，嵌入性概念的内涵也在不断更新，并且从研究领域上看，嵌入性概念逐步脱离经济社会学领域而不断向其他领域扩展，如产业集群、战略管理、组织理论、政治领域、创新理论等，应该说，社会嵌入理论在近半个世纪以来取得了突破性进展。

二、社会嵌入的路径

应该承认，自波兰尼首次使用嵌入概念以来，其概念本身一直较为清晰，它意指一种经济行动与社会结构之间的纠缠关系。但是，当进一步追问经济行动如何嵌入于社会之中以及运用社会嵌入理论来解释现实问题时，

---

① 格兰诺维特在《经济生活的社会学》中提出关系嵌入和结构嵌入的嵌入路径，使其突破了简单的嵌入概念分析，为嵌入理论的研究奠定了良好的基础。参见 Granovetter, M, & Swedberg, R., 1992, *The sociology of economic life*, Boulder: Westview.

学者们似乎就失去了准心，各自基于不同的立场针对经济行动的社会嵌入制定出繁复多样的分析框架，这势必为运用社会嵌入理论分析中国社区集体经济发展问题设置了障碍。不过，嵌入路径的多样分析框架也从另一方面说明了嵌入概念的可塑性和可运用性，更为重新理解中国社区集体经济的社会嵌入提供了镜鉴。根据嵌入概念的本义，嵌入是一种经济行动对社会结构的介入，嵌入概念实际上涉及经济行动和社会结构两个方面，在这个意义上，任何对社会嵌入路径的分析都必须建立在经济行动和社会结构或社会关系网络之上。

莎伦·祖金（Sharon Zukin）和保罗·迪马乔（Paul DiMaggio）在《资本的结构：经济的社会组织》（Structures of capital：the social organization of the economy）中将嵌入分为四种类型，即结构性嵌入、认知性嵌入、文化性嵌入和政治性嵌入。其中，认知性嵌入是从组织内部个体认知上对嵌入性进行的分析，而其他三种类型都是从组织外部所处的宏观社会结构、文化及政治环境等角度来分析经济行为的嵌入性。[①] 杰索普（B. Jessop）以人际嵌入、制度嵌入和一个复杂的离心社会中功能上区分制度秩序的社会性嵌入作为社会嵌入的分析框架（the ‘societal’ embeddedness of functionally differentiated institutional orders in a complex，de－centred society）。[②] 陈仕华（2011）从更为抽象的层面将嵌入理解成主体嵌入客体情境的模式，因此就形成了嵌入主体和嵌入客体的两种类型，即认知嵌入、关系嵌入、结构嵌入和宏观嵌入的四种嵌入路径。[③] 哈哥多恩（J. Hagedoorn）在公司间伙伴关系形式的研究中提出跨层次的嵌入问题（the cross－level embeddedness），并将嵌入性分为三个层次，即环境嵌入（environmental embeddedness）、组织间嵌入（interorganizational embeddedness）和双边嵌入（dyadic

---

① Zukin，S. & DiMaggio，P.，1990，Structures of capital：the social organization of the economy，Cambridge University Press.

② Jessop，B.，2001，“Regulationist and autopoieticist reflections on Polanyi's account of market economies and the market society”，*New Political Economy*，6（2）：pp. 213－232.

③ 陈仕华、李维安：《公司治理的社会嵌入性：理论框架与嵌入机制》，《中国工业经济》，2011年第6期，第99－108页。

embeddedness)。[①] 在他看来，公司间伙伴关系的建立依赖于这三种跨层次的嵌入，也可以理解成公司间伙伴关系受特定国家与产业环境、公司间关系网络及合作公司间双边关系的影响。应该说，这些学者都基于各自的立场提出了极富创见性的社会嵌入框架，但是，他们大都以关系、结构、文化、政治、个体认知等静态的社会构成要素来看待社会嵌入，而忽视了作为社会主体的人所具有的行动张力，也使社会嵌入的框架分析陷入了一种“平面化”、静态化的视界之中。

英国社会学家安东尼·吉登斯（Anthony Giddens）关于社会的构成有他独到的理解。他不仅抛弃了静态化、“平面化”的社会要素分析，而且将作为社会主体的人的行动与作为规则和资源的社会结构相提并论，从而建立起行动与结构（规则与资源）之间动态的、立体化的社会构成框架。[②] 经济行动的社会嵌入预示着，经济活动主体在展开经济行动的同时，也在进行着社会的建构，即通过社会性行动与社会结构（规则与资源）的二重化嵌入社会。在这个意义上，吉登斯分析社会构成的行动、规则与资源概念，无疑为社会嵌入的路径分析提供一个思路。我们也依此将经济行动的社会嵌入解构为行动嵌入、规则嵌入和资源嵌入。[③]

（1）行动嵌入。行动概念有三种内在的品格：一是行动的社会性。行动是以社会实践为基础的社会性活动，它具有社会生活实践的内在品格。二是行动的能动性。经济行动者在开展经济活动时，积极、主动地寻求社会行动，而不是受社会行动的压迫或制约而做出的社会行动反应。三是行

---

① Hagedoorn, J., 2006, “Understanding the cross – level embeddedness of interfirm partnership formation, Academy of Management Review, 31 (3): pp. 670 – 680.

② ［英］安东尼·吉登斯：《社会的构成》，李康、李猛译，北京：生活·读书·新知三联书店，1998 年。

③ 行动、规则和资源的三维分析框架刚好暗合了英国社会学家吉登斯对结构化理论的表述，吉登斯认为社会的发展是结构与行动二重化的结果，而结构由规则与资源构成，因此，行动、规则和资源成为吉登斯结构化理论的重要概念框架。但是，本书对三个概念的理解明确不同于吉登斯：其一，本书将行动、规则和资源理解成经济行动嵌入社会结构的三条路径，而并没有像吉登斯那样建立起行动与结构之间的二重化关系。其二，吉登斯在更宽泛的社会层面使用行动、规则和资源，而本书将这三个概念局限于与市场、国家相对的社会层面，例如，吉登斯认为资源包括物质资源和权威性资源，而本书则不把物质实体资源作为资源。当然不可否认，在对行动、规则和资源概念的理解上，吉登斯的概念阐释为理解行动嵌入、规则嵌入和资源嵌入提供了重要借鉴。参见［英］安东尼·吉登斯：《社会的构成》，李康、李猛译，北京：生活·读书·新知三联书店，1998 年。

动的连续性。行动（Action）并不是单个行为（Acts）的叠加，而是行动者经历过的经验绵延给予的话语层次上的关注以及与周围世界的关涉。行动作为主体的活动，总是不断纳入共同在场的时空关联。在行动嵌入语境下，陈仕华、祖金和多明戈（Zukin & DiMaggio）等提到的认知嵌入，哈利和托罗斯（Halinen & Tornroos）[①] 提出政治嵌入，付建军[②]也有管理嵌入的说法，这些说法都直接或间接地与行动嵌入的概念相关联。根据行动概念，行动嵌入便是行动者在其经济活动中嵌入社会行动，或者是开展以社会为目的的经济活动。从形式上看，诸如行动者之间的合作、互助、服务、参与等都是具有社会品格的行动，经济行动者需要通过这些行动而获得社会品质，纯粹的市场活动便是一种行动"脱嵌"。

（2）规则嵌入。人们通常将规则视为某种形式化的规定，但社会规则远非如此，哪怕是成文的法律条例，也不是刚性的形式化规定，在社会学意义上，人们自发形成的"共同规范"或社会生活的日常习俗也许更符合规则概念的要求，因此，社会规则包括正式规则与非正式规范两个方面，其中，正式规则关涉那些社会领域的规章、政策制度等，而非正式规范则包含对道德、互惠、习惯等的共同理解。在规则嵌入语境下，祖金和多明戈（Zukin & DiMaggio）的结构嵌入、文化嵌入和政治都涉及规则概念，其中，政治嵌入和部分结构嵌入涉及正式的社会政治制度框架，而文化嵌入中的共享价值观或规范涉及非正式的制度框架。杰索普更是明确提出制度嵌入的说法，而付建军则以政策嵌入代替规则嵌入。经济行动的规则嵌入需要建立在互惠、信任等这些共享的价值规范和正式的社会制度、政策等规则之上，建基于纯粹交换或交易原则之上的经济行动便是一种规则"脱嵌"。

（3）资源嵌入。经济活动依赖于特定的资源，例如，人力资源、生产工具、技术手段、物质能源等，主流经济学将这些资源作为产品生产、销售、市场交易等经济活动的基础。但是，一些社会学者则特别注意到经济

---

① Halinen, A. & Tornroos, J., 1998, "The role of embeddedness in the evolution of business networks", *Scandinavian Journal Management*, 14 (3): pp. 187 - 205.

② 付建军、高奇琦：《政府职能转型与社会组织培育：政治嵌入与个案经验的双重路径》，《理论与现代化》2012 年第 2 期，第 108 - 114 页。

活动与社会资源之间的依存关系，认为社会资源影响其他资源的获取并进而影响产品产出的作用。社会资源中最重要的莫过于关系、网络、社会信任等社会资本，在资源嵌入语境下，格兰诺维特、杰索普、何斯（Hess）[①]等提到的关系嵌入、网络嵌入其实就是资源嵌入。除此之外，社会团体、协会、互助会等社会组织也是重要的社会资源，它们对经济活动者产生直接或间接的影响。吉登斯（1998）将社会资源分为配置性资源和权威性资源，其中，权威性资源也属于社会嵌入语境下资源概念的重要部分。[②] 总的说来，经济活动离不开社会关系与网络、社会信任、权威、组织等社会资源，完全的市场活动势必会导致资源“脱嵌”。

应该承认，行动嵌入、规则嵌入和资源嵌入为解释经济行动的社会嵌入提供了新的思路。不过，从行动、规则和资源三个方向来建构社会嵌入，难免会失去对社会嵌入的整体把握。例如，诸多学者提到的时间嵌入、空间或地理嵌入、环境嵌入等[③]，并没有纳入行动、规则与资源的三维框架。另外，很难明确行动嵌入、规则嵌入和资源嵌入各自的理论边界，因而从消极的意义上看，经济行动嵌入社会的三种路径有可能陷入交错叠加的风险。

第二节　社区集体经济的社会嵌入

自格兰诺维特复活波兰尼提出的嵌入问题以来，越来越多的学者将社会嵌入视为解释社会问题的重要工具，尤其是对于那些关涉经济行动与社

---

① Hess, M., 2004, "'Spatial' relationships? Towards a conceptualization of embeddedness", *Progress in Human Geography*, 28 (2): pp. 165 – 186.

② ［英］安东尼·吉登斯：《社会的构成》，李康、李猛译，北京：生活·读书·新知三联书店，1998 年。

③ Halinen, A. & Tornroos, J., 1998, "The role of embeddedness in the evolution of business networks", *Scandinavian Journal Management*, 14 (3): pp. 187 – 205; Hess, M., 2004, "'Spatial' relationships? Towards a conceptualization of embeddedness", *Progress in Human Geography*, 28 (2): pp. 165 – 186; Hagedoorn, J., 2006, "Understanding the cross – level embeddedness of interfirm partnership formation", *Academy of Management Review*, 31 (3): pp. 670 – 680.

会结构之间关系的社会现象，社会嵌入似乎有着天然的解释学魅力。[①] 恰好的是，中国城乡社区集体经济发展就是这样一类社会现象。它不仅涉及社区集体经济的市场化活动，更涉及社区集体经济在市场化活动中与社区、社会之间的关系。在这个意义上，社会嵌入视角可以被用来观察和阐释社区集体经济发展。

具体来看，运用社会嵌入解释中国城乡社区集体经济发展在两个层面具有说服力：一是波兰尼运用历史主义的笔法勾勒出人类经济活动的历史发展过程，其意并不在于写就一部另类的人类经济史，而在于发现人类经济活动的内在逻辑，特别是经济行动与社会结构之间的关系。波兰尼的忧虑在于，人类落入了某种控制之中，这种控制不是来自新的动机，而是来自新的机制，简言之，就是来自市场机制的紧张压力。[②] 基于交换或交易之上的纯粹市场模式脱离了社会钳制的轨道，而在纯粹自我的道路上一路狂奔。而在当今中国，社区集体经济发展也正经历着市场化突进的威胁，社区不可避免地成为了一个大市场，社区居民成了毫无社会关怀的“经济人”，原有极富有人情味的邻里关系也不复存在了，波兰尼式的忧虑在中国城乡社区集体经济的市场化发展中得以重现。二是社会嵌入视角在经济与社会之间架设了一座“桥梁”，它不仅可以从经济学角度观察经济结构的变迁或经济活动趋向，还可以通过各种网络关系、个体或集体行动、社会价值规范等社会学角度透视经济活动中潜藏的社会内容，这就摆脱了从单一经济学视角观察中国城乡社区集体经济发展的局限。实际上，就中国城市社区集体经济发展而言，它不仅意味着经济层面的增长和经济结构的转变，更意味着社区性的成长、社区成员合作与信任的加强、邻里关系的改善等社区生活共同体和精神共同体的构建。

但是，运用社会嵌入解释社区集体经济发展面临着一个质疑，即社会嵌入是指经济行动对社会的嵌入，而社区集体经济则意味着一种社区范围

---

① 嵌入视角的运用并不局限于解释经济行动与社会结构之间的关系，经过诸多学者的发展，嵌入概念也在其他领域得到了很好的应用，如多明戈和鲍威尔就探讨了社会组织的政治嵌入问题（Dimaggio and Powell，1983），刘鹏分析了国家对社会组织的嵌入式监管模式等（刘鹏，2011）。

② Polanyi，Karl，2001，*The great transformation*，Boston：Beacon press（originally published in 1944），p. 228.

内的经济活动，当作为一种建基于宏观的经济与社会框架之上的社会嵌入被用于解释社区范围的经济活动时，是否意味着从一种宏观的经济与社会领域向微观的社区经济与社区社会的退缩？的确，在波兰尼、格兰诺维特等人那里，社会嵌入始终被置于宏观的经济与社会视域之中，新经济社会学从来没有谈论过关于社区经济活动的社区嵌入问题。但是，社区集体经济作为一种社区范围的经济形式，同样适用于经济嵌入社会的逻辑。实际上，学者们在对社会嵌入问题进行研究时并没有局限于经济与社会的宏观视野，而是更多地将经济活动落实到公司治理、金融市场的变化、商业活动、劳动力转移、家族企业的发展等领域，社区集体经济活动作为经济活动的一种形式，无疑适用于经济嵌入社会的解释框架。持质疑态度的观点可能有一个误解，那就是在运用社会嵌入解释社区集体经济发展时，将社区集体经济的社会嵌入理解成社区集体经济的社区嵌入。实际上，社区集体经济活动并不局限于社区范围之内，社区集体经济的社会嵌入也就并不要求社区集体经济活动单纯对社区的嵌入。准确地说，社区集体经济的社会嵌入是社区集体经济活动对社区（社会学意义上的社区）和社会的嵌入。①

根据社会嵌入的三维框架，社区集体经济的社会嵌入具体化为社区集体经济的行动嵌入、规则嵌入和资源嵌入（见表4.1）。

表4.1　社区集体经济的社会嵌入

嵌入路径	嵌入内容	描述性说明	社区集体经济的社会嵌入
行动嵌入	合作	积极主动的、自愿的，为达到共同目的，相互配合完成的联合行动	社区集体经济向合作经济转变，加强成员间的合作
	互助	一种志愿性的、互相帮助、互相支持、协作完成任务的社区性行动	支持社区成员互帮互助，发展互助经济
	参与	积极主动参与社区事务的决策或管理	支持或鼓励社区成员参与集体经济发展决策或管理
	服务	社区服务，是使社区成员受益的一种有偿或无偿的行动	投资于社区服务，或是使用集体资金提供社区服务

① 根据社会嵌入理论，社区集体经济的嵌入并不是一种地理意义上的社区嵌入，而是一种社会学意义上的社区和社会嵌入，质疑者们在很大程度上误解了社区集体经济嵌入的社区内涵。

续表

嵌入路径	嵌入内容	描述性说明	社区集体经济的社会嵌入
规则嵌入	制度	社区内存在的正式制度，包括社区行为规范、资产管理制度等	社区集体经济活动遵守社区社会规章、规范或制度等
	互惠	相互性，一方为另一方提供帮助或资源时，另一方有义务给予价值相当的回报	社区集体经济活动在坚持市场竞争的同时，寻求互惠互利合作，发展互惠经济、非现金交易经济
	共识	共同的意见、看法或知识，重在共识形成的机制	社区集体经济事务的共识机制，少数人决策还是社区成员的共识
	平等	对弱势成员的关注，社区成员都同等程度地享有权利或权益	为弱势成员提供就业、服务或其他保障，减少边缘化
资源嵌入	信任	社区成员交往中的一种重要资源，相互信任意味着一种相互间的承诺与认可，成员间没有信任，将会变得冷漠	加强集体经济活动中社区成员间的相互信任，充分利用成员间的信任开展经济活动
	网络	社区成员间互动形成的社会交往关系，包括交往频度、相互关心度、感情强度等	抛弃单纯的经济交往，寻求更多社会交往，寻求共享与关爱
	权威	成员中有很大威慑力与影响力的资源，包括正式权力、舆论影响、个体威望等	关注成员舆论导向，利用社区权威资源
	组织	社区内各种组织、团体、协会等，是社区社会资源的重要方面	集体经济活动与社区组织建立联系，支持组织发展

一、社区集体经济的行动嵌入

社区集体经济作为一种“社区”经济，其经济活动需要以社区为导向，寻求提升社区生活的所有方面。① 而当前中国社区集体经济正在推进股份制改革，经济活动的市场导向非常明显，这势必会使社区集体经济发展失去社区和社会本性，偏离社区方向。因此，社区集体经济活动需要采取社区策略，建立起面向社区的行动方案，促进社区可持续发展（Gardner 和 Roseland，1989）。② 根据行动概念的阐释，社区导向的社会行动主要表

① 约翰·W. 汉迪（John W. Handy）以美国黑人贫困社区为案例反思了社区经济发展问题，表明社区经济发展最终要以社区生活的提升为目的的观点（Handy，1993）。

② Gardner，J.，and M. Roseland，1989，“Acting locally：Community strategies for equitable sustainable development”，*Alternatives*，16：pp. 36 –48.

现为合作、互助、参与、服务等方面，相应地，社区集体经济的行动嵌入就需要建立起以合作、互助、参与、服务为导向的经济活动。以合作为导向，社区集体经济要向合作经济转变，社区集体经济的股份合作制改革要使合作真正落实到实处，同时，加强和引导社区成员间的合作；以互助为导向，鼓励、支持社区成员间互帮互助，开展邻里互帮互助的各种活动，发展互助经济；[①] 以参与为导向，积极引导社区成员参与集体经济事务的决策或管理；以服务为导向，可以投资于社区服务事业，或是使用集体资金直接提供社区服务。简言之，社区集体经济活动不仅关涉市场行动，更要在市场活动中注入社区精神和社会要素。

二、社区集体经济的规则嵌入

纯粹的市场经济建立在交换或交易原则之上，所有的经济活动都是通过买与卖的方式展开，因此，在一个商业社会中，为市场而开展经济活动的其他任何方式都是不可行的。但是，波兰尼早就看到经济活动中有异于交换原则的互惠准则的重要价值。他说，大多数经济行为都处于互惠的链条上，从长期看，这种互惠是平衡的，使双方都受益，在经济交易中不遵从互惠准则的人很快会被抛弃在经济和社会的秩序之外。[②] 美国学者查里斯·沃伦（Charles J. Whalen）也看到发展共识机制对社区经济发展的影响。简言之，社区共识机制的确缓和了冲突关系，促进了制度协调，提升了经济活动的绩效。[③] 如此看来，市场活动在遵守其市场交换原则的同时，更要注意到社会规则的制约与影响。在这个意义上，社区集体经济的规则

---

① 互助经济是一种人们在经济活动中互相帮助以享有共同利益的经济形式，家庭是最初的互助场所，互助行为常见于日常生活和企业经营中，例如农忙时节农民互相帮助完成农忙活动、社区守望相助以维持成员安全等。除经济价值外，互助经济还可带来许多社会层面的贡献，如团结、协作、平等、责任等，而这正是社区生活共同体和精神共同体的内核之所在。

② Polanyi, Karl, 2001, *The great transformation*, Boston: Beacon press (originally published in 1944), p. 277.

③ 查里斯·沃伦（Charles J. Whalen）以美国纽约的 Buffalo 城为案例研究了共识机制与社区经济发展之间的关系，指出特别是在私人和公共决策制定过程中共识机制发挥的巨大作用。参见 Whalen, Charles J., 1987, "Consensus Mechanisms and Community Economic Development: The Buffalo Experience", *Journal of Economic Issues*, 21 (2): p. 772.

嵌入就要求社区集体经济活动在市场化改制中遵从社区社会规则。具体来说，社区集体经济活动在坚持市场竞争的同时，寻求互惠互利合作，发展互惠经济或非现金交换经济。在社区重大经济事务的决策和管理问题上，发展共识机制，形成民主决策和民主管理的氛围。更重要的是，社区集体经济要为社区无业人员、鳏寡老人等提供就业、服务或其他社会保障，减少边缘化。

三、社区集体经济的资源嵌入

市场经济活动依赖于特定的资源，主要是人力资源、财力资源、物质资源、技术资源等，主流经济学将这些资源作为产品生产、销售、市场交易等经济活动的基础，并构建最佳市场交易模型。但是，新经济社会学派则注意到经济活动与人际交往网络、组织联系、信任等社会资源的依存关系。例如，格兰诺维特就直接将关系嵌入作为经济行动嵌入社会的重要类型，认为人际关系会对经济决策行为产生重要影响。根据资源概念的阐释，社会资源主要包括信任、网络、权威、组织等方面，相应地，社区集体经济的资源嵌入就表现为对信任、网络、权威、组织等资源的依托。具体来看，社区集体经济活动要以社区成员间的相互信任为基础，充分利用成员间的信任开展经济活动，并且，在经济活动中，要抛弃单纯的经济往来，寻求更多的社会交往，使社区集体经济活动具有更多人情味、更多社会关爱。另外，社区集体经济活动的开展需要关注成员舆论导向，利用社区权威资源，支持社区社会组织的发展，建立与社区社会组织之间的联系。

总体上看，社区集体经济发展是观察中国城乡经济与社会变迁的重要侧面，是社区集体经济活动与社会结构相互嵌入的结果。社区集体经济的发展离不开市场化导向的股份合作制改革，更离不开社区社会行动、社会规则和社会资源的全面嵌入。

第三节　社区集体经济的社会脱嵌

社区集体经济嵌入社会，这对于社区集体经济的良性发展至关重要。

本书选择浙江省H市G社区集体经济市场化改革案例作为经验证据来观察和阐释中国城乡社区集体经济市场化发展过程中的社会嵌入问题。

一、案例选择与资料收集

选择G社区作为观察社区集体经济市场化改革的典型案例有如下几点考虑：一是社区类型。G社区地处H市东部郊区，2002年撤村建居前，原G村还属H市下沙镇管辖，属于典型的农村村落布局，但近10年来，G社区发展迅速，已经从一个传统的农村村落向城郊社区转变，中国学者将这种类型的社区称为“农村新型社区”[①]，但其实这种社区已经逐渐摆脱了村庄的样貌而成为城市的一部分。这种类型的社区是当前中国城市化的样板，也是中国城乡社区集体经济股份制改革的重点，因此，选择G社区便具有典型意义。二是社区集体经济类型。G社区自撤村建居以来，着力发展社区集体经济，已经形成楼盘开发与出租、社区企业、农贸市场、集体资金投资入股置业等多种形式，其多样化的集体经济形式有利于看清社区集体经济市场化背后的社会问题。三是社区集体经济的市场化。G社区近些年来一直推进社区集体经济的市场化，不仅将量化社区集体资产，下放股权，而且利用社区集体资金发展社区企业、投资实业，采取市场化模式进行经营管理。基于以上考虑，G社区可以作为中国城乡社区集体经济市场化发展的典型案例，用来分析市场化过程中集体经济活动与社区、社会之间的关系。

案例研究资料来自以下方面：一是社区观察。笔者多年来近距离观察G社区，亲身经历了其从城郊村落到城市社区的整体变迁，特别是对G社区集体经济的市场化过程感同身受。二是深度访谈。共对13名社区人士进行了面对面的半结构化访谈，主要包括社区干部、社区居民、市场经营管理人员、社区物业管理人员、门店店主及农贸市场摊位老板等，其中，对社区主任、副主任、农贸市场经理3人进行了深入访谈，获得了社区股份

---

① 农村新型社区，或称新型农村社区，不同于传统的行政村，也有别于现代城市社区，是行政村和城市社区之间的一种中间形态。它是由若干行政村合并在一起，进行统一规划和建设，或者是在一个行政村的基础上建设而成，形成的新型社区。

合作制改革、农贸市场的运作及集体资金提供社区服务等方面的大量信息。三是档案查阅。查阅的档案主要包括经济合作社成立资料汇编、集体资产评估报告、G社区股份制量化工作会议纪要、文件、股份证及江干区股份制改革范本等，这些档案是了解G社区及其主要活动的重要资料。

二、G社区集体经济的市场化

G社区地处浙江省H市城东下沙经济开发区中心，总面积为0.35平方千米，历经高沙头、铜盘村、高沙连队、G大队、G村等名称变迁，2002年5月撤村建居，改为G社区。① 社区共有居民小组6个，社区总人数为2080人，其中在册1675人，不在册405人，居民住户336户，外来人口15000余人。社区两委会班子充分利用较好的地理优势，加快城市化建设步伐，积极发展社区经济，先后建设五期工程，建筑面积21万平方米，投入资金2.8亿元，收回长期租住资金1.9亿元。社区组建社区物业、保洁和花卉园林三家公司，以保洁公司为例，不仅为社区范围内的环境卫生提供了保障，而且还承包社区附近大学城内的部分保洁工作，这既解决了社区的劳动力安置问题，又给社区增加了经济收益。另外，为了方便社区居民的日常生活，通过招商引资的方式设立农贸市场和“流动夜市街”，仅农贸市场的年摊位租金收益就有300余万元，净利润约130万元。② 根据G社区集体资产评估报告，G社区现共有集体资产总额40084.72万元，总负债6033.76万元，净资产34050.96万元，其中经营性资产28021.68万元，资源性资产3606.47万元，公益性资产为2422.81万元。③

从市场化的角度看，G社区在成立社区股份合作公司之前，早就已经

① 解放初期，钱塘江北岸沙头最高的地方称为高沙头，移民便在此落脚生活。1954年，由于该地形像一面铜盘，故得名为铜盘村。1958年改名为高沙连队。1960年称为下沙公社G大队，1983年改为G村，2002年5月开始撤村建居，正式成立G社区。

② G社区在高沙农贸市场旁边专门开辟一块空地，划出30余个门店大小的区块，通过招商的方式允许流动摊贩经营各色美食，这些摊贩大多租住在高沙社区内，晚上就会拉着桌子、椅子和各种用具、食材等，在各自区块内搭建起帐篷，被称为“流动夜市街”。

③ G社区的集体经济股份制改革的关键步骤就是清核集体资产，社区居委会聘请浙江天汇资产评估有限公司对社区集体资产进行整体评估，于2014年3月完成H市下沙街道G社区经济联合社资产评估报告。

将集体资产推向市场。2004 年，G 社区组建 G 社区经济联合社，这是由社区居委会单独出资组建的集体企业，其经营范围为社区集体资产管理及资产经营。其后，G 社区经济联合社开展长期股权投资，共投资 5 家公司(类公司)，即 H 市经济开发区高教园林花卉工程有限公司、H 市经济开发区高教保洁工程有限公司、H 市文盛物业管理有限公司、H 市经济技术开发区市场协会、H 市荣辉置业有限公司。其中，H 市荣辉置业有限公司系 G 社区经济联合社与 H 市茂瑞投资有限公司于 2012 年共同出资组建，G 社区经济联合社占股 51%，注册资金 1600 万元，公司总资产 5 亿多元，流动资金 2 亿多元，先后在下沙街道开发多个楼盘，取得了良好的经济效益。①

在社区集体资产初步市场化的基础上，G 社区在近年进行了大刀阔斧的社区股份合作化改革。② 从积极的意义上看，G 社区股份合作化改革受到三重推力的作用：一是农民市民化要求社区集体经济实行股份制改革。自 2002 年撤村建居后，原 G 村村民开始向城市居民身份转变，但是，在这种社会身份转变过程中，面临着“赋权不足与身份缺损、新老市民互动不良、农民认同条件三方面的限制”。③ 进行股份制改革，就是为了使农民逐渐享有城市居民同等待遇。二是受地方政府政策的推动。自 20 世纪 90 年代以来，H 市及江干区政府连续下发有关社区集体经济（资产）股份合作化改

---

① 参见 G 社区经济联合社资产评估报告。

② G 社区股份制改革自 2013 年 4 月始到 2015 年 5 月结束，历时两年，期间经历了三个发展阶段：第一阶段是组织发动。成立 G 社区股份制改革工作领导小组，下设社区股改办公室。社区根据相关文件精神，结合社区实际，制订方案。其后，社区利用各种会议包括党员会、居民代表大会、男女组长会、社区各部门物业骨干会进行股改工作动员和宣传，在社区内悬挂 30 多幅大型横幅，社区发放“致全体居民的一封信”，发放资料 350 余份，要求居民理解、支持和配合社区股改工作。第二阶段是资产评估与股权量化。社区股改办逐户逐人查阅户口簿，摸清社区人口和农龄情况，同时聘请浙江开汇资产评估有限公司进行社区集体资产评估，完成社区集体资产的清产核资。根据社区人口和集体资产，股权设置为人口股 50%、家庭股 30%、农龄股 20%，社区股份制改革以经营性资产作为量化基数。第三阶段是组织实施。拟订《G 社区股份经济合作社章程》，召开 G 社区经济股份合作社成立大会，最后将股权证发放给社区居民，社区集体经济按照股份合作的模式运行。

③ 毛丹教授从角色理论视角对城郊农民市民化问题进行了深入研究，认为目前城郊农民市民化的主要障碍并不是农民对新角色认同困难、担当能力低下，而是赋权、互动与认同问题。参见毛丹：《赋予、互动与认同：角色视角中的城郊农民市民化问题》，《社会学研究》，2009 年第 4 期，第 28－60 页。

革的政策文件，这些政策文件直接推动了G社区集体经济股份合作制改革。[①] 三是受社区经济发展的策动。撤村建居之前，G社区以发展种植经济作物为主，到2009年，社区居民不再与土地发生联系，也不再依赖于原有社区经济发展模式，社区资产的责任主体也正在发生变化，而股份合作化改革，能进一步明晰集体资产的产权主体，推动社区经济发展。

G社区股份合作化改革明晰了社区集体经济的产权，同时改革现有管理体制和经营模式，使社区集体经济向更加市场化的方向迈进。G社区股份经济合作社以下特征明显：一是从产权、所有权上看，股份制改革坚持明晰产权、所有权不变的原则，将集体资产的产权加以明晰，集体资产的所有权仍属股份经济合作社集体所有。社区资产永远是集体的，通过量化分配给居民，成为社区的股民，年终成为分配的依据（G社区股份制量化工作会议记录，2014年8月29日）。二是从管理体制上看，建立“三会四权”机制，“三会”即股东代表大会、董事会和监事会，“四权”即所有权、决策权、经营权和监督权。三是从董事会人选来看，董事会的董事长和副董事长分别由社区书记和社区主任担任，这说明社区股份经济合作社和社区居委会没有分开，实行“两块牌子、一套班子”的管理体制。

更重要的特征在于，G社区股份经济合作社完全按照企业模式运作。根据《G社区股份经济合作社章程》，股份经济合作社的宗旨为发展经济、巩固基业，确保资产保值和增值，努力创造企业利润，为股东赢得红利。章程第四十四条明确规定，董事会应以效益为中心，以资产的保值增值为目标，加强对社区集体资产的经营管理，可采取独立经营、股份合作、租赁、拍卖、兼并等办法，盘活资产，确保资产保值增值。在这个意义上，社区股份合作社就是一个企业，一个公司（2015年1月8日）。在与社区主任的访谈中，他多次表露出社区股份经济合作社实行企业化运作的设想，“三大产业都可以发展，如果有好的经营项目，还可以扩大新的股份，也可以突破地域界限、户口界限，实行更大规模的合作，甚至投资金融领域”（访谈记录）。实际上，G社区股份经济合作社自成立后继续开展股权投资

---

① 早在1999年H市政府就下发了8号文件要求撤村建居后原村集体经济组织实施股份制改革，其后，H市江干区2008年连续出台5号文件和20号文件，明确推进社区集体资产股份合作制改革，2013年H市经济开发区和江干区下沙街道分别发文，制定社区集体经济股份合作制改革实施细则。

与市场开发，例如，分别占股25%与H市奥泰投资有限公司和H市公望实业有限公司合作开发项目，与浙江博风集团有限公司合作开发民族名品城，加大投资经营保洁公司和花卉园林公司等。

但是，社区股份经济合作社作为一种经营社区集体资产（资金）的经济实体，不同于一般意义上的市场主体，它既需要通过经济活动实现集体资产的保值增值，又需要兼顾社区发展，特别是对社区社会公共问题的关注，从社会嵌入的立场看，也就是社区股份合作经济需要嵌入社区与社会。社区政府早就意识到，股份经济合作社除了加强资产经营管理外，还要把社区内的文化、教育、卫生、环保、公益福利等各项事业建设好。股份经济合作社的收益，要有一部分用于社区以及公共设施建设，促进社会的文明与进步（2015 年 1 月 8 日）。实际上，G 社区集体资产分为经营性资产、资源性资产和公益性资产三类，其中，只有经营性资产参与股份量化，但资源性资产可以参与市场投资，其收益被用于开支社区公共事务或社区居民福利，也由此形成大量的公益性资产。G 社区集体资产评估报告显示，公益性资产主要涉及社区安保（如小区监控系统、护卫队配备）、社区环卫（如垃圾搬运车、农贸市场用洗地机、公共厕所）、老年服务（如老年公寓、老年活动室）等。另外，社区政府还拿出资金支付社区居民的养老保险、医疗保险补贴等，提供多种社区福利。① 据此可见，G 社区股份合作经济实现了一定程度的社会嵌入。

三、G 社区集体经济的社会脱嵌

G 社区的经验表明，通过股份合作制改革城乡社区集体经济的产权制度和分配制度，一方面社区集体资产拥有更为合法的资格参与市场开拓，也在实际上改变了集体资产的市场生态；另一方面保护了社区居民的合法权益，提高了居民的社区福利。但也应该看到，现在社区的人们谈论得更

---

① G 社区在 2014 年年底出台《关于 G 社区居民养老保险分断处理的实施意见》，制定按三个不同年龄段缴纳养老保险的办法：一是劳动年龄段以下人员给予一次性补贴 3 万元；二是劳动年龄段以内人员给予核算出缴足 15 年的养老保险金；三是劳动年龄段以上人员给予差额补贴，社区老年人每月每人发放 750 元。

多的是年终分红、工资福利，而在社区领导那里说得最多的也是楼盘开发、项目合作之类，社区集体经济在不断市场化的过程中，慢慢地偏离了社区生活共同体和精神共同体的轨道，面临着社会脱嵌的危险（见表4.2）。

表4.2　社区集体经济的社会脱嵌

嵌入路径	嵌入内容	问题描述	社区集体经济的社会脱嵌
行动嵌入	合作	社区集体经济是不是合作经济？社区居民之间有没有真正的合作？	股份合作经济不是真正的合作经济，居民之间没有真正的合作
	互助	有没有举办互帮互助活动？有没有设立互助基金？	很少举办互帮互助活动，没有设立互助基金
	参与	社区居民是否参与经济事务的决策与管理？	居民参与经济事务决策与管理，但非积极主动参与，大多时候也非直接参与
	服务	集体资金会投资于社区服务吗？	集体资金会支持社区服务，但越来越倾向于市场方式供给
规则嵌入	制度	集体经济活动是否会遵守社区规章制度？	集体经济活动一般会遵守正式的社区社会制度、规范
	互惠	是否存在互惠经济形式？	股份合作经济实行完全市场化运作，没有互惠经济形式
	共识	经济事务是否会征求全体居民的意见达成共识？股东代表大会能否真正代表社区居民的意见？	社区经济联合社与社区居委会是“一套班子”，股东代表大会一般能达成共识，但很难判断这种共识就是全体居民的共识
	平等	是否为弱势群体提供就业、安全等保障？能否促进平等？	能在一定程度上为弱势群体提供就业、安全保障，促进平等
资源嵌入	信任	在集体资产处理及经营中，社区居民之间是否相互信任？	社区居民之间、居民与社区政府之间缺少信任
	网络	社区居民之间是否只有单纯的经济往来？	居民之间的人际关系越来越被经济利益绑架，更加在意经济利益
	权威	社区集体经济是否受社会权威的影响？是否关注居民的建议或批评？	社区股份合作社主要由董事会支配，很少受到社会权力的影响，偶尔关注居民的建议或批评
	组织	集体资金是否支持社会组织发展？与其建立合作关系？	没有社会组织，也没有拿出资金支持发展社会组织并与其建立合作

注：社区集体经济社会嵌入问题的判断来自于社区观察、访谈记录、社区档案等。

（1）社区集体经济的行动脱嵌。撤村建居以来，G社区集体经济就一直在以投资入股置业、项目合作开发等市场化的方式拓展，社区股份经济合作社成立后，就以更加明确的企业化方式开展市场活动，其市场化行动势必脱离原有的社区或社会倾向。从合作行动上看，社区股份经济合作社冠以“合作社”之名，但社区集体资产的合作社运营模式很难说是真正的合作经济。调查表明，社区股份合作社的董事会成员和社区居民对股份合作社中的合作之义不甚明了，他们也根本不能解释集体经济与合作经济之间的区别，社区居民更是知之甚少，他们只知道年终从集体资产的盈利中分红，根本不知道他们相互之间有过任何合作。从互助行动上看，社区股份合作社参与市场竞争，其关注点在于市场盈利，而对于发展社区居民之间的“非现金的互助经济”（noncash mutual aid economy）则显得力不从心。[①] 根据社区观察，社区范围内很少举办互帮互助活动，也没有设立互助会、互助基金，更没有出现互助经济的形式。从参与行动上看，社区集体经济的股份制改革过程都不同程度地吸纳社区居民参与其中，当向社区主任求证居民参与事宜时，他非常肯定公民参与的价值，但他同时也看到社区居民参与有两种消极的倾向：一是社区政府引导参与，居民参与缺乏主动性；二是多数情况下社区居民并非直接参与，而是通过股东代表大会间接参与。从服务行动上看，社区政府利用集体资金提供多种形式的社区服务或福利，但现在越来越倾向于采取市场化的方式供给。

（2）社区集体经济的规则脱嵌。社区股份经济合作社作为一个经济实体，在参与市场竞争时需遵守市场规则，同时也要遵守或运用社会规则。对于那些正式的社会规则，社区股份经济合作社在开展其经济活动时一般都能遵守，而对于那些非正式规范，社区集体经济在市场化活动中则不同程度地有所削弱。就互惠规范而言，G社区股份经济合作社完全按照市场机制进行运作，忽视互惠经济形式。在新制度主义看来，不考虑作为一种

---

① 西方社区经济发展研究非常重视这种非现金的互助经济及其他非正式经济，牛津大学学者乔纳森·乔谢力（Jonathan Gershuny）将非正式经济视为后工业社会的主要经济形式，参见 Gershuny, J., 1979, “The informal economy: its role in post - industrial society”, *Futures*, 11 (1): pp. 3 - 15. 彼得·波斯拉伊德（Peter Boothroyd）也指出，在社区经济发展的社区维度上，加强非现金互助经济是其重要策略，参见 Boothroyd, Peter & Davis, H. Craig, 1993, “Community Economic Development: Three Approaches”, *Journal of Planning Education and Research*, 12 (3): p. 236.

非正式制度的互惠经济，有关市场转型的讨论就是片面的和不完善的。同样，如果社区集体经济的发展只专注于市场开发，而忽视互惠经济，则会偏离社区发展的方向。就共识机制而言，在有关集体经济发展的重大事务上，一般都能达成共识。据社区档案记载，股份制改革过程中股东代表大会投票表决多数都是全票通过，但很难判断这种全票通过就是全体居民的共识。就平等原则而言，社区股份合作经济从形式上将社区居民看成是一个平等的合作主体，其经济收益也能按照相应股份进行平等分配。据社区主任介绍，保洁公司、花卉公司和物业公司等社区企业为社区无业人员提供了100多个就业岗位，促进了社区平等。

（3）社区集体经济的资源脱嵌。主流经济学将财产权、交易费用、价格等作为影响市场活动结果的重要因素，而现在的研究越来越注意到社会因素对经济绩效的影响。自撤村建居以来，G社区集体经济向更加市场化的方向靠拢，社区集体经济活动更多地依赖市场资源，越来越脱离社会资源的支持。从信任角度看，信任是一种重要的社会资源，它对社区集体经济的市场活动产生正向的影响。[①] 但是，从G社区的情况来看，随着集体经济实力的不断壮大，社区居民之间缺乏信任。例如，G社区的农贸市场时常会出现短斤少两或其他欺诈行为，这势必会严重影响人们之间的信任关系。不止于此，社区居民对社区政府也缺乏足够的信任。按理说，社区股份制改革将产权下放到居民个人，有利于保护居民的合法权益，但在改革过程中仍遇到相当大的阻力。从网络角度看，有一种倾向越来越明显，那就是社区居民之间的人际关系网络逐渐被经济利益绑架，社区居民更加在意经济收益。同样，社区集体经济的市场活动也越来越摆脱对社区人际关系网络的依赖，而与其他市场主体一起参与市场竞争。从权威角度看，社区股份经济合作社主要由董事会支配，而董事会成员由社区居委会负责人兼任，社区政治权威直接决策了集体资产的投资方向，而社会力量对集体资产的市场化运行影响甚少。从组织角度看，社会组织也是社区发展中的重要资源，但G社区没有社会组织，社区政府也没有拿出集体资金支持

---

① 美国学者马特·马里拉（Matt J. Mariola）就信任与水污染的市场治理机制之间的关系进行过研究，认为市场安排需要嵌入社会信任，这种安排才会有效（Mariola，2012）。

发展社会组织的意向，更没有看到社区社会组织对社区集体经济发展的价值，组织资源在社区集体经济发展中完全缺位。

倡导社区集体经济发展特别是社区集体经济向股份合作制方向发展，是中国基层政府制定的一项重要政策动议。从目前来看，这项动议适应了社区经济发展的要求，促进了社区发展；但也看到，在政策推行过程中集体无意识地将社区集体经济的发展置于全面市场化的轨道。不可避免地，社区集体经济的发展面临两大风险：一是市场风险。社区集体资产作为全体社区居民的资产，将其完全纳入市场框架，暴露于资本和市场面前，势必将社区集体资产置于市场优胜劣汰的危险之中，一旦经营失利，社区居民的利益将无法保证。二是社会风险。在社区集体资产的市场化经营中，社区成为市场活动展开的场所和空域，社区生活共同体和精神共同体的本义被遮蔽了，社区集体经济的发展出现了不同程度的社会脱嵌。对于市场风险，社区集体经济活动主体在参与市场竞争时都会自然规避，而对于社会风险，则显得更为隐蔽，更具破坏力，况且，从现有观察来看，社区集体经济市场化可能导致的社会风险丝毫没有引起中国基层政府应有的关注与重视。这就需要地方政府通过政策干预并纠正社区集体经济发展的方向，抵御社会风险，在这个意义上，社区集体经济才能获得良性的、长足的发展，社区居民才会在这种市场化改制中不至于受到市场的宰制。

第五章　社会企业驱动社区集体经济发展：理论框架

当前，中国城乡社区正在进行股份合作制改革，调整社区利益格局，使集体经济融入市场，特别是股权制度的改革，增强了社区集体经济的活力，并以股民的身份确认了社区居民的经济权利，也为社区居民关注与积极参与社区集体经济事务提供了依据。社区股份合作制改革，极大地满足了中国城乡社区居民发展经济、提高生活水平的愿望。然而，总体上看，中国城乡社区集体经济在其转型发展中，重心明显偏向于对经济增长、结构转型以及对单纯经济发展议题的依赖，而对社区、参与、合作以及作为一种发展的发展缺少关注。尽管当前中国城乡社区集体经济改革被冠以“股份合作”的名号，但其重心仍然在于“股权改革”而不是“成员合作”。① 社区集体经济的发展不仅要求实现经济增长和结构转型，更重要的是要关注社区的发展与集体行动方式的改变。因此，从长远来看，社区股份合作制改革并不能突破社区集体经济发展的固有困境，相反，还会不同程度地削弱社区集体经济发展的后劲，最终导致社区衰败。

对于社区集体经济发展而言，社区股份合作制改革的最大隐患在于单一的市场化动机，割裂了市场与社会的联系，加之社区居委会对社区股份合作社的全面掌控（基本上是两套班子一套人马），国家权力对社区集体经济发展的行政渗透，从而从根本上背离了社区发展的方向。社区中如果存在一个可以重建经济原则、凝聚社区意识的机构或组织，社区集体经济发展无疑可以避免陷入经济发展而社区衰退的困境。社会企业作为一种扎

① 郑有贵：《村社区性集体经济组织是否冠名合作社——以福建省仙游县村经济合作社为例》，《管理世界》，2003 年第 5 期，第 96－98 页。

根地方或社区的新型社会组织形态，它对于衰退社区重拾社区的社会人文价值与自信，为社区建立睦邻友好关系、共享经济成果和环境永续，帮助社区拥有健康的幸福意识，有着重要的价值与意义。社会企业从四个方向驱动社区集体经济发展：第一个方向来自社会企业对地方或社区的依赖。依托地方或社区空间，社会企业实现对社区资源的利用与再造，同时也改变着地方或社区的社会关系和政治生态。第二个方向来自社会企业的民主气质和合作本性。基于民主和联合的观念，社会企业吸引社区居民的民主参与，并促成利益相关者的合作。第三个方向来自社会企业的社会经济观念。利用商业策略和市场机制，社会企业不仅实现地方或社区经济量的增长，而且促进社区经济结构转型。第四个方向来自社会企业的多重价值或目标。基于目标的多元化，社会企业不仅倡导经济、社会、环境与文化的整体发展，它更关注社区成员的发展（见表 5.1）。

表 5.1　　社会企业驱动社区集体经济发展：理论框架

社区集体经济发展			社会企业驱动社区集体经济发展
社区	资源再造	社区资源的利用与生产 社会资本的调动与再造	社会企业对社区资源的利用与生产 社会企业对社会资本的调动与再造
	价值重建	社区民主价值的提升 将边缘化人群融入社会	社会企业带来社区民主价值的提升 社会企业提倡将边缘人群融入社会
集体	共同参与	社区成员的正式参与 社区成员的非正式参与	社会企业通过组织化机制实现成员参与 社会企业为成员提供非正式的参与活动
	相互合作	倡导社区互助 加强成员合作	社会企业倡导社区互助 社会企业鼓励社区成员合作
经济	经济增长	地方经济总量的增长 个人经济实力的提升	社会企业带动地方经济总量的增长 社会企业促进个人经济实力的提升
	经济发展	地方经济结构的变革 经济发展方式的改变	社会企业调整地方经济结构 社会企业改变地方经济发展方式
发展	整体发展	生态环境的改善 社区文化的营造	社会企业倡导社区绿色发展 社会企业关注社区文化营造
	人的发展	社区成员能力的提升 社区成员身份的转变	社会企业促进社区成员能力的提升 社会企业促进社区成员身份的改变

第一节 社会企业促进社区的发展：从资源再造到价值重建

社会企业根植于地方或社区，即社会企业以地方或社区为依托，调动社区各种资源，运用商业策略和市场化机制，以满足社区发展面临的挑战。社区话题（Community Talk）或社区发展策略常常将社区发展引向专业技能、正规就业、有偿服务、政府补贴或企业投资等正式的、来自外部的因素，而社会企业参与社区发展，“将社区作为一种介入的资源和场所，倡导一种从内部寻求社区经济能力提升和社会发展的认识，以反对边缘社区过度依赖外部因素发展的公共观念”。① 社会企业与地方或社区的关联是相互的。一方面，地方或社区为社会企业的发展提供支持。对于社会企业而言，地方资源极其重要，从地方调动人员也非常方便，社会企业通常会调动社区服务中心、社区特色资源、社区组织或志愿者以及大量的社区居民来实现社会企业创业和发展。另一方面，社会企业介入社区，可以激发社区发展的活力。社会企业具有地方性，它们的目标就是为了造福社区，它依赖社区的人力、物力、组织等各种资源，推动社区居民就业、提供社区服务、承担社区环保责任，促进社区发展。

一、社会企业再造社区资源

社会企业依托地方或社区，根本原因在于依赖地方或社区的资源。社会企业运用地方或社区的物质或非物质的资源来维持其目标，从而向市场销售商品或者向地方居民提供服务。客观地看，社会企业在其商品经营或服务供给中，不仅运用或调动社区资源和社会资本，还实现对社区资源和社会资本的生产与再造。

---

① Gray, M., Healy, Karen and Crofts, Penny, 2003, “Social enterprise: is it the business of social work?”, *Australian Social Work*, 56 (2): p. 150.

社区资源是社会企业创业与发展的基础。社会企业通过对社区资源的调动，开展商品生产、服务供给和其他活动。资源的类型包括物质资源、金融资源、劳动力资源、旅游资源、文化传统资源以及那些对社会企业创业和发展而言至关重要的其他资源。劳伦特·卡丹从卡尔·波兰尼从经济的多元化原理出发，阐述了一种特别的资源类型即互惠型资源：货币化形式的捐赠、捐献和非货币型援助。在这一类资源中，商品和服务的流通主要是依靠互惠。虽然为数不少的互惠资源采用了货币化的形式（如捐赠），但确实是在非货币型经济中才观察到互惠资源的重要作用。[①] 玛丽·奥桑尼斯也谈到了一种重要的非货币型资源，即志愿者资源，这些志愿者在通常情况下都是被培训者或者雇员的父母或监护人，同时他们也是组织活动以及向社会公众募集资金等方面的重要资源。[②]

作为波兰尼意义上的家庭资源或互惠资源的重要策源地，地方或社区为社会企业的创业和发展提供了难得的资源支持。从来源上看，社区资源大部分来自社区居委会、社区居民、社区志愿者、社区内私营企业等。社区居委会及其成员为社会企业在社区内展开提供资金补贴或组织援助，甚至有的居委会成员直接参与社会企业创办，成为权力精英型的社会企业家；社区居民则是社会企业最为直接的参与者和资源供给与消费者；社区志愿者活动的价值主要体现在以互惠为基础的社区资源供给中，在与社会企业的关系中他们也扮演着多元化的角色，包括募集地方资金、提供社区服务、提升社区自足能力等；社区内的私营企业在商品生产和服务供给上可以与社会企业相互照应。当然，社会企业的资源整合并不完全来自地方或社区，政府或公共部门的资金补贴可以很好地维持社会企业的运转，市场化的私营公司可以与社会企业开展良好的合作，而社区之外的公众可以购买社会企业提供的商品和服务。

不同类型的社会企业对社区资源有着不同的需求。劳伦特·卡丹调研 146 家社会企业，发现 62% 的社会企业在不同程度上运用了互惠、再

① ［比利时］马尔特·尼森编：《社会企业的岔路选择：市场、公共政策与公民社会》，伍巧芳译，北京：法律出版社，2014 年，第 124、131 页。

② ［比利时］马尔特·尼森编：《社会企业的岔路选择：市场、公共政策与公民社会》，伍巧芳译，北京：法律出版社，2014 年，第 149 页。

分配和市场资源，而32%的社会企业没有动用互惠资源。而不调动互惠型资源的社会企业主要涉及三种类型：进行再分配的社会企业、结合市场和再分配资源的社会企业、通过市场和社会政治型市场进行销售的社会企业。[①] 奥桑尼斯将爱尔兰社会企业分为三类：提供集中就业的社会企业、地方发展型社会企业、社会经济型社会企业，这三类社会企业结合不同类型的资源，志愿者在庇护型就业企业和地方发展型社会企业中的角色至关重要，而社会经济型社会企业则更倾向于动用市场资源以确保持续的交易收入。[②] 对于社区资源而言，社会企业会根据各自的需要进行调动。例如，服务型社会企业会关注社区居民的服务需求，并将志愿性质的付出与商业计划结合起来；商品生产型社会企业可能会将大部分生产的商品销往社区外消费者，但这类社会企业与社区内部的支持也密不可分；而对于那些由民间组织转型而成的社会企业，社区志愿者和社区社会工作人员活动的价值势必得以凸显，非营利组织以社会企业的方式得以延续和发展。

资源调动的视角经常涉及政治和权力问题，资源调动通常关注群体组织如何运用政治和权力来调动和管理资源来实现它们的目的。[③] 但对于社会企业而言，试图运用权力或政治影响力来达到调动社区资源以实现组织目的的愿望可能并不现实，因为在社会企业那里，并不具有任何意义上的政治影响力或权力，也就不足以动用政治或权力而对社区资源形成有效调动，社会企业的资源调动需要寻找新的途径或动因。麦卡锡和沃尔弗森（McCarthy and Wolfson）从地方动员的视角提出地方社会运动组织（local social movement organizations）的三种资源调动模式：代理机构（中介）、策略和组织结构（agency，strategy，and organizational struc-

① ［比利时］马尔特·尼森编：《社会企业的岔路选择：市场、公共政策与公民社会》，伍巧芳译，北京：法律出版社，2014年，第134页。

② ［比利时］马尔特·尼森编：《社会企业的岔路选择：市场、公共政策与公民社会》，伍巧芳译，北京：法律出版社，2014年，第149－150页。

③ Wang，Shutwu，Kuan，Yuyuan，Chan，Kamtong，2014，"The Resource Mobilization of Community－based Social Enterprises in Taiwan"，*Hong Kong Journal of Social Work*，48（1/2）：p.9.

ture)。[①] 通常说来，社会企业是一种地方社会运动组织，其资源调动也可通过代理机构、策略和组织结构三种模式来实现，然而，社会企业在其资源调动上有其独特的关照与路数：一是以就业驱动来调动资源。社会企业的一种重要类型是工作整合型社会企业，这类社会企业为社区弱势群体提供就业培训和工作整合，以就业为目的来调动社区劳动力资源或其他资源。二是以服务供给来调动资源。通过提供社区服务，社会企业可以有效地把来自社区政府、社区居民和志愿者的资源进行整合，特别是在偏远的农村地区，那里经常欠缺社会企业所能提供的服务，社会企业就非常受欢迎。三是以市场回报来调动资源。不同于非营利组织，社会企业因其市场回报从而更能吸引社区各方力量投入其中，特别是对于那些没有正式就业能力的弱势群体，社会企业的工作整合所能给予的经济回报足以产生足够的吸引力。

社区社会关系网络及其社会资本是社区资源中的一种重要类型，更是社会企业得以扎根地方或社区的重要基础。社会企业的创立和发展是一个十分有趣的领域，它不像商业企业那样能够通过富裕的私人资金来调动资源和开辟市场，社会企业通常是在资金缺失、资源较少的情况下开展工作，这就需要依靠企业内和企业外的社会资本来予以弥补。[②] 一般认为，社会企业所在地方的社会关系网络能够为其获取资金和调用资源提供直接的渠道，因为这些网络对于产品和服务的需求能够为社会企业提供准确的信息。以工作整合型社会企业为例，这类企业试图提高人们对获得工作以及融入社会这一权利的认识，这些公共或私人的当地机构理应向社会企业输送处

① 麦卡锡和沃尔弗森（McCarthy and Wolfson）对三种资源调动模式给予说明：代理机构在集体行动的发展和扩散中充当关键角色，社区组织结构的资源和角色能从代理机构中得到理解，作为社区发展中的重要行动者，代理机构能够调动多种类型的资源，这些资源有助于理解社区组织的运转。策略是一个组织成功与否的有意义和关键的角色。策略包括：公共教育，为了吸引公众；直接服务，提供服务给那些需要帮助的人；结构变化，试图改变法律、权威和政体等当前条件。组织结构的变动可以产生不同水平的调动，有的人关注运动被正式组织化的程度，另一些人则关注正式组织的过程。许多地方志愿组织的结构是扁平等级和低水平的正式化，为了理解地区组织，关注组织结构和领导过程将会更有意义。参见 McCarthy, J D and Wolfson, M., 1996, "Resource mobilization by local social movement organizations: Agency, strategy, and organization in the movement against drinking and driving", *American Sociological Review*, 61 (6): p. 1071.

② ［比利时］马尔特·尼森编：《社会企业的岔路选择：市场、公共政策与公民社会》，伍巧芳译，北京：法律出版社，2014 年，第 97 页。

于劣势的工人，为了达成这一目标，基于信任和相互认知来建立关系显得至关重要。[①] 同时，社会资本作为社会企业扎根地方的生产要素，降低了社会企业的生产成本和交易成本。社会企业通过利益相关者之间的相互信任让合作更为简便，也通过捐赠、志愿者服务以及消费者参与等方式减少成本，从而使社会企业的产品和服务更有竞争力。据此来看，相比其他企业，社会资本毫无疑问在社会企业中所扮演的角色更为重要。

社会企业调动社区资源和社会资本，目的在于进行商品生产、提供服务或是提高贫困地区人们的生活水平，以实现社区资源和社会资本的再造。社区资源在被社会企业利用后，往往以商品和服务的形式再生产出来。例如，以经营饭店或酒店为主要业务的社会企业，会充分利用当地社区的物业、资金、人员等社区资源展开经营，并最终以低价向社区内外的贫困人群销售其产品。在这一过程中，那些社区资源就以餐饮产品的形式得以再现。又如，那些提供托管小孩、老年人养老、面向贫困人群的低息贷款等社会服务的社会企业，它们调动资源为这些社区弱势群体提供服务。社会资本作为社会企业介入地方或社区的重要资源，一方面为社会企业的生产、经营或服务供给提供人脉关系基础，并最终以商品或服务的形式呈现出来；另一方面，许多关于地方发展中社会企业角色的研究关注社会企业生产和使用社会资本，他们把社会企业视为一种发展社会资本的组织形式。[②] 社会资本作为社会企业中完全成熟的生产要素，在经过社会企业与地方或社区的互动合作后，作为一种私人关系网络的社会资本会上升到社会公共层面，社会企业嵌入社区，会带来高水平的社会信任和积极的公民参与。[③]

---

① ［比利时］马尔特·尼森编：《社会企业的岔路选择：市场、公共政策与公民社会》，伍巧芳译，北京：法律出版社，2014 年，第 76 页。

② Kay, A., 2007, "Social capital, the social economy and community development", *Community Development Journal*, vol. 41, no. 2, 2006, pp. 160 – 173.

③ 布迪厄对社会资本的认识主要集中于个人联系或关系——一个人与亲戚、朋友、同事或者更一般的社会关系，通过这种关系，个人可以获得一定的社会资本。帕特南将社会网络作为社会资本的三个重要内容之一，与布迪厄、科尔曼等不同的是，帕特南将这种个人联系或关系上升到社会层面，即公民参与网络。帕特南认为，邻里组织、合唱队、合作社、体育俱乐部、大众性政党，这些公民参与网络是社会资本的基本组成部分，在一个共同体中，此类网络越密，其公民就越有可能进行为了共同利益的合作。参见［美］罗伯特 D. 帕特南（Robert D. Putnam）：《使民主运转起来：现代意大利的公民传统》，王列、赖海荣译，江西人民出版社，2001 年，第 203 页。

二、社会企业重建社区价值

社区不仅是作为资源意义上的社区而存在，它更是一个人们在生活上、情感上和精神上相互关联的地方，是一个拥有鲜活生命和精神灵魂的人的共同体。滕尼斯将社区视为由具有共同的习俗和价值观念的同质人口组成的、关系密切的共同体，其实是在人的意义上对社区作为一种生活共同体和精神共同体给予了肯定。社会企业依托地方或社区，提出并推广某一个新的经济发展模式，这种模式推广经济领域内决策制定过程的民主化，提倡将边缘化的人群融入社会，最终实现社区政治与社会价值的重建。

（一）社会企业带来社区民主价值的提升

当我们谈论民主话题时，一般都会将其置于一种公共政治而非社会经济的语境中。在社区层面，社区居民在社区居委会的指导下采用居民自治的方式开展民主活动，这意味着社区民主治理在某种程度上仍然是一种公共政治的路径。然而，有足够的证据表明，在邻里社区中，除居民自治式的民主外，社会和经济领域的民主尝试更能引人关注。社会企业作为一种社会经济形式，当其嵌入地方或社区时，能够成为地方或社区民主与社会发展的积极倡导者。①

社会企业的民主价值在欧洲研究网络 EMES 对社会企业的权威定义中就有突显。欧洲研究网络 EMES 从经济、企业与社会维度提出社会企业的九项标准，其中第二项、第七项和第八项标准关涉社会企业的民主价值。第二项标准即高度的自治，社会企业是由一群人基于自发的计划而创立，并由那些人自己管理；第七项标准即决策权并不基于资本所有者，这意味着决策制定过程中，尽管资本所有者很重要，但其决策权通常与其他股东共享；第八项标准即受社会企业活动影响的各方的参与本性，股民影响决

① Rago, Sara, 2009, "Social Enterprises as Democracy and Development Promoters: Comparing Danish and Italian Samples", International Guest Student at Centre for Social Entrepreneurship (CSE).

策以及参与式管理通常是社会企业的重要特征。[①] 的确，自律自治、多数人决策或全体决策、公民参与或投票等，是民主价值的重要方面，欧洲研究网络 EMES 在对社会企业的定义上分别就自治、决策权及参与等问题作了相关规定或阐述，可以说，这些规定或阐述完全符合民主的本质。正是在这个意义上，欧洲研究网络 EMES 才得出结论：在许多情况下，社会企业的目标之一是通过经济活动进一步推广地方民主。[②]

乔伊斯·罗斯柴尔德（Joyce Rothschild）更加明确地谈到社会企业的民主价值，并称从民主的角度研究工人合作社和社会企业是“一条被人遗忘的路线”（A Forgotten Route）。[③] 罗斯柴尔德指出，工人合作社和社会企业作为一种新的社会运动组织（Social Movement Organizations）或社会所有企业（Socially Owned Enterprises），拥有如下共同特征：一是它们致力于一个社会利益的目的；二是它们致力于一种深深的民主的文化、价值和过程，同时寻求培育一种超多数主义的对话和同意或共识；三是它们致力于更加平等地参与组织当中；四是它们致力于声称，一个决策是不合法的，除非每个人参与到决策制定当中。[④] 在罗斯柴尔德看来，现代社会运动组织、社会企业、非营利性组织和合作社开创了一种全新的民主图式，对于大部分人而言，民主意味着去投票站投票，这种民主形式不是一件新鲜的事情，并且，单独的投票也没有激起人们参与并表达不同意见的兴趣，而合作社和社会企业则倾听每个普通人的声音，满足他们的期待，让每个人参与其中制定决策。毋庸置疑，罗斯柴尔德对合作社和社会企业的判断刚好符合一个真正的民主社会的意向。

社会企业对地方民主的推动很大程度上源于对地方弱势群体的持续关注。对于地方民主而言，地方弱势群体存在许多天然的弱点，如民主能力

① Defourny, J., 2001, “Introduction: From Third Sector to Social Enterprise”, in Carol Borzaga & Jacques Defourny eds., *The Emergence of Social Enterprise*, London & New York: Routledge, pp. 19 – 20.

② Defourny, J., 2001, “Introduction: From Third Sector to Social Enterprise”, in Carol Borzaga & Jacques Defourny eds., *The Emergence of Social Enterprise*, London & New York: Routledge, p. 20.

③ Rothschild, Joyce, 2009, “Workers' Cooperatives and Social Enterprise: A Forgotten Route to Social Equity and Democracy”, *American Behavioral Scientist*, 52 (7): p. 1023.

④ Rothschild, Joyce, 2009, “Workers' Cooperatives and Social Enterprise: A Forgotten Route to Social Equity and Democracy”, *American Behavioral Scientist*, 52 (7): p. 1037.

不足、民主的积极性不高且自主性较低等，并且地方弱势群体交流机会的缺乏也对民主构成了致命的威胁，因此地方弱势群体普遍被排除于民主权利之外。社会企业的主要任务之一就是对某一类特殊人群给予支持和帮助，或是提高地方贫困人群的生活水平。应该说，社会企业对地方弱势群体的关照极大地提高了他们的民主参与能力和意愿，保障了弱势群体民主权利。

社会企业推动的地方民主从根本上不同于代议制或其他形式的民主，它是一种对联合的民主（或结社民主，Associative Democracy）的重新诠释。在代议制民主国家中，人们让他们的代表而不是他们自己组成政府和议会并制定政策，以保证大多数人的利益。联合的或结社民主则是一种完全不同于代议制民主的民主形式，人们通过相互联合组成群体或社团，并在其中实行自治和直接民主管理。联合的民主观念源于法国思想家托克维尔，托克维尔看到，在美国，人们无不时时在组织社团，这些社团既不像英国由政府出面，也不像法国那样由地方权贵带头，而是人们之间的自由联合。[①] 按照托克维尔就美国结社民主提供的线索，工商业协会或团体、宗教团体、道德团体以及各种各样的社会组织，都是结社民主的重要形式。社会企业作为一种人们自由联合或组织形式，给人们提供了一种全新的民主想象。“社会企业与结社民主有着密切的联系，因为那些必须与普通企业竞争的社会企业和其他类型的社会企业为了追寻社会目的而拥有各种联合的形式。”[②]

大致来看，社会企业的运行原则与结社民主在如下方面存在契合：一是社会企业为人们提供了联合或互助的契机。托克维尔敏锐地观察到，在民主国家里，单独的公民是软弱无力的，人们如不能互助或联合，就会陷入无能为力的状态。刚刚好，社会企业为个体公民提供了相互联合或互相帮助的可能，从而免于个体公民处于孤立无援的境地，尤其是对于那些处于弱势地位的群体，社会企业是一种不错的联合形式。二是社会企业尊重人们自由加入或退出的意愿。结社的观点认为，人们可以自由地参加某一

---

① ［法］托克维尔：《论美国的民主》，董果良译，北京：商务印书馆，1997年，第635页。

② Choi, Narae, “Self - Sustainable Social Enterprises: Associative Democracy Case of the Big Issue”, Seoul National University, draft, p. 6.

个组织或社团，也可以根据自己的意愿退出，实行结社自由的原则。社会企业的管理者、产品或服务的供应者和消费者也都拥有自由加入或退出社会企业组织的权利。三是社会企业实行民主决策和管理机制。在那些结社的组织或团体中，决策制定是民主的，社会企业鼓励成员间的交流与沟通，以实现决策制定和管理中的民主。总之，社会企业很好地诠释了联合式民主的基本要义，也能成功地弥补代议制民主中多数人决策的局限。①

（二）社会企业提倡将边缘化的人群融入社会

在社区里，边缘化的人群包括需要照顾的小孩和老人的家庭、有健康问题的人（如精神病患者、瘫痪而无行动能力的人等）、新移民或进城务工人员、NEET 人群②、经济贫困者、下岗失业人员、吸毒酒瘾患者等。从生存状态上看，这些边缘化人群缺乏必要的谋生技能和稳定的收入来源，在社区中大多成为被忽视或极少受关注的对象，也就不可避免地导致大量的社会问题。将边缘化人群融入社区或社会，政府补贴、企业社会责任以及社会组织都能不同程度地起到相应作用，但这些来自外部的支持或融合力量很难保持其政策持续性，也就难以从根本上改变社区边缘化人群的社会地位。布莱克本和拉姆（R. Blackburn 和 M. Ram）注意到，立足于地方发展的小微公司（small firms and entrepreneurship）在应对边缘化人群的社会排斥问题上有着很大的潜力，尤其是在边缘化人群的雇佣（就业）领域。但他们同时也承认，社会排斥的概念是多面性的，小微公司试图凭借就业优势而将边缘化人群融入社会的愿望过于乐观。③ 布莱克本和拉姆特意提到社会企业这样一种类型的小微公司并坦言，在社会排斥问题上，社会企业有着大量成功的案例。然而，对于社会企业解决社会排斥的结构性

① Choi, Narae, "Self - Sustainable Social Enterprises: Associative Democracy Case of the Big Issue", Seoul National University, draft, p. 7.

② NEET 是英文 "Not currently engaged in Employment, Education or Training" 的缩写，指既没有正式工作，也没有在学校里上学，更没有去接受职业技能培训的年轻人，他们依靠父母或伴侣为生。NEET 发源于 20 世纪 80 年代的英国，后被引入日本，现在几乎成了一种国际化现象，并大有愈演愈烈之势。

③ Blackburn, R., and Ram, M., 2006, "Fix or Fixation? The Contributions and Limitations of Entrepreneurship and Small Firms to Combating Social Exclusion", *Entrepreneurship and Regional Development*, 18 (1): pp. 73 - 89.

原因缺乏长期影响的评估，因此，我们不能确信社会企业有助于克服社会排斥。①

布莱克本和拉姆（R. Blackburn 和 M. Ram）对社会企业与社会排斥的判断似乎并不为更多的人所接受。在这个领域，他们大都倾向于认为社会企业能够减少社会排斥，将边缘化人群很好地融入社会。例如，巴拉克特（Barraket，J.，）在对澳大利亚维克多社区企业项目进行评估时发现，社区企业在社会融合方面产生了许多积极的结果，如提高了社区居民的识字能力、教育水平和就业经验，相应地提升了他们的自信、自我效能以及扩充了社会关系等。② 塞登等（F. Seddon、R. Hazenberg 和 S. Denny）研究了英国社会企业对社区融合的影响，指出社会企业有助于参与者的重新社会化，提升他们的自信和自尊，参与者也相信他们增强了社会技能，提高了未来的就业能力。③ 弗格森（Ferguson、Kristin M.）观察美国洛杉矶社会企业干预无家可归年轻人群体的项目，发现他们在家庭尊重、自尊、目标导向、劳动力和社会网络、不尽责的行为和社会观念等方面都发生了积极的变化，④ 等等。总体上看，社会企业对边缘化人群有着明显而积极的正向影响，能够很好地将这些贫困和边缘化的人群融入社会。

但是，社会企业对边缘化人群的社会融合并不完全是线性的，它受社会企业类型和边缘化人群类型的影响。换而言之，不同类型的社会企业对同一类型边缘化人群的融合效用不同，同一类型的社会企业对不同类型的边缘化人群的融合效用也不同。例如，一个关注社区环境保护的社会企业对社区儿童或老年人照顾的效果一定有限。同样，一个以提供平等金融和低息贷款服务的社会企业则很难对社区戒酒戒毒治疗群体产生多少影响。

① Blackburn, R., and Ram, M., 2006, "Fix or Fixation? The Contributions and Limitations of Entrepreneurship and Small Firms to Combating Social Exclusion", *Entrepreneurship and Regional Development*, 18 (1): pp. 84 – 85.

② Barraket, J., 2010, "Social inclusion through community enterprise? Examining the available evidence", *Third Sector Review*, 16 (1): pp. 13 – 28.

③ Seddon, F., Hazenberg, R. and Denny, S., 2014, "Reintegrating socially excluded individuals through a social enterprise intervention", *Social Enterprise Journal*, 10 (3): pp. 222 – 238.

④ Ferguson, Kristin M., 2008, "Conceptualizing Outcomes with Street – living Young Adults: Grounded Theory Approach to Evaluating the Social Enterprise Intervention", *Qualitative Social Work*, 7 (2): pp. 217 – 237.

而毋庸置疑的是，以工作整合为目标的社会企业则可以为大部分社区边缘化人群提供职业培训、教育和就业机会，以提高他们融入社会的能力。西蒙·蒂丝黛尔（Simon Teasdale）对不同类型的社会企业与社会排斥的不同维度之间的关联有过思考，他提出四种类型的社会企业，即社区商业、社区企业、非营利性企业和社会商业；同时从消费（购买货物与服务的能力）、生产（价值活动的社会参与）、政治参与（参与地方或国家决策）和社会交往（家庭、朋友和社区整合）等四个维度分析社会排斥，最后得出结论：只有当不同类型的社会企业与不同维度的社会排斥相适应时，社会企业的融合效用才会最高。①

社会企业活跃于社会排斥现象涉及的所有领域，特别是在那些为贫困、失业、社会歧视、权利匮乏等社会疏离问题所困扰的地方，社会企业承担构建一个有凝聚力的社会的责任。边缘化人群最大的问题在于没有正式就业，或持续性地处于失业状态，这就必然导致他们经济贫穷、生活水平低下以及在金融或其他公共服务供给中不能享有平等的权利。社会企业以其特有的选拔方式与低成本的教育培训，让那些被劳动力市场排除在外的边缘化人群获得就业机会或融入主流劳动力市场。② 边缘化人群的弱势地位势必会使其丧失公共事务的话语权以及在市场经济中的平等地位，而社会企业通过其经济功能试图恢复边缘化人群的经济能力和沟通能力，从而为边缘化人群公共话语权的获得提供支持，也为他们争取到在市场经济中的有利位置。例如，在金融行业，边缘化人群一般是很难获得贷款或其他资金支持的，商业银行通过优质客户的筛选将他们基本排除在外，政府补贴或资助也并不能走得太远，而那些社区基金会或以边缘化人群为目标客户的小额信贷公司类型的社会企业则能够为他们提供相应的金融产品或服务。③

---

① Teasdale, Simon, 2010, "How Can Social Enterprise Address Disadvantage? Evidence from an Inner City Community", *Journal of Nonprofit & Public Sector Marketing*, 22 (2): pp. 89 - 107.

② 学术界专门将为边缘化人群提供就业融合的社会企业称为"工作整合型社会企业"（Work Integration Social Enterprises）。参见［比利时］马尔特·尼森编：《社会企业的岔路选择：市场、公共政策与公民社会》，伍巧芳译，北京：法律出版社，2014 年，第 186 页。

③ Wilson, T. A. 2012, "Supporting Social Enterprises to Support Vulnerable Consumers: The Example of Community Development Finance Institutions and Financial Exclusion", *Journal of Consumer Policy*, 35 (2): pp. 197 - 213.

综观之，在社区范围内，推动创立、发展以社区成员的利益为依归的社会企业，能够依据自身的创意与能力，通过寻求多元化的手段再造社区。唯有扎根地方的社会企业才能为社区思考，知道社区的自身资源条件，找到可以为社区带来需求资源又不伤害社区永续生存的解决方案。

第二节　社会企业超越集体的发展：从共同参与到相互合作

社区集体经济作为一种社区居民集体拥有的经济形式，对集体中的成员资格有着严格的认定，即集体所有制赋予社区内部每个成员合法、平等地拥有集体经济的权利。① 社区集体经济中集体的成员资格是相对封闭的，社区全体成员自然地构成一个社区的集体。对一个社区而言，其他社区的居民无权参加此社区的集体活动，更无权分享此社区集体经济发展带来的成果；那些外来务工者、投资者以及长期滞留社区谋生的群体，也没有资格参与社区集体财产的分配和享受其他社区福利。② 社会企业嵌入社区，始终以开放的姿态将社区居民纳入组织体系之内，社区全体成员并没有被强制进入社会企业，而是根据自身意愿，自由地加入或退出社会企业，或者是根据自身的需求，接受社会企业提供的产品或服务。社会企业还拥有社区集体经济组织完全不一样的优势，集体经济组织将那些外来人员或社区外人群拒之门外，而社会企业则视他们为理所当然的参与者和合作者。因此在这个意义上，社会企业不是一个集体的组织，而是一个超越集体的组织，一个以社区为中心、社区内外人群共同参与和相互合作的组织。

---

① 李可：《集体重构中的成员权——以江苏南通“农村集体经济组织成员数据库”为例》，《社会发展研究》，2015 年第 4 期，第 183－208 页。

② 从长期来看，社区全体成员是一个动态的边界，包括那些社区里未出生的和娶入的人员，他们会在不同时间进入社区集体。另外，社区里的外嫁女是否拥有集体的成员资格，学术界也存在着争论。按照中国传统乡村习俗，外嫁女很难获得原有村庄或社区的集体成员接纳，而在法律上看，外嫁女能够得到地方政府和法律的认可或支持，也就理应享有集体财产的分配资格。

一、社会企业吸引多方参与

社会企业是一个多方参与的组织。企业员工、当地社区居民或干部、志愿者、产品或服务的消费者、公共机构、私人企业等社会企业的利益相关者，都不同程度地参与到社会企业中。第三部门和社会企业的文献中，有一种转变人们对传统意义上利益相关者看法的倾向，即将利益相关者“内化”，从一种作为外部主体的相关者转化成为一种社会企业的内部元素，从而更加关注这些利益相关者的参与性。①

就社会企业的管理而言，虽然社会企业还远没有像私营企业那样做到专业化，但是，社会企业的管理框架则远比私营企业广泛和深入，不同利益相关者不同程度地参与社会企业的决策与管理。卡洛·波兹卡就意大利社会企业进行过调查，认为只有20%的企业是采用单一利益相关者模式，而大约80%的企业则称它们的性质属于多方成员或是多方参与管理制结构，其中53%的社会企业涉及两类利益相关者，20%涉及三类利益相关者，而70%则涉及四类利益相关者。② 拉斯·希尔加德观察了丹麦13家工作整合型社会企业后指出，固定职工成员、公共部门的代表和第三部门的代表是最常见的利益相关者类型，其中，公共部门和第三部门的代表占比最高，分别为26%和20%，而排在后面的有来自私营部门的代表，他们对于社会企业的创立而言，并没有起到重要作用，但其比例也占到14%，志愿者所占比例最低为6%，但在13家工作整合型社会企业中，有23%的社会企业都有志愿者会担任利益相关者成员。③

萨拉·坎皮等人提出社会企业采用多方参与的理论假设，并根据158个社会企业所收集的数据给予实证检验。他们认为，其一，社会企业的多方参与性质与其成员和所有者结构密切相关。调查显示，58%的欧洲社会

① ［比利时］马尔特·尼森编：《社会企业的岔路选择：市场、公共政策与公民社会》，伍巧芳译，北京：法律出版社，2014年，第38页。

② ［比利时］马尔特·尼森编：《社会企业的岔路选择：市场、公共政策与公民社会》，伍巧芳译，北京：法律出版社，2014年，第87页。

③ ［比利时］马尔特·尼森编：《社会企业的岔路选择：市场、公共政策与公民社会》，伍巧芳译，北京：法律出版社，2014年，第57－58页。

企业存在多方参与的结构，而42%的社会企业则认为自己为一方参与的结构，其中，一方参与的社会企业在两个国家特别常见：一个国家是葡萄牙，这类社会企业都是由大型组织设立，目的在于通过公共策略来解决失业问题；另一个国家是西班牙，这类社会企业中有6家可以适用于同样的解释，另外3家工人合作社和3家由市民团体发起的组织也是一方参与的社会企业。[①] 其二，社会企业的法律形式与参与结构之间无直接关系。萨拉·坎皮等人发现，合作社这种法律形式常常与一方参与的特征联系在一起，但在国家层面的调查中，社会企业的法律形式并不能成为判断其参与性质的依据，原因在于法律通常只是直接或间接地允许一方或多方参与，但并没有强制要求，社会企业的创始人则可以在法律框架内自主决定一方或多方参与模式。此外，萨拉·坎皮等人还从国家层面就利益相关者对社会企业的影响力进行分析，指出在所有国家的社会企业的范围内，最有影响力的群体是企业职员和志愿者，分别占到21%和20%，而个人消费者和参与者（那些融合中的工人）则是影响力最弱的，分别为5%和7%。而从每个国家的层面来看，各国间存在的差异较大，如志愿者在法国所占比例为36%，而在德国为25%，西班牙为44%。最终他们还得出了一个有趣的结论：除意大利外所有的国家，尽管实际权力似乎被几类利益相关者所享有，但是没有一类在利益相关者中会拥有压倒性的影响力。[②]

社会企业的文献都自然地倾向于将社会企业视为多方参与的组织。他们认为，既然社会企业的成立是为了回应社区与社会所需，那么让来自地方或社区的民众参与到决策制定和社会企业管理中来则是一件再自然不过的事情。但实际上，社会企业采用多方参与的管理结构，有其作为一种完全不同于私营企业和社会组织的新型组织的深层原因。萨拉·坎皮等人从三个方面分析社会企业多方参与的原因：一是确保组织稳定和资源；二是多方参与作为管理不同目标的工具；三是利益相关者的参与乃是成本收益

---

① ［比利时］马尔特·尼森编：《社会企业的岔路选择：市场、公共政策与公民社会》，伍巧芳译，北京：法律出版社，2014年，第40页。

② ［比利时］马尔特·尼森编：《社会企业的岔路选择：市场、公共政策与公民社会》，伍巧芳译，北京：法律出版社，2014年，第39－43页。

分析所得的结果。[①] 的确，相比于私营企业和社会组织，社会企业更加适应和践行多方参与的管理结构。首先，社会企业的社会、环境等多元导向造就了社会企业的多方参与结构。私营企业以获取利润为导向，尽管现代企业管理加进了关注社会和环境等企业社会责任和伦理因素，但这并不能从根本上改变私营企业追求利润的本性。社会企业更为坚定地强调其融合边缘化人群、提供就业、改善邻里关系等社会责任，在社会企业那里，确保这些社会责任的实现比追求经济回报更为重要和根本，这也就使得社区、志愿者、消费者、公共机构等多元主体积极参与社会企业事务，从而有助于社会企业通过多元目标的实现而建立起一个包容的社会（A Inclusive Society）。[②] 其次，社会企业的市场导向使那些社会人群更愿意参与到社会企业中来。社会组织的目标在于对社会问题的回应，这看上去似乎和社会企业并无二致，但社会企业更有优势的地方在于，社会企业运用商业策略或市场化机制解决社会问题，创造性地将商业企业的运作方式嫁接到社会企业中，从而能够为其成员获取一定的利润，特别是那些工作整合型社会企业，通过给边缘化人群提供就业岗位而使他们获得报酬，从而极大地改善他们的生活条件，也提高了他们参与的意愿和能力。最后，公共机构的成员也希望能够参与到社会企业中来，因为社会企业能够帮助其解决沉疴于地方或社区的那些难缠的涉及社会问题的事务。公共部门对社会问题的解决负有主要责任，通常通过行政手段或财政拨款的方式予以应对，这种方式有时很难奏效，或者由于政策的变动而使得财政支持不能持续跟进。社会企业无疑弥补了公共部门解决社会问题的缺陷，那些被社会排斥的人群自然地成为自身发展的支持者，而公共部门也乐见社会企业在社会领域发挥效用，因此会调整公共政策参与支持社会企业的创立和发展。

---

① ［比利时］马尔特·尼森编：《社会企业的岔路选择：市场、公共政策与公民社会》，伍巧芳译，北京：法律出版社，2014年，第44－49页。

② 亚洲开发银行（Asian Development Bank；ADB）在2007年的年度报告中首次提出“包容性增长”（inclusive growth）概念，倡导人人都能参与到经济活动中来，同时又保证人人都能平等地享有经济增长带来的福利。后世界银行增长与发展委员会于2008年5月发表《增长报告：持续增长与包容性发展战略》，明确提出经济的可持续性、增长效益为公众广泛共享的包容性发展理念。近些年来中国政府多次在各种国际、国内重要会议中提出“着力推动包容性增长”。更为重要的是，2014年7月29日的中共中央政治局会议提出发展必须是遵循社会规律的包容性发展，从而第一次在顶层政策设计中提出包容性社会发展的思想。

作为一种参与型组织，社会企业一般都会设立不少机制来鼓励和支持其职员、志愿者、公共机构以及弱势工人对企业的参与。当然，不同的社会企业所适用的机制都大不相同，大致说来，社会企业民主参与有两种类型：第一种类型是正式参与。社会企业大都严格遵守国家法规和地方政策的规定，无论规模大小都会设立工人代表机构，如员工代表、职工委员会等，这些委员会性质的机构定期召开会议讨论相关议题，这些议题通常包括社会企业的运营及运营中发生的问题，以及更为指导性的问题，如赋予底层人们权利、推动制度改变、将可持续性融入公司理念、吸收更多善于解决问题的人等。在正式参与中，有些社会企业则采取更为灵活的形式，从而决策制定的参与过程具有更为实际的结构，例如，有的社会企业对于一个项目的开展，采取项目制的做法，会成立两到三人的小组，通过这样的小组讨论来决定是否进行以及如何进行该项目。

第二种类型是非正式参与。非正式参与作为一种参与形式，对于社会企业而言特别重要。经常可以看到，社会企业的相关成员在会议前后进行讨论互动，在没有利益相关者参与的情况下讨论利益相关者的事宜。这些利益相关者虽然也正式参与社会企业的决策制定过程，但是他们并不是非正式参与组织体系中的一分子；反之，那些参与到这一非正式参与管理体系内的个体可能并不是该组织的成员并且也未参与到正式的决策制定过程中。[①] 在多数情况下，社会企业会采取很多其他的方式让利益相关者参与到企业的社会经济管理活动中：召开社会企业内部会议，成立某一特别事件的工作小组，组织社会企业活动等，这些都会使非正式参与活动成为可能。日本学者幸子中川（Sachiko Nakagawa）更是看到，对于解决社区中的社会排斥问题，委员会、职工代表大会等正式的参与机制是无用的。幸子中川以日本的两家社会企业（Network Salon for Support for the Community Life, Tree of Dream in the Okhotsk Area）为例，提出两种非正式的社区参与方法：第一种方法是创造非正式的机会，让所有地方居民能消除和分享他们日常生活负担带来的焦虑；第二种方法是赋予地方居民项目实施的权力，

---

① ［比利时］马尔特·尼森编：《社会企业的岔路选择：市场、公共政策与公民社会》，伍巧芳译，北京：法律出版社，2014 年，第 39 页。

以便他们能通过实践来解决问题。[①] 幸子中川最终证实，这两种非正式的社区参与方法给地方居民、社区和组织带来了积极的影响：就地方居民而言，这种参与使他们成为独立的积极公民，并能从中获得自信；就社区而言，这种参与能够促成社区成员的合作团结以及新的社会企业的产生；就组织而言，社会企业通过满足社区居民的需求而实现了真正、有用的事业，从而能够得到社区居民人力资源和其他资源的支持，更直接的是，社会企业能够得到经济上可持续的回报。[②] 总的说来，为了使利益相关者更全面对参与社会企业的工作管理和组织活动，社会企业一般都倾向于设立相关的参与机制，从委员会到项目小组，从团队的自我管理到每日例会，社会企业着力发展和完善多方参与机制，从而将不同的利益相关者纳入组织生活当中——包括对社会企业所从事的活动感兴趣的公共部门和当地机构，以及那些对社会企业有益的参与者，如民间社团、信贷机构等。

通常地看，社会企业的多方参与更多地被理解成一个优点，因为它能够推进社会经济领域的民主化，鼓励社会和经济模式的创新；但同时也有缺陷和担忧：一是它可能导致社会企业运营的低效率。利益相关者的参与使决策制定的时间更为拖拉，可能使本来比较简单的事情变得更为复杂，有时还会产生吵闹的参与现象。这不仅影响社会企业的运行效率，还会牵涉社会企业处理紧急事务和支持营运管理活动的能力。[③] 二是对特殊情形下民主参与的可行性及特殊人群民主参与能力的担忧。一些企业对于决策制定过程中，特别是企业经历危机时，是否允许利益相关者参与，这仍然是一件需要全盘考虑的事情。而对于那些患有精神障碍或无行为能力的人群，他们实际参与制定决策、参加会议或通过其他非正式途径或机制参与

---

① Nakagawa, Sachiko, 2009, "Toward inclusive society: How do social enterprises promote the community participation?", 2nd EMES International Conference on Social Enterprise, July 1－4, Trento, Italy, p. 14－15.

② Nakagawa, Sachiko, 2009, "Toward inclusive society: How do social enterprises promote the community participation?", 2nd EMES International Conference on Social Enterprise, July 1－4, Trento, Italy, p. 17－20.

③ ［比利时］马尔特·尼森编：《社会企业的岔路选择：市场、公共政策与公民社会》，伍巧芳译，北京：法律出版社，2014 年，第 49 页。

的现实可行性，大多数人还是抱有怀疑。①

二、社会企业倡导互助合作

社会企业是一个互助合作的组织。在有关社会企业的文献中，社会企业的合作经常被置于政府、金融机构、私营部门或社会民间组织的言说语境，强调社会企业与这些部门或组织的合作或伙伴关系的建立，或者主张社会企业应该视这些部门或组织为重要的利益相关者，从而将它们纳入社会企业发展的战略框架。② 其实，社会企业作为一种合作导向的组织，更强调社会企业成员之间的合作，尤其当地方或社区居民被纳入社会企业视野时，看重这些社区成员是如何利用社会企业的平台开展互利合作的。当然，将社会企业看成是一种合作的组织可能面临着一些挑战，其中之一来自对社会企业家（Social Entrepreneurs）的强调。他们认为，社会企业和私营企业一样，其运营与管理依赖于最高行政长官，而作为社会企业最高行政长官的社会企业家掌控着社会企业的发展方向，在这个意义上，社会企业自然也就失去了成员间自愿合作的基础。实际上，社会企业在关键点上完全不同于私营企业，那就是社会企业对社会公共问题的关注。这就决定了社会企业家不能仅凭市场嗅觉而发展社会企业，而需要团结那些地方社会公共问题的关切者：将这些关切者纳入社会企业中来，是所有社会企业

---

① ［比利时］马尔特·尼森编：《社会企业的岔路选择：市场、公共政策与公民社会》，伍巧芳译，北京：法律出版社，2014 年，第 76 页。

② 在社会企业研究中，关注社会企业与公共部门、私营企业、金融机构等的合作成为策动社会企业发展的一种重要思路。他们认为，这种合作与伙伴关系的建立不仅有利于实现社会企业自身的可持续发展，而且有利于提升社会企业的社会经济行动能力，从而更有效地解决地方或社区面临的社会经济问题。例如，邓恩和罗尼（A. Dunn and C. A. Riley）看到社会企业与公共部门之间制度化关系的价值，强调公共部门与社会企业之间合作关系的建立，参见 Dunn，A.，and Riley，C. A.，2004，"Supporting the not – for – profit sector：The 18 government's review of charitable and social enterprise"，*The Modern Law Review Limited*，64（4）：pp. 632 – 657. 还如，西马·萨卡里亚（Sema Sakarya）认为社会企业作为一股以商业策略和技能来追逐和创造社会价值的新兴力量，将促使社会企业与商业企业结盟。参见 Sakarya，Sema，2012，"Social alliances：Business and social enterprise collaboration for social transformation"，*Journal of Business Research*，65（12）：pp. 1710 – 1720. 再如，费格斯·列昂（Fergus Lyon）主张社会企业与公共部门、私营部门和第三部门组织建立伙伴合作关系，从而共同解决公共服务的供给问题。参见 Lyon，Fergus，2009，"Social enterprises，cooperation and competition in the delivery of public services"，Paper prepared for the 2nd EMES International Conference on Social Enterprise.

家的重要任务。

社会企业中有一种类型，即合作社类型的社会企业（Co－operative－style enterprises），这种类型的社会企业以成员间的合作作为创立和发展之本。迪夫尼（J. Defourny）将合作社分为如下类型：农业合作社、储蓄和信用合作社、消费者合作社、保险合作社、零售合作社、住房合作社等（agricultural co－operatives，saving and credit co－operatives，consumers' co－operatives，insurance co－operatives，retail co－operatives，housing co－operatives and so on）。[①] 但是，并不是所有的合作社都可称为社会企业。在迪弗尼那里，社会企业只是合作社和非营利性组织的交叉，"与许多传统合作社不同，社会企业可能更多地被视作是面向整个社会并且更注重社会的整体利益"。[②] 很明显，只有那些以社会利益而不是商业利益为目的的合作社才是社会企业。从世界范围来看，作为一种社会企业类型的合作社或社会合作社是欧洲社会经济的重要组成部分，它们对于欧洲社会和经济的发展有着重要的影响，其中以意大利的社会合作社最有代表性。意大利的社会合作社分为两种类型：一种类型的合作社是指那些提供教育和社会服务的社会企业；另一种类型的合作社主要是通过生产活动向处于弱势地位的工人提供工作机会，并且通过专业和个人的发展来提升和帮助弱势群体融入社会。[③] 不论是哪种类型的合作社，它们都采取相互合作的形式而不是公司制。例如，在第一种类型的合作社中，那些面临共同社会问题的社区居民，为了满足他们共同所需，如照顾孩子、为老年人提供服务、社区公共绿化区域的保养等，他们便相互合作，共同参与制订解决这些公共问题的计划。而在第二种类型的合作社中，其合作模式则大为不同，这类合作社主要为弱势群体提供就业岗位，因此，劳动与资本的结合成为这类合作社

---

① Defourny, J., 2001, "Introduction: From Third Sector to Social Enterprise", in Carol Borzaga & Jacques Defourny eds., *The Emergence of Social Enterprise*, London & New York: Routledge, p. 5.

② ［比利时］马尔特·尼森编：《社会企业的岔路选择：市场、公共政策与公民社会》，伍巧芳译，北京：法律出版社，2014 年，第 9 页。

③ 在意大利，58% 的社会合作社开展照顾活动（Caring Activities），如社会和健康照顾、教育服务、困顿居民的家庭和居家照顾、儿童照顾、文化活动和环境保护；37% 的社会合作社开展培训活动（Training Activities），如帮助弱势群体找到工作或者在当前的劳动力市场中进入企业工作。参见 Mancino, A., Thomas, A., 2005, "An Italian Pattern of Social Enterprise: The Social Cooperative", Nonprofit Management & Leadership, 15 (3): p. 359.

的重要特征，也是其合作模式的重要体现。意大利法律对这类合作社的目标群体有明确规定，所有参与这类社会企业的劳动力中至少30%都须为弱势群体，这些弱势群体利用自己的劳动力开展生产经营活动，实现劳动与生产经营资本的结合，并共同从他们的生产经营活动中获益。

在社会企业成员间的合作中，社会资本充当了重要的角色。帕特南在对社会资本的定义中说，社会资本是指社会组织的特征，诸如信任、规范以及网络，它们能够通过促进合作行为来提高社会的效率。① 也就是说，社会资本能够促进自发的合作，它是合作和互助的重要资本。帕特南以一种非正式的储蓄组织，即被称为“轮流信用组织”的实践为例来说明社会资本与合作之间的关系，这种“轮流信用组织”中的成员同意定期向一个基金注入资金，这笔资金随后全部或部分地交给每一个注入资金的人使用。很显然，这种“轮流信用组织”是一种合作组织，每个人通过零星资金的注入而获得所有资金的使用权限，并且，这种组织的合作是建立在组织成员相互信任的基础之上的。组织中的所有成员都面临着违约的风险，但只有那些诚实而可靠的成员才能使违约的风险降到最低点，因此，社会资本在“轮流信用组织”的合作中占据了重要位置。

帕特南例证的这种非正式的储蓄组织可能还算不上一种社会企业，但穆罕默德·尤努斯（Muhammad Yunus）创办的格莱珉乡村银行（Grameen Bank）则很好地印证了社会企业中社会资本与合作的关系。格莱珉银行与商业银行最大的不同在于，它将贷款发放给穷人特别是妇女和乞丐，这就面临着巨大的信贷风险。为了规避这种风险，尤努斯推行小组制，即贷款人加入一个五人小组，小组成员相互监督，形成一种内部约束机制，贷款人迫于小组压力而降低违约的风险。从形式上看，格莱珉银行并不要求贷款人与银行工作人员之间的配合或联合，而是看到了穷人贷款后履行还款的高风险，这也正是商业银行不愿贷款给穷人的主要原因，但是通过贷款人加入小组，并开展贷款合作，最终解决了商业银行不可能完成的任务。从根源上看，格莱珉银行正常运行离不开贷款人之间形成小组而开展的相

① ［美］罗伯特 D. 帕特南（Robert D. Putnam）：《使民主运转起来：现代意大利的公民传统》，王列、赖海荣译，江西人民出版社，2001年，第195页。

互合作，而这种合作又是建立在贷款人之间的社会资本之上的。首先贷款者加入的小组不是规定的，而是基于相互间的信任自愿组成的。每一个贷款者都清楚地意识到违约的信贷风险，因此小组成员间的相互信任就至关重要。然后每一个加入小组的贷款者受互惠规范的驱使和制约。每一个想申请贷款的人都知道，与他人组成小组，可以形成一种互惠关系，只要其中一人违约，其他所有人都不能得到贷款。据此，格莱珉银行发展了一种独特的银行模式，这种模式不依赖于私人贷款者的金融实力，而依赖于贷款者之间的互惠与互信，依赖于贷款者之间合作的意愿与动力。

意大利学者西蒙娜·波乐德里（Simone Poledrini）以意大利的社会合作社为例研究了社会企业中的互惠与合作观念。根据布鲁尼（L. Bruni）的互惠理论（the theory of reciprocity），西蒙娜·波乐德里（Simone Poledrini）将互惠分为三种不同类型：一是没有仁慈的合作（cooperation without benevolence）。这种类型的互惠意味着个体的行动不是由对他人的慷慨和仁慈激发；相反，他们的行为由双方正式建立的协议所决定。二是强互惠（strong reciprocity）。这种类型的互惠强调双方以友善回应友善，而对于那些不合适的行为，他们倾向于给予惩罚。三是绝对的互惠（unconditional reciprocity）。关系产品（relational goods）的概念被用来理解这种类型的互惠，在波乐德里看来，关系产品是所有那些仅仅在两个或多个人之间共享才能产生快乐的产品。也就是说，它们不能单独产生快乐。[①] 同时，波乐德里又区分了四种组织类型，即营利性组织、一般的合作社、传统非营利性组织和社会合作社。[②] 然后，波乐德里建立起三种类型的互惠概念与四种类型的组织形态之间的联系，其中，对于社会合作社而言，它表现出很弱的没有仁慈的合作（cooperation without benevolence）和强互惠（strong reciprocity），而表现出很强的绝对互惠（unconditional reciprocity）。[③] 据此，波乐德里认为，这种类型的社会企业即社会合作社按照绝对的互惠来运行。

---

① Poledrini, Simone, 2015, "Unconditional Reciprocity and the Case of Italian Social Cooperatives", *Nonprofit and Voluntary Sector Quarterly*, 44 (3): pp. 461 – 462.

② Poledrini, Simone, 2015, "Unconditional Reciprocity and the Case of Italian Social Cooperatives", *Nonprofit and Voluntary Sector Quarterly*, 44 (3): pp. 465 – 467.

③ Poledrini, Simone, 2015, "Unconditional Reciprocity and the Case of Italian Social Cooperatives", *Nonprofit and Voluntary Sector Quarterly*, 44 (3): pp. 467 – 469.

这种类型的互惠影响了社会合作社内成员间和他们与外部环境特别是供应商和消费者之间的关系。[①]

西蒙娜·波乐德里（Simone Poledrini）运用绝对的互惠观念来解释社会合作社这种类型的社会企业，实际上，这种绝对的互惠观念也可以用来解释其他类型的社会企业。例如，在尤努斯的格莱珉银行中，贷款人组成的五人小组就是建立在一种绝对的互惠（unconditional reciprocity）之上的。每一个人单独都不可能借到贷款，只有当他们联合起来进行合作，才能从中获得贷款资格。也就是说，贷款资格是一种波乐德里意义上的关系产品，这种关系产品只有当小组中的五人合作共享时才会产生，每个贷款人都不可能单独获得这种关系产品。又如，在时间银行这类社会企业中，每一个参与者提供的时间单独来看并没有太大的意义，只有当他们将时间放在时间银行里储存起来时，每个人的时间才变得意义重大，时间银行才能运转，社会问题才能得到有效的解决，而存放在时间银行里的时间就成了波乐德里意义上的关系产品。当然，除了波乐德里所谓的绝对互惠外，社会企业更在一般意义上谈论互惠的价值。劳伦特·卡丹曾指出，对于社会企业而言，互惠性是其核心特征。[②] 因此总体上看，社会企业在互惠观念，特别是这种绝对的互惠以及其他社会资本之上而建立互助合作关系，以实现社会企业的社会使命。

自社会企业盛行以来，社会企业采取的合作模式就呈现出多样化趋势。从形式上看，社会企业的合作模式大致可以分为四种类型：第一种类型是劳动合作。社会企业成员或其所在地人员通过种植放养、车间生产等劳务活动开展合作。每个劳动者单个生产的劳动产品很难获得社会和市场认可，只有当他们联合起来以合作的方式进入市场时，他们的劳动才能从中获利。中国农村广泛存在的种养专业合作社是这种类型社会企业的典型代表，这种合作社专门解决农村贫困地区留守老人普遍存在的经济困难问题，留守老人依靠各自的土地从事生态农业，合作社再将这些生态农产品集中销售，

---

① Poledrini, Simone, 2015, "Unconditional Reciprocity and the Case of Italian Social Cooperatives", *Nonprofit and Voluntary Sector Quarterly*, 44 (3): p. 469.

② ［比利时］马尔特·尼森编：《社会企业的岔路选择：市场、公共政策与公民社会》，伍巧芳译，北京：法律出版社，2014 年，第 124 页。

留守老人的优质产品进入单靠留守老人无法进入的高端市场，最终获得了较高的收益。[①] 另外，欧洲大量存在的工作整合型社会企业采取的也是劳动合作的模式。第二种类型是资本合作。这种类型的合作强调资本的整合作用。社会企业将那些零星的个人资金联合起来，可以形成一定的经济效应，还可以支持社会企业成员的个人发展。以社区发展和社区成员发展为使命的各种形式的社区基金会或小额信贷公司是这类合作的典型代表。帕特南笔下的“轮流信用组织”也可以归为这种类型。第三种类型是资源合作。这种类型的社会企业利用地方或社区的在地资源开展合作。例如，慈善超市，它接受本地居民捐赠的旧物并进行销售以获得一定的资金回报，同时利用这些资金开展公益活动，如创办福利工厂、职业培训机构等。阿布社区绿色生活馆也属于此类，它收集社区及其附近旧物开展社区创意低碳服务，以实际行动倡导绿色消费、保护环境。第四种类型是服务合作。在社区服务领域，社会企业成员通过相互间提供服务来解决公共服务短缺的问题。例如，社区时间银行，社区成员把闲散的时间加以利用，为有需要的人提供各种帮助或服务，并把付出的时间以非货币化的形式存储起来。在台湾，有一种主妇联盟生活消费合作组织，通过共同购买的方式，让生产者愿意生产健康、安全的消费品，从而提供绿色消费服务。[②] 上述关于社会企业的四种类型的合作模式虽各有其独特的组织特质与关怀重点，如类型二关注社会企业内成员间资本的整合与运作，类型三着重于社会企业所在社区资源的调动与利用，类型四则强调以互惠互利的服务供给为合作基础。这四种类型的合作模式并非完全彼此互斥，一种社会企业可能同时兼具其他类型的组织特色。

第三节 社会企业带动经济的发展：从经济增长到经济发展

作为一种新型的组织形态，社会企业兼有社会和经济的双重价值或使

① 陈薇、周怀峰：《贫困地区农村留守老人合作增收模式初探——以广西马山县荣艳生态种养专业合作社为例》，《南方农村》，2016 年第 5 期，第 11 - 17 页。

② 官有垣：《社会企业组织在台湾地区的发展》，《中国非营利评论》，2007 年第 1 期，第 166 页。

命，但社会企业的文献有一个倾向，那就是他们更多地谈论社会企业的社会价值而忽视其经济功用，因为在他们看来，社会企业很难像私营企业那样有效地介入市场，也就难以形成有影响力的规模经济效应。但实际上，社会企业之所以能够得到欧美甚至全球许多国家和政府的重视和认可，关键在于它创造了一种新的社会组织与福利模式。在这种模式下，它不但能够挖掘并整合那些地方上被忽视的资源，从而解决那些难缠的社会公共问题，而且还能直接产生经济效益以实现社会企业自身的持续发展甚至地方经济的发展。①

一、社会企业提高经济增长

社会企业作为一种商业模式，其经济贡献主要体现在促进就业、创造经济收入、减少贫困，社会企业甚至能够通过资源整合带动整个社区或者地区的经济复苏。② 哈比卜·M. 卡茨拉米（Habib M. Kachlami）将社会企业对于区域发展的经济贡献分为两种类型：第一种类型是直接贡献，即创造就业机会、创造收入和创造财富；第二种类型是间接贡献，即重建当地经济周期和促进商业企业创建速度。③ 实际上，社会企业对经济增长是必不可少的，它对地方经济做出了重要贡献。④

（一）社会企业带动地方经济总量的增长

社会企业的一个重要特征是扎根地方或社区，很多社会企业是地方性组织，它通过对地方或社区资源（包括社会资本、人力资源、自然资源

---

① Austin, J., Stevenson H., &Wei - Skillern, J., 2006, "Social and commercial entrepreneurship: same, different, or both?", *Entrepreneurship Theory & Practice*, 30 (1): pp. 370 - 384. Chell, E., 2007, "Social enterprise and entrepreneurship towards a convergent theory of the entrepreneurial process", *International Small Business Journal*, 25 (1): pp. 5 - 26.

② 舒博：《社会企业的崛起及其在中国的发展》，天津人民出版社，2010 年，第 104 页。

③ ［瑞典］哈比卜·M. 卡茨拉米（Habib M. Kachlami）：《社会企业和区域发展：未被发掘的重要贡献》，载于安德斯·伦德斯特罗姆（Anders Lundstrom）等，《社会企业家：影响经济、社会与文化的新力量》，清华大学出版社，2016 年，第 321 - 324 页。

④ Jilenga, Moga Tano, 2017, " Social Enterprise and Economic Growth: A Theoretical Approach and Policy Recommendations", *International Journal of Academic Research in Accounting, Finance and Management Sciences*, 7 (1): p. 41.

等）的挖掘、调动和利用，与地方或社区共同发展经济，形成社会企业与地方利益的良性循环，进而可以在整体上改变地方或社区的经济面貌。商业企业在地方尤其是贫困社区的经济贡献就逊色得多。贫困地区资源贫乏、消费能力有限，经济活力也明显不足，商业企业的逐利本性决定了它们不愿加大对该地区的投资，从而致使地方经济形成某种恶性循环。在这个意义上，社会企业对地方或社区经济发展的贡献更加引人注目。例如，在英国贫困的威尔士卡那封，一家社会企业激活了整个地区的经济。20 世纪 90 年代，威尔士的经济陷入困顿，导致了普遍的失业，社会企业家格温·罗伯茨（Gwyn Roberts）建立了一个发展信托基金，专门为威尔士卡那封郡及其郊区的社区开展社会、经济和环境的项目提供支持。他们购买和修复许多建筑，靠租赁收入来维持生存。他们相信，修复城市的一些破旧建筑将会产生巨大的冲击效应。随后，他们在当地开发了一家拥有 400 个座位的剧院，将其改造成商业中心和会议场所，有 43 名员工，其营业额达到 150 万英镑，格温·罗伯茨（Gwyn Roberts）创办的社会企业推动了当地社区的经济复兴。[①]

宏观数据更能说明社会企业与地方经济增长之间的关系。例如，在英国，社会企业正在成为抗击经济衰退和展示其商业适应力的重要经济形态。英国共有 62000 余家社会企业，对英国直接产生的经济贡献高达 240 亿英镑。即使在英国经济处于衰退期，社会企业对于未来经济增长的乐观程度仍是传统中小企业的两倍。[②] 到 2017 年，英国社会企业已经发展到约有 7 万家，雇佣了近百万名员工，社会企业贡献了英国约 1.5% 的 GDP。[③] 又如，西班牙政府把社会经济企业视为消除失业的重要工具。西班牙的失业率从 1994 年的 24.2% 的高峰下降到 2006 年的 8.5%，社会企业在其中起到

① 案例来源于杰米·巴特利特和莫利·韦伯的《创业的价值：英国的社会企业》，载于《经济社会体制比较》，2007 年第 2 期，增刊《透视社会企业：中国与英国的经验》。

② 数据来源于英国社会企业联盟和第三部门办公室（2009 年）联合进行的社会企业现状调查，参见英国社会企业现状调查显示：社会企业正强有力地抗击经济衰退，http://www.ngocn.net/news/72273.html.

③ 数据来源于英国社会企业联盟（Social Enterprise UK）（2017）进行的社会企业现状调研，英国社会企业联盟每两年进行一次社会企业调查，2017 年开展的调查是历年来规模最大的一次，最终形成《商业的未来：社会企业现状调研》的调研报告，http://www.sohu.com/a/208483500_616757.

了至关重要的作用。西班牙5万多家社会经济企业聘用的雇员超过240多万人，占西班牙总就业人口的25%；仅2004年营业额逾870亿欧元，占西班牙国内生产总值超过7%。[①] 还如，韩国作为亚洲唯一以法律形式支持社会企业发展的国家，[②] 由2007年的不足30家很快发展到2016年的1548家，还有约1400家预备社会企业，社会企业的规模约占韩国国内生产总值的0.8%。[③] 从全球范围来看，社会企业已经成为地方经济发展不可忽视的力量，正如英国社会企业联盟首席执行官乔纳森·布兰德（Jonathan Bland）所言，社会企业作为一种建立在可持续以及对广大利益相关方负责基础上的商业模式，它能够很好地抵御经济风险，因此完全有理由把社会企业看作是一个雄心勃勃、持续增长并致力于创造经济价值的商业部门。

（二）社会企业促进个人经济实力的提升

社会企业是那些为履行社会使命和解决社会问题而建立的组织，它不以盈利为目的，但其商业行动可以产生一定的经济收益，而这些收益无疑可以对当地居民或社会企业成员甚至是对其利益相关方产生有利的经济影响，他们可以共享其经济成果，从而最终提升他们的经济实力。不过，就社会企业的经济效益而言，每个国家或地区的表现可能略有差异。例如，韩国学者金仁仙就表现出了对韩国社会企业财务状况的些许担忧。韩国社会企业资本规模不到0.5亿韩元的社会企业占28.9%，成本超支企业占17%，大多数社会企业负债经营，其中超过10亿韩元负债的企业24.4%。另外，八成以上的社会企业亏损，其中69.5%的企业亏损额超过1亿韩元，部分社会企业的营业利润虽然为负，但依赖政府或大型企业支持实现扭亏为盈，约20%的社会企业尽管拥有外部的财政支持，但仍处于亏损状态。[④] 但更多的社会企业文献或调研数据却表现出对社会企业发展的乐观态度。据英国社会企业联盟（Social Enterprise UK）调查显示，英国自出现经济衰

---

① 舒博：《社会企业的崛起及其在中国的发展》，中国社会科学出版社，2010年，第104页。

② ［韩国］金仁仙：《韩国社会企业发展现状、评价及其经验借鉴》，《北京社会科学》，2015年第5期，第122页。

③ 王勇：《韩国1548家社会企业的认证发展之路》，《公益时报》，2016年7月19日。

④ ［韩国］金仁仙：《韩国社会企业发展现状、评价及其经验借鉴》，《北京社会科学》，2015年第5期，第123页。

退以来，反而有 56% 的社会企业其营业额较之前有所增长，只有不到 20% 的社会企业出现了下降。到 2017 年，英国 有大约 51% 的社会企业盈利，20% 的社会企业达到收支平衡，47% 的社会企业其营业额增加，而传统私营中小企业仅有 34%，因此相比较而言，社会企业仍然在营业额增长、企业乐观指数、就业机会等各类衡量指标上，呈现出比传统私营中小企业更加优异的成绩。[①] 韩国和英国社会企业呈现出来的两种情形也许并不能代表社会企业的总体发展状况，但社会企业作为一种商业化组织，归根到底要用做商业的方式来解决社会或环境问题，追逐利润和财务业绩是社会企业必不可少的目标或任务，社会企业成员以及所在地区的居民可以从社会企业的商业行动中获益。[②]

社会企业提升个人经济实力主要是通过提供就业岗位而得以实现的，特别是对于那些处于社会底层的弱势群体或失业者而言，通过在社会企业就业而获得经济回报是提升经济实力最为直接的方式。社会企业关注就业，很少有社会企业没有涉足的商业领域。不论是何种领域，社会企业大都非常重视通过就业与培训来发展人力资本。在新加坡，越来越多的年轻人创办社会企业。新加坡社会企业中心自 2015 年成立以来，共投入 1520 万元资助社会企业发展业务，旗下注册的社会企业至今已创造约 430 个就业机会，改善了将近 7000 人的生活。[③] 哈比卜・M. 卡茨拉米（Habib M. Kachlami）转引自一项涉及 35 个国家的实证资料显示，那些非营利性组织总共提供了 3950 万个全职岗位，其中约 2/3 的劳动力在教育、卫生和社会服务

① 数据来源于英国社会企业联盟于 2009 年和 2017 年进行的两次关于英国社会企业发展现状调查，参见英国社会企业现状调查显示：社会企业正强有力地抗击经济衰退，http：//www.ngocn.net/news/72273.html.《商业的未来：社会企业现状调研》报告，http：//www.sohu.com/a/208483500_616757.

② 社会企业成员或当地居民从社会企业的利润或财务业绩中获得报酬或收入，并不意味着社会企业赚取的利润全部用于个人分红或商业化再生产，社会企业的社会价值决定了社会企业的利润分配不可能完全用于分红或商业化运作，而应该用于社会使命的实现或社会企业成员的少量有偿回报。社会企业的文献大都认同这一观点，例如，莫高・M. 吉伦戈（Moga Tano Jilenga）转引自英国社会企业联盟（Social Enterprise UK；2012）的观点指出社会企业组织盈利中的大部分（超过 50%）应该被拿来用于投资社会或环境任务。参见 Jilenga，Moga Tano，2017，“Social Enterprise and Economic Growth：A Theoretical Approach and Policy Recommendations”，*International Journal of Academic Research in Accounting，Finance and Management Sciences*，7（1）：p.44.

③ 张汐莹：《越来越多年轻人加入 社会企业一年增长逾三成》，新加坡《联合早报》，2017 年 8 月 20 日。

部门提供服务，其余1/3在文化娱乐、公众活动、专业和商业活动以及环境保护等部门。仅在德国，社会企业就提供了190万个就业岗位，占劳动人口总量的6.5%。[①] 英国社会企业联盟（2017）认为，英国社会企业能够为员工提供较为可靠的经济收入，78%的社会企业为员工支付能够维持生活的工资，并且，69%的社会企业为弱势群体提供帮扶，44%的社会企业直接雇佣这些弱势群体。[②] 社会企业中有一种类型称为工作整合型社会企业，这类社会企业专门致力于为那些长期被劳动力市场排斥的群体提供就业岗位或就业服务。相比于其他类型的社会企业而言，工作整合型社会企业可能更加注重于被劳动力市场排斥群体的就业问题，而其他类型的社会企业在客观上也会为那些人提供一定的就业岗位或服务，但它们可能更多地关注地方贫困、环境保护、儿童照顾、老年人养老等社会问题。越来越多的文献显示，工作整合型社会企业为那些受雇于社会企业的人提供了直接的经济来源。

哈比卜·M. 卡茨拉米（Habib M. Kachlami）还看到，社会企业通过其服务、方案和产品创造收入，而其服务和产品反过来也会使其客户和受益人增加财富和提高生活水平，特别是那些小额信贷组织提供的贷款和金融服务，不仅为这些组织本身带来收益，而且也有助于客户拓展业务，提升社区成员的经济实力。[③] 例如，孟加拉国穷人银行家穆罕默德·尤努斯（Muhammad Yunus）创办的格莱珉乡村银行（Grameen Bank），为600多万孟加拉国人提供了总价值60亿美元的贷款，帮助其中58%的借款人及其家庭摆脱了贫困。以乡村银行为代表的社会企业组织诠释了一条不同的经济发展路径，即通过提供普惠的金融服务而让所在地方或社区的人们得到经济援助，帮助那些经济上处于弱势地位的人们创造财富和收入。

---

① ［瑞典］哈比卜·M. 卡茨拉米（Habib M. Kachlami）：《社会企业和区域发展：未被发掘的重要贡献》，载于安德斯·伦德斯特罗姆（Anders Lundstrom）等，《社会企业家：影响经济、社会与文化的新力量》，清华大学出版社，2016年，第321页。

② 数据来源于英国社会企业联盟（Social Enterprise UK）（2017）进行的社会企业现状调研，形成《商业的未来：社会企业现状调研》报告。

③ ［瑞典］哈比卜·M. 卡茨拉米（Habib M. Kachlami），《社会企业和区域发展：未被发掘的重要贡献》，载于安德斯·伦德斯特罗姆（Anders Lundstrom）等，《社会企业家：影响经济、社会与文化的新力量》，清华大学出版社，2016年，第322页。

二、社会企业促进经济发展

将经济发展视为纯粹的经济增长，这是传统经济学的一贯思路，在这种思路指引之下，所有关于经济与发展的问题最终都归结到数字意义上的增长上来，经济增长也就理所当然成了经济学研究的主流。社会企业在全球范围的兴起，算是一个较为晚近的事件，但依然没有摆脱传统经济学的经济增长观念。应该承认，社会企业对数量意义上的经济增长的贡献远没有商业企业可观，社会企业的经济贡献也就理所当然地被忽视了。实际上，就经济发展而言，社会企业除了创造收入和财富、产生数字意义上的经济增长外，更为重要的是，社会企业的广泛存在，会带来地方经济结构的变革以及经济发展方式的转型升级。

（一）社会企业能够调整地方经济结构

从结构上看，地方经济一般呈现出如下特征：一是以市场经济为主要形态。市场经济关注产品或服务的交易、竞争以及利润获取与经济回报，从历史上看，地方经济及其发展就一直被诸如经济增长和收入方面的经济问题所主导，[①] 地方经济及其发展也因此被置于一种纯粹的市场经济框架内考虑。二是以产品经济为主要类型。产业经济关注农产品、工业产品或资源产品的生产与销售，在相当长时期内，地方经济都被视为一种产品经济，地方经济的发展也因此专注于产品的生产与销售。例如，对于落后的农村地区，主要经济来源是农产品的生产与销售，而对于相对发达的城市社区，工业产品的生产与销售以及大量物业资源的利用与市场开发成为他们的主业，还有一些拥有特殊资源（如旅游资源）的地方，则着力开发这些资源以获得足够的经济回报。三是以个体经济为主要形式。个体经济以个体、私人或家庭为单位开展经济活动，这种经济形式在地方经济中占有很大的比重，个体农户利用农田、农地等土地资源种植经济作物，城乡社

① Pike, Andy, Rodríguez - Pose, Andrés & Tomaney, John, 2007, "What Kind of Local and Regional Development and for Whom?", *Regional Studies*, 41 (9): pp. 1253 - 1269.

区居民利用物业资源开展租赁活动，个体经济有其发展的活力和自由度，但其原子化的经济行动势必影响地方经济发展的质量。

从根源上看，地方经济的结构性问题忽视了地方经济的地方性（Locally）[①]，而在全球化时代，地方性的复杂问题似乎并不能单独地被市场或公共机构有效解决，这就是为什么在近些年来，人们在不断强调社会经济学和第三部门的重要作用。[②] 社会企业扎根地方或社区，刚好可以弥补地方经济的地方性之殇，重建地方经济结构。首先，社会企业能够改变地方经济中单一的市场经济形态，发展社会经济。约翰·皮尔斯（John Pearce）将社会经济看成是由社区和志愿组织组成，这些组织“从事贸易，它们的目的是服务社会，但不只是通过经商，或者说通过在市场中销售生产的产品和提供的服务来实现他们的目的。”[③] 社会企业刚好符合皮尔斯对社会经济的描述，甚至可以说，社会经济本质上是社会企业的集合。社会企业对地方经济的介入，势必改变地方经济中原有的单一市场经济形态，在地方经济中注入社会经济的元素。其次，社会企业能够调整地方经济中产品经济主导的格局，提供地方服务。地方经济普遍忽视服务业，尤其是那些社会公共服务。有一种观点认为，作为市场主体的私营部门或其他营利性机构不应过多涉足社会公共领域，地方或社区上的公共服务理应由地方政府或其他公共机构提供。这种观点认识到私营部门染指社会公共服务事业而导致社会性的缺失，但固守公共服务只能由地方政府供给的错误观点。实际上，作为一种嫁接市场、社会与地方政府意志的社会经济组织，社会企业提供各种类型的服务，包括原来主要由市场主体提供的营利性服务（如餐饮、旅游、租赁等）和由地方政府机构或非营利部门提供的社会性公共服务（如教育培训、养老、儿童照顾等），可以说，社会企业能够全方位提供地方服务，从而改变地方的经济生态。最后，社会企业能够扭转地方

① 地方性（Locally）主要意指：a. 地方的独特性，即一个地方不同于其他地方的独特气质，如自然资源、人文环境、社会风俗等方面的不同；b. 地方的内部性，即利用地方资源动员地方力量实现地方内部的发展；c. 地方的社会性，即一个地方的社会资本、社会公共参与、邻里关系等。

② ［瑞典］哈比卜·M. 卡茨拉米（Habib M. Kachlami）：《社会企业和区域发展：未被发掘的重要贡献》，载于安德斯·伦德斯特罗姆（Anders Lundstrom）等，《社会企业家：影响经济、社会与文化的新力量》，清华大学出版社，2016 年，第 316 页。

③ Pearce, J., 2003, *Social Enterprise in Anytown*, Calouste Gulbenkian Foundation, London, p. 28.

经济中个体化的发展倾向，实现经济组织化。作为一种社会的和经济的组织，社会企业比单纯的社会组织和经济组织，拥有更为广泛的组织认同，它不仅拥有组织的社会认同还有组织的商业认同，而单纯的社会组织和经济组织只会分别获得社会认同与商业认同。[①] 因此从组织认同的角度来看，社会企业能够汇聚地方上的各种力量，特别是那些弱势的力量，从而实现经济上的组织化。

（二）社会企业能够改变经济发展方式

从发展方式上看，地方经济发展普遍遵循如下思路：第一，外部力量主导的发展。地方经济发展的动力主要来自地方政府和市场力量的介入。地方政府通过两种途径引导、协调与推动地方经济发展：一是直接的财政支持。地方政府的专项财政拨款可以有效推进地方基础设施建设，拉动地方经济，而对于那些贫困落后地区，地方政府的财政支持更是可以直接解决当地的贫困问题。二是政策干预。地方政府通过相关社会经济政策的制定与推行，引导地方经济的发展方向，或者对于那些可能引起恶性竞争或违背市场规律的行为，地方政府出台政策规范与引导地方经济发展。此外，商业、企业等市场力量对地方经济发展也起到了直接的推动作用，这些市场主体利用地方的资源和便利的条件开展经济活动，推动地方经济发展。第二，忽视地方需求的发展。相当长时期以来，地方经济多以追求经济收入增长和利润获取为目标，而在客观上忽视了地方居民的自身需求。有一种观点认为，地方政府通过财政支持的方式帮助贫困地区的人们，或通过政策支持促进地方经济发展，适应了地方发展需求。实际上，这种来自外部的力量很难与地方发展需求对接，地方政府的财政支持有时很难奏效，政策介入也不可能面面俱到。第三，经济不可持续的发展。在地方政府和市场力量的介入之下，地方经济很难获得持续性发展。地方政府的财政与政策支持会随着政府财政状况、政府官员变化等而发生改变，地方上也就不可能持续得到政府的财政支持和政策扶持；而市场

① Smith, Brett R., et al., 2010, "Social Enterprises and the Timing of Conception: Organizational Identity Tension, Management, and Marketing", *Journal of Nonprofit & Public Sector Marketing*, 22 (2): p. 112.

主体则以盈利为目标开展经济活动，地方资源与环境在市场力量的裹挟之下势必难以为继。

从根源上看，地方经济发展的关键在于改变经济发展的外生模式，使地方居民成为地方经济的发展源泉与动力，建立起一种内源性的发展格局。社会企业能够规避地方政府和纯粹市场力量的缺陷，关注地方自身需求，推动地方经济可持续发展。首先，社会企业实现一种内源性发展。“社会企业鼓励当地民众积极参与经济活动，这不仅为当地民众提供了就业机会，更培育了潜在的消费者，有助于拉动当地的经济。”不仅如此，社会企业还“提升当地的经济和社会基础设施水平，改善投资环境，使当地能更加吸引人们居住和进行商业投资”。[①] 其次，社会企业积极回应地方需求。社会企业总是能够捕捉地方居民的需求信息，善于发现地方经济与服务不足的市场，并利用其富有想象力和创新精神的行动，创造填补这些空白的资源，推动经济的发展。最后，社会企业倡导一种可持续性发展。“社会企业自身通过可持续的经济活动来创造财富，并将创造的利润直接回馈到所服务的地区，有利于促进地区经济的发展。”[②]总体而言，社会企业嵌入地方或社区，能够创造一种完全不同的经济发展模式，并从根本上改变地方居民的经济生活方式。

第四节　社会企业推动发展的发展：从整体发展到人的发展

社会企业的文献经常直接或间接地强调，相比于传统的营利性企业，社会企业一般能够更好地诠释发展。原因在于，那些传统的营利性企业一般只有一个目标，那就是追求利益最大化，因此传统营利性企业导致的发展只能是数量上的增长，如个人收入的增加、社会财富的积累等。社会企业则阐释了一种完全不同的发展观念，除了与社会企业的企业性质相关的经济增长与发展外，社会企业更强调造福社会、践行民主与平等以及推动

---

①② 潘小娟：《社会企业初探》，《中国行政管理》，2011 年第 7 期，第 22 页。

社会的可持续发展。更有意义的是，社会企业改变了人的精神面貌，促进了人的发展。

一、社会企业倡导整体发展

在欧美社会企业的文献中，常采用双重底线（Double - bottom line）或三重底线（Triple - bottom line）的观点，将社会企业视为市场、公共政策和社会的岔路选择。[①] 不仅如此，很多学者提出社会企业应该加入环境指标，主张以“生态企业精神”（Ecopreneurship）取代“社会企业家精神”（Social entrepreneurship）。[②] 里德和格里菲思（Reid，K. 和 Griffith，J.）提出四重底线（Quadruple bottom line）的说法，将社会企业视为与经济、社会、生态、社区相关（economic，social，ecological and community concerns）的混合组织。他们认为，社会企业不仅促进经济发展，而且提升社会资本、平等和社区发展，社会企业的四重底线被视为社会企业的四大支柱。[③] 瑞典学者安德斯·伦德斯特罗姆（Auders Lundstrom）提出了一个新的“三重底线”的观念，即社会价值、商业价值和人文价值，[④] 这种说法明显不同于将社会企业理解为经济、社会与公共政策或环境的传统观点。也有学者提出“四重底线”的观点，用经济、社会、环境及文化领域的价值创造来衡量组织的成功与否，这种观点将文化作为经济、社会和环境之外的第四重价值。[⑤] 从双重底线到三重底线再到四重底线的叙述，社会企业的多重价值彰显出社会企业的整体发展趋向，社会企业促进社会、经济、环境、文化等各个领域的全面整体发展。

---

① ［比利时］马尔特·尼森编：《社会企业的岔路选择：市场、公共政策与公民社会》，伍巧芳译，北京：法律出版社，2014 年。

② Dixon，Sarah E. A. &Cliffors，A.，2007，“Ecopreneurship：A New Approach to Managing the Triple Bottom Line”，*Journal of Organizational Change Management*，20（2）：pp. 326 - 345.

③ Reid，K. and Griffith，J.，2006，“Social Enterprise Mythology：Critiquing Some of the Assumptions”，*Social Enterprise Journal*，2（1）：pp. 1 - 10.

④ ［瑞典］安德斯·伦德斯特罗姆（Auders Lundstrom）等：《社会企业家：影响经济、社会与文化的新力量》，黄琦、陈晓庆译，北京：清华大学出版社，2016 年，第 11 页。

⑤ Sengupta，Ushnish & Marcelo Vieta，2015，“Indigenous Communities and Social Enterprise in Canada：Incorporating Culture as an Essential Ingredient of Entrepreneurship”，*Canadian journal of nonprofit and social economy research*，6（1）：p. 114.

营利性企业并不能像社会企业那样能够促进社会、经济、环境与文化的整体发展。对传统的营利企业而言，其他社会目标也并不鲜见，越来越多的以营利为目的的企业声称，他们关注的目标不仅仅限于利润最大化，还包含社会、环境、文化等其他目标。也就是说，营利性企业也投身慈善，越来越多的企业也倡导绿色发展、加强生态环境的保护以及投资于社会文化事业。因此，如果单从发展目标上看，营利性企业与社会企业之间的区别并不明显。但是，社会企业的经济目标通常定位于生产商品和服务本身以及财务的可持续性而非利益最大化和利益回报。社会企业生产商品和提供服务主要是为了解决社会问题，或是为达成弱势群体工作整合的一种手段。在这个意义上，传统的营利性企业并没有将经济目标服务于那些社会、环境和文化的目标，经济目标与其他目标之间经常会出现断裂，因此，营利性企业很难像社会企业那样能够促进社会的整体发展。

社会组织也很难像社会企业那样促进社会的全面整体发展。原因在于，传统的社会民间组织专注于社会文化与公共服务领域，而对经济增长和个人收入与财富的增加缺少关注。诚如萨拉·坎皮所言："大多数传统第三部门不像社会企业那样，有那么高的商业和经济发展目标。"① 应该说，缺少商业与经济价值的社会民间组织不可能实现社会的整体发展。同时，社会组织对商业与经济价值的无能为力也在客观上决定了它们难以担当重振社会的大任。传统第三部门组织的运转大都依赖于政府财政或私营企业的支持，当这些资金支持渠道被阻断时，组织自身的生存与发展可能面临严峻的考验，组织对社会文化与公共服务领域的介入相应也会后继乏力，因此对于社会组织而言，它始终面临一个自身可持续发展问题。社会企业则完全不同于传统的第三部门组织，它运用商业策略获取经济收益，可以有效实现自身的持续发展，也能够为其他发展目标的实现提供经济基础。

应该说，促进社会、经济、环境与文化的整体发展逻辑其实是植根于社会企业本质中的。当社会企业为弱势群体提供职业和社会整合时，不同

---

① ［比利时］马尔特·尼森编：《社会企业的岔路选择：市场、公共政策与公民社会》，伍巧芳译，北京：法律出版社，2014 年，第 33 页。

目标同时出现的情况尤其明显。因为这些企业不单要对弱势群体进行培训和工作整合，提供服务和产品（无论是出于公共利益还是私人利益），还要推广更有社会影响力和劳动密集型的经济活动。① 马尔特·尼森针对社会企业的整体发展目标（多元目标）提出了两个假设：第一个假设，承认社会企业至少有三种目标，即社会目标、经济目标和政治目标；第二个假设，指出可能是一个多方利益相关者所有的社会企业，以有效的方式实现其整体使命。② 尼森的第二个假设为社会企业的多元发展目标提供了一种解释：社会企业是一个多方利益相关者参与的组织，多方利益相关者的社会企业当然要代表或回应多方利益相关者的要求，因此说，社会企业在本质上就是一个能够促进社会整体发展的组织。

马尔特·尼森的第一个假设基本符合大多数人对社会企业的价值期待：社会企业扶助弱势失业群体，提高个人收入与财富，促进地方经济发展，以及推进社会政治领域的民主化与平等，可以说，社会企业的影响触及人们社会政治与经济生活的方方面面。近些年来，社会企业在生态环境保护方面的作用越来越引起人们的关注与重视，提高公众的环保意识、倡导可持续消费理念以及鼓励物品循环再用等成为社会企业的重要使命。更为重要的是，社会企业介入生态环境问题，不仅可以承担生态环境方面的责任，促使生态环境状况的改善和良性发展，而且能够促进社会企业自身和整个社会经济的可持续发展。迪克森与克里福斯研究了一个英国的“绿色工作”（Green Work）的社会企业案例，这个社会企业主要回收办公室废弃家具，每年大约有12000吨回收家具，通过回收再利用，“绿色工作”能够在市场上提供廉价而有质量的家具以获得足够可观的营利，从而保证自身的持续经营与发展。③ 泰国学者 Withisuphakorn 则以绿色产业为例研究了社会企业对泰国社会经济发展的影响，指出社会企业能够促进社会经济的可持续发展，并且断言，就未来的社会经济可持续发展而言，社会企业是一个

① ［比利时］马尔特·尼森编：《社会企业的岔路选择：市场、公共政策与公民社会》，伍巧芳译，北京：法律出版社，2014年，第33页。

② ［比利时］马尔特·尼森编：《社会企业的岔路选择：市场、公共政策与公民社会》，伍巧芳译，北京：法律出版社，2014年，第335页。

③ Dixon，Sarah E. A. &Cliffors，A.，2007，“Ecopreneurship：A New Approach to Managing the Triple Bottom Line”，*Journal of Organizational Change Management*，20（2）：pp. 326 - 345.

长期的发展趋势。① 总之，以生态环境为导向的社会企业提供了一种平衡社会、经济与环境的可能路径，因此许多学者将社会企业视为三重或四重底线的组织，强调社会企业除社会和经济目标之外，同时必须积极促进环境永续，关注生态环境议题。②

在三重或四重底线的叙述中，还有一种观点将文化价值视为社会企业的第三重或第四重底线，从而与社会和经济价值底线并列。例如，安德斯·伦德斯特罗姆（Anders Lundstrom）从社会价值、商业价值和人文价值三维视角重新审视社会创业和社会企业。他认为，人文价值是以人文关怀为目标或以聚焦人类幸福和生活质量为目的，是组织的一种共享价值观，并且，对社会企业而言，人文价值对其商业行为起着决定性的作用，人文价值的偏向也许会改变商业发展的方向，甚至不再配做一个社会企业。③因此在这个意义上，社会企业有着比商业企业更为宽泛的视角，也有着比其他非营利组织更为有力的人文关怀。社会企业通过关注人文价值，一方面能促进社会企业自身的良性发展，社会企业将追求利润与追求人文和社会价值结合起来，从而更有利于商业价值的实现；另一方面能增强社会凝聚力，推动宏观意义上的社会经济持续发展。

二、社会企业关注人的发展

社会企业的一个重要特征，就是关注人，关注人的成长与内心体验（朱明等，2006）。社会企业的成员或服务的对象大都是一些被困扰着、潜力没有得到发挥的或是处于社会边缘的人群，注重这些人的成长和内心体验就成为社会企业的重要使命。社会企业在其所提供的产品或服务以及商业策略中，对这些人群的尊重与关爱是其首先考虑的问题。他们普遍认为，这些社会的边缘人群需要的不是“纸糊的简易棚，而是一座他们参与建造

---

① Withisuphakorn, Pradit, 2017, "Social enterprise for sustainable development: Green Industry approach," *International Journal of Business and Globalisation*, 19 (2): pp. 175 – 182.

② 郑胜分、王致雅：《台湾社会企业的发展经验》，《中国非营利评论》，2010 年第 2 期，第 50 页。

③ ［瑞典］安德斯·伦德斯特罗姆（Anders Lundstrom）等：《社会企业家：影响经济、社会与文化的新力量》，北京：清华大学出版社，2016 年，第 82 – 83 页。

的温暖小屋”。[①] 更有意义的是，社会企业对人的关注并没有停留在尊重与关爱的层次上，而是积极、主动地帮助社会企业成员和地方上的个人发展。一方面，社会企业促进社会成员自身发展。社会企业大都帮助员工个人发展，激发员工的潜能和创造力，他们鼓励员工自力更生，并帮助贫困群体创造性地以自己的方式解决面临的问题。[②] 因此，社会企业最出色的地方在于它能够与那些被视为问题或受害者的人们共同工作，并在这一过程中提升自己的水平与能力，最终使他们获得解决问题的办法。另一方面，社会企业帮助地方上的个人发展。社会企业的发展有赖于地方或社区，而人是地方或社区里最重要和最活跃的因素，所以帮助地方上的个人发展是社会企业的重要责任。而且，对于地方个人而言，社会企业帮助他们成长和发展，最终是让他们通过自己的能力去解决问题或获得成功，践行“助人者自助”的价值理念，因此说，社会企业是支持地方个人实现自我价值提升和发展的平台。[③]

社会企业关注人的发展主要表现在能够促进人的能力的提升。经济学家阿马蒂亚·森（Amartya Sen）突破传统的发展观念，将发展视为一种人的发展：发展的目的是人，发展应被视为扩展人们享有能力的过程。[④] 社会企业成员或服务的对象大都缺乏适应社会的能力，如经济能力，他们没有收入或收入低下，在当地明显处于社会底层；就业能力，他们缺少必要的知识储备、专业技能和完成工作的能力，而被劳动力市场排除在外；人际交往与交流能力，这些人不愿意与他人交往，或在人际交往中表现出严重的不自信；等等，这些能力的缺失严重影响这些人群的社会地位。社会企业作为一种受人欢迎、催人向上的“弹性”组织，可以为那些弱势的人们提供宽松的工作和生活环境。社会企业对他们而言，不仅是工作场所，也是人际培养与心理康复的地方，同时还是创造就业机会的组织，甚至在一些环境下，对某些个体而言，如那些精神健康问题者、身体残疾者等，

① 朱明、李攀、赵萌：《社会企业：英国社会发展的第三动力》，《21世纪商业评论》，2006年第1期，第108页。

② 潘小娟：《社会企业初探》，《中国行政管理》，2011年第7期，第23页。

③ 朱明：《社会企业的四大发展理念》，《21世纪商业评论》，2006年第2期，第77页。

④ Sen，A.，1999，*Development as Freedom*，New York：Anchor.

社会企业常常是社会包容与就业整合的唯一机会。

卡罗·波兹卡和莫尼卡·劳斯以 11 个欧洲国家共 139 家工作整合型社会企业作为样本，建立起 949 名社会企业弱势员工的数据库。他们从专业技能、人际关系技能、社会文化技能、自主完成工作技能等方面重点考察了社会企业员工能力提升情况，发现员工由于他们在社会企业的就业经历，个人条件得到改善，就业能力包括专业技能、与经理及同事的关系、不同工作任务的知识等提高是最大方面，社会文化技能也得到有限程度的提高。值得注意的是，员工在日常生活与人际关系方面的能力与自主性有显著提高。[①] 河洛伊萨·帕里斯塔和苏珊娜·诺盖以葡萄牙 564 家工作整合型社会企业为样本数据做了同样的研究，他们也从工作能力、社会文化素养、人际沟通能力、专业技能等方面来评估弱势员工的能力提升情况，发现社会企业的员工各方面能力均提升显著，在专业技能、履行工作义务、工作自主能力、不同业务的知识积累等方面尤其明显，人际沟通能力和社会文化素养提升相对少些。[②] 总体而言，社会企业对员工能力有所裨益。

社会企业旨在提升人的能力，这一观点不断被社会企业缓解社会排斥、促进社会融合的文献所论证。乔·布雷克特（Jo Barraket）观察了澳大利亚墨尔本地区移民和难民在面对多种形式的排斥时，社会企业在其中充当的角色，他看到社会企业为这些移民和难民的参与提供了独特的地方机会。它不仅为他们提供职业培训和就业岗位，更为重要的是，他们在社会企业参与中，一方面扩展了社会关系，这些新的社会关系有助于他们获得社会支持或健康服务，参与地方社区事务，或者他们的公民权利；另一方面提升了自尊感和自我效能（improved self - esteem and self - efficacy），给了他们重新参与经济社会事务的信心。[③] 弗雷德·塞登（Fred Seddon）等选取

---

① ［比利时］马尔特·尼森编：《社会企业的岔路选择：市场、公共政策与公民社会》，伍巧芳译，北京：法律出版社，2014 年，第 200 - 202 页。

② ［比利时］马尔特·尼森编：《社会企业的岔路选择：市场、公共政策与公民社会》，伍巧芳译，北京：法律出版社，2014 年，第 215 页。

③ Barraket, Jo, 2007, "Pathways to employment for migrants and refugees? The case of social enterprise", In Proceedings of the Australian Sociological Association（TASA）and the Sociological Association of Aotearoa New Zealand（SAANZ）Joint Conference, B. Curtis, T. McIntosh, S. Matthewman（eds.）, pp. 4 - 5.

20 名社会企业参与者进行半结构化访谈（semi - structured interview），结果显示社会企业增强了成员的自信和自尊，从而有助于其成员重新社会化（re - socialise），这些访谈者也承认，他们在参与社会企业活动中获得了重要的技能和资格，这不仅大大增强了那些被社会排斥的个体未来的就业能力（employability），而且增长了他们的社会技能。[①] 日本学者 Kummitha 将社会企业作为一种治疗社会排斥的工具，他认为，社会企业为那些被社会排斥的人群创造就业机会，这有助于那些受益者重拾丧失的尊严，他们通过积极参与重新建立起社会联系，也增强了他们谋生的能力，他们还通过基于社区的就业机会而建立信任。[②]

西蒙·蒂丝黛尔（Simon Teasdale）区分了不同类型社会企业对边缘人群各方面能力与精神面貌的影响。他区分非营利性企业（nonprofit enterprise）、社会商业（social business）、社区商业（community business）和社区企业（community enterprise）四种不同类型的社会企业，并以消费、生产、政治参与和社会交往作为边缘人群的四种社会经济活动方式。西蒙·蒂丝黛尔（Simon Teasdale）经过细致的研究得出结论，以社会为主要目标的社会企业能够为排斥人群发展密切联系提供空间，而以经济为主要目标的社会企业则可以为排斥人群提供有偿就业，由被排斥人群参与的社会企业能够帮助他们在组织能力方面建立桥梁。[③]

M. 斯卡拉托（Margherita Scarlato）则绕开社会企业促进能力发展的因果框架，而在另一种不同的语境中谈论社会企业的能力扩展问题，这种语境把社会企业当成一种集体行动的有效方案。社会企业作为一种集体行动的组织，能够通过日常交往将那些有能力的和无能力的人联合起来，并以“集体力量”（collective agency）的形式开展行动，这种“集体力量”能够支撑和帮助个体行动，特别是对于那些脆弱的社会群体而言更是如此。毋庸置疑，M. 斯卡拉托（Margherita Scarlato）阐述了一种“集体的能力”

---

① Seddon, Fred, Hazenberg, Richard and Denny, Simon, 2014, “Reintegrating socially excluded individuals through a social enterprise intervention”, *Social Enterprise Journal*, 10 (3): pp. 222 - 238.

② Kummitha, R. K. R., 2016, “social entrepreneurship as a tool to remedy social exclusion: a win - win scenario?”, *South Asia Research*, 36 (1): pp. 69 - 73.

③ Teasdale, Simon, 2010, “How Can Social Enterprise Address Disadvantage? Evidence from an Inner City Community”, *Journal of Nonprofit & Public Sector Marketing*, 22 (2): p. 102.

(collective capabilities)，这种能力建基于他人的社会交往和个体能力的提高、扩展和充分发展之上。在这个意义上，社会企业能被视为一个提高个体行动能力（锻炼生计的选择、参与集体行动、影响他人行动力量的选择、参与政治活动等）的行动者，因此总体而言，社会企业实际上有助于人的能力扩展上的发展。[①]

社会企业关注人的发展还表现在能够促成人的身份的改变。社会企业的活动离不开其所在地区人们的支持。地方居民参与社会企业活动，不仅促进了社会企业自身的发展，更为重要的是，地方居民在参与社会活动中实现了自身的再生产。因此说，当社会企业嵌入地方并作为地方发展的重要推力时，社会企业为地方人们角色身份的转变提供了组织化路径。[②]

社会企业促成人的身份发生了三种转变：一是从消极的人向积极公民转变。地方居民特别是那些落后农村地区的人们有一个共性，那就是屈服或听命于外部的社会、政治与经济安排，最终形成一种消极的生活与处世态度。但社会企业在地方的生存与发展，能够推动地方居民发挥创意和能量，为地方问题寻求本地化的解决方案。诚如约翰·斯莫尼（John Smalley）所言，社会企业推动地方或社区形成一种新的文化：鼓励并授权当地居民以自己的方式采取行动，依靠他们自身解决问题，从而降低对于政府资助和由政府主导的解决方案的依赖。[③] 在社会企业倡导的新文化中，地方居民起到了重要作用，他们是解决问题的积极行动者。英国学者保罗·特雷西（Paul Tracey）等将社区企业视为企业公民身份（Corporate Citizenship）的基础，认为社区企业拥有民主的治理结构，允许社区成员和支持者参与组织的经营管理，并且社区企业发展出了一种干预解决社区问题的

---

① Scarlato, M., 2013, "Social Enterprise, Capabilities and Development: Lessons from Ecuador", *Journal of Development Studies*, 49 (9): pp. 1270 – 1283.

② 贺建军：《社会企业与农村社区化——以吉登斯的结构化理论为视角》，《人文杂志》，2016 年第 7 期，第 119 – 120 页。

③ ［英］约翰·斯莫尼（John Smalley）：《社会企业：英国“困顿社区”重生的新推手》，李关云译，《21 世纪商业评论》，2006 年第 1 期，第 112 页。

长期承诺。[①] 诚然，保罗·特雷西（Paul Tracey）等谈论的是社区企业的公民身份，但实际上，社区企业成员及其支持者拥有社区企业的公民身份，他们才是真正的公民身份的践行者。因此，社会企业的特别之处在于，它们将创新精神和企业定位进行了结合，同时还因其参与群体和积极公民的身份带来额外的价值。二是从关注自身向关注社会转变。作为一种理念甚至是价值，关心与关怀社会并寻求社会问题的解决方案对于所有社会企业而言都是头等大事，而社会企业的那些利益相关者尤其是那些由边缘化群体组成的社会企业成员便是这种价值理念的推动者和践行者。这些人群或利益相关者在没有进入社会企业或者没有受到社会企业影响之前，他们可能大都关注自身事务，对所在社区或地方的社会问题不大关心，甚至认为这些社会问题都与他们没有直接关系。社会企业作为一种以解决社会问题为己任的组织，鼓励地方成员特别是弱势群体积极承担自我发展的责任与使命，并引导他们通过参与社会变革主动融入社会，这不仅有助于促进社会成员之间的相互理解与沟通，消除社会歧视，而且通过增强他们的信心和激发他们的进取心，改善他们的精神面貌，进而实现从关注自身向关注社会的转变。三是从私人身份向公共角色转变。社会企业为地方居民特别是那些边缘人群提供了一个公共活动的平台，每个成员都充当着一种公共的角色。社会企业以解决社会公共问题，实现社会目标为使命。它追求社会公共利益，主要任务是为地方上提供各种公共服务，以满足社会公众的需求。因此，社会企业以社会公益服务为主要目标，强调社会公平与正义，倡导助人者自助，大量使用志愿资源，这不仅有利于培养社会企业成员与地方公民的公益精神，而且有利于激励社会成员承担起社会责任。[②]

总之，社会企业本质上是公民参与的一种形式，它运用商业策略提振地方经济、减少社会贫困、改进公共服务和促进社会融合，最终目的在于

---

① Tracey, P., Phillips, N. & Haugh, H., 2005, "Beyond Philanthropy: Community Enterprise as a Basis for Corporate Citizenship", *Journal of Business Ethics*, 58 (4): pp. 327 – 344.

② 潘小娟：《社会企业初探》，《中国行政管理》，2011 年第 7 期，第 23 页。

提升人的发展。[①] 越来越多的人认识到市场与商业对社会的损害与冲突，也看到社会上那些弱势人群的各种停滞与不发展，结果，不断增长的商业领袖和社会精英致力于使商业服务于社会自觉和环境有益的事业中去。社会企业的应运而生，为人的发展特别是弱势群体的发展提供了组织依据。

① Weaver, Rasheda L. , 2017, "Social enterprise and the capability approach: examining the quest to humanize business", A dissertation submitted tothe Graduate School – Camden Rutgers, The State University of New Jersey In partial fulfillment of the requirements For the degree of Doctor of Philosophy Graduate Program in Public Affairs – Community Development, p. 156.

第六章　社会企业驱动社区集体经济发展：经验证据

近些年来，社会企业在全球范围内被广泛讨论。社会企业活跃于各种各样的领域——不仅在结构性失业群体抵御劳动力市场排斥方面有所作为，也关注个人社会服务、城市优化、环境服务与其他公共物品或服务的提供，尤其当其与农村、社区等地方场域相结合时，社会企业更能显示其巨大的潜力，为地方发展特别是“社区重建中面临的最困难的问题寻求解决之道，并承担构建一个有凝聚力的社会的责任”。[①] 社会企业在中国还是一个新生事物，很多组织或机构对于朝向社会企业的发展还处于尝试阶段，充其量只能算是“类社会企业”或“准社会企业”，但这些类型的社会企业作为一种地方发展和社区重建的重要推动力量，已经为破解中国城乡社区集体经济发展的结构性困境提供了重要方向和经验证据。

本书尝试采用判断抽样（Judgement sample）的方法选择社会企业的典型案例。首先进行社会企业的类型划分。观察和分析中国不同地域、不同行业中存在的社会企业，结合社区集体经济发展的研究主题，找出社会企业分类的依据，最终确立四种不同类型的社会企业；然后在社会企业的分类基础上，主观选择代表四种不同类型的并且方便实地调研的社会企业典型案例。

第一节　社会企业嵌入社区：四种类型

从欧美经验来看，社会企业名称各异、形态多样。例如，意大利的社

① ［英］约翰·斯莫尼（John Smalley）：《社会企业：英国“困顿社区”重生的新推手》，李关云译，《21 世纪商业评论》，2006 年第 1 期，第 111 页。

会合作社、芬兰的社会公司、比利时的社会目的企业、法国的工作整合型社会企业，英国的社会企业类型可以包括志愿组织、社区企业和社区商业，而美国则是以协会、公司、社区经济发展公司等形式存在。这些不同类型的社会企业带有强烈的社会、文化与地域特征，不同学者也便从不同角度对社会企业进行分类。

Kim Alter 从两个角度对社会企业进行分类：第一个角度是使命导向。依据组织的使命导向，将社会企业分为使命中心型、使命相关型和使命无关型社会企业。第二个角度是商业整合。依据社会项目和商业活动之间的整合程度，将社会企业分为嵌入型社会企业（Embedded Social Enterprises）、整合型社会企业（Integrated Social Enterprises）和外部型社会企业（External Social Enterprises）。[①]

中国学者刘志阳和金仁旻以社会企业的社会价值创造能力和经济价值获取能力两个维度建立起社会企业商业模式的分类矩阵：第一种模式是项目型社会企业，这类社会企业的经济价值获取能力和社会价值创造能力都相对较小；第二种模式是嵌入型社会企业，这类社会企业有相对较高的经济价值获取能力和较低的社会价值创造能力；第三种模式是成熟型社会企业，这类社会企业的经济价值获取能力和社会价值创造能力都高；第四种模式是潜在型社会企业，这类社会企业有较高的社会价值创造能力和较低的经济价值获取能力。[②]

西蒙·蒂丝黛尔（Simon Teasdale）以社会企业的决策制定结构和主要目标两个维度对社会企业进行分类，决策制定结构分为个体的和集体的，主要目标分为社会的和经济的，由此形成四种类型的社会企业：第一种类型的社会企业实行个体决策制定结构，主要追求社会目标，以非营利性企业（Nonprofit enterprise）为代表；第二种类型的社会企业实行个体决策制定结构，主要追求经济目标，以社会商业（Social business）为代表；第三种类型的社会企业实行集体决策结构，主要追求经济目标，以社区商业（Community business）为代表；第四种类型的社会企业实行集体决策结构，

---

① Alter, Kim, 2007, *Social Enterprise Typology*, Virtue Ventures LLC, pp. 23 - 32.

② 刘志阳、金仁旻：《社会企业的商业模式：一个基于价值的分析框架》，《学术月刊》，2015 年第 3 期，第 104 - 106 页。

主要追求社会目标，以社区企业（Community enterprise）为代表。[①]

从文献上看，社会企业的分类研究远不止于此。例如，有学者从社会创新的角度将社会企业分为就业型社会企业和创业型社会企业两种类型；[②]还有学者将社会企业分为积极就业促进型、地方小区发展型、服务提供与产品销售型、公益创投的独立企业型和社会合作社等五种类型。[③] 总体上看，这些社会企业的分类研究有一个共同的倾向，那就是从经济和社会视角来对社会企业进行分类，这种倾向无疑把握住了社会企业的社会和经济两大价值，但没有考虑到社会企业扎根地方的独特气质，更没有关注社会企业的社会和经济价值得以实现的组织根源。

实际上，不论社会企业社会使命的实现还是商业价值的获得，都绕不开社会企业的经济活动，没有社会企业的经济活动，也就不可能有社会企业社会使命和商业价值的实现。大致地看，社会企业的经济活动有三种类型：一是商业活动，社会企业购买、销售或交换产品与服务，或者通过资本投资获取利润的活动；二是生产活动，社会企业运用一定的生产资料进行产品的制造与生产，并将其生产的产品在市场上进行销售；三是服务活动，社会企业提供儿童照料、饮食住宿、职业技能培训、就业、养老等领域的服务活动。从根源上看，社会企业的三类经济活动或多或少都与地方或社区有着紧密联系，都需要实现对地方资源包括地方社会资本的利用与生产，也都需要地方居民实现对商品或服务的消费。因此，社会企业可在地方发展中扮演资源活化利用与创造商品服务消费两种主要功能，进而实现其社会使命和商业价值。

就社区资源活化而言，社会企业是否利用与活化社区关键资源将极大地影响社会企业自身发展和社区经济发展，这也成为社会企业类型划分的重要差异变量。由此，本书在概念上将社会企业区分为利用社区关键资源和利用社区外部资源两种类型；就商品服务消费而言，社会企业在开展经济活动时，有些社会企业以扩展社区的在地消费市场为主，以社区外部消

---

① Teasdale, Simon, 2010, "How Can Social Enterprise Address Disadvantage? Evidence from an Inner City Community", *Journal of Nonprofit & Public Sector Marketing*, 22 (2): p. 93.

② 舒博：《社会企业的崛起及其在中国的发展》，天津人民出版社，2010 年，第 82 页。

③ 官有垣：《社会企业组织在台湾地区的发展》，《中国非营利评论》，2007 年第 1 期，第 157 页。

费市场为辅，而有的社会企业则以社区外部的消费市场为主，以社区内部消费市场为辅，由此，社区在地消费市场或外部消费市场成为区分社会企业类型的另一重要变量。依据上述两个变量，大致可将社会企业分为四种类型（如图 6.1 所示）。

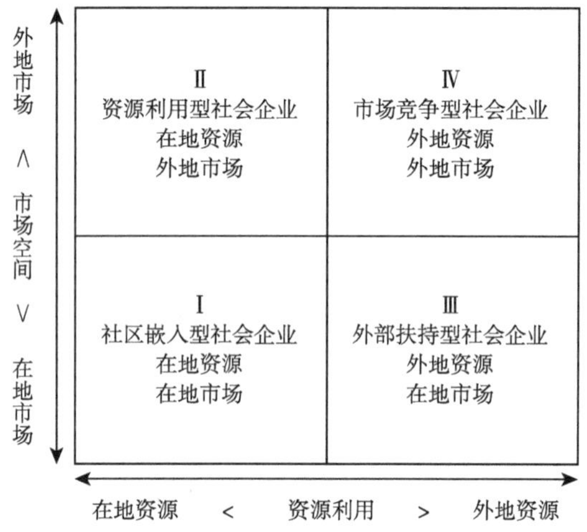

图 6.1 社会企业嵌入社区：四种类型

一、社区嵌入型社会企业

这种类型的社会企业处于矩阵的第Ⅰ象限，其利用社区在地资源开展商业、生产或服务活动，深耕社区在地市场空间，将生产的产品或服务推向社区当地消费市场。社区嵌入型社会企业有一个重要的特征，那就是与社区联系最为紧密，它不仅利用社区的物质资源、人力资源甚至社区社会资本开展经济活动，而且将经济活动的成果用来满足社区内部消费。这类社会企业不大寻求社区外部的市场竞争，其重心在于寻求社区内部问题的解决。更有意义的是，这类社会企业一般从社区中生长出来，社区政治领袖、商业精英、业务骨干等社区能人能够根据社区的内在要求发动社区居民开展社会企业实践，他们在社会企业创立中起着重要而关键的作用。从形式上看，这类社会企业大量出现在欧美社会企业实践中，帕特南描述的意大利北部大量存在的轮流信用组织或互助会可以看成这类社会企业的雏形，而桑迪·怀特洛和卡罗尔·希尔（Sandy Whitelaw and Carol Hill）谈论的欧盟“老年人服务老年人”项目（EU Project Older People for Older People）则是这类社会企业的成熟形态。①

二、资源利用型社会企业

这种类型的社会企业处于矩阵的第Ⅱ象限，其利用社区在地资源开展商业、生产或服务活动，拓展社区外部市场空间，将生产的产品或服务推向社区外部消费市场。资源利用型社会企业一般依托于有良好资源条件的社区，这些社区资源包含广泛，不仅社区里有大量可资利用和生产的自然环境资源、物质资源或人文历史资源，还有社区社会资本、知识资本等，这些社区资源成为这类社会企业生长与发展的重要基础。一旦社区资源遭到破坏或不可持续，这类社会企业将无法生存与发展并转而寻求社区外资源的帮助与支持。从形式上看，落后农村中为解决农村贫困或农村发展问题而成立的各种类型的农民合作社可以看成是一种资源利用型的社会企业，这种合作社利用农村的农田水利资源、独特的环境条件开展经济活动，从而解决当地农村的社会经济问题，促进农村和农民发展；还有一种资源利用型社会企业经常被欧美文献提及，那就是基于地方或社区旅游资源而设立的社会企业，主要涉猎与旅游产业相关的领域，如餐饮、旅馆、旅行社等，这种“社会旅游企业”（Social Tourism Enterprise）为地方发展开创了一种新的商业模式。②

---

① 桑迪·怀特洛和卡罗尔·希尔（Sandy Whitelaw and Carol Hill）针对欧盟的“老年人服务老年人”项目展开实证研究，这一项目倡导在偏远的农村社区老年人能够为其他老年人提供服务，从而实现社会企业的可持续发展。参见 Sandy Whitelaw and Carol Hill, 2013, “Achieving sustainable social enterprises for older people: evidence from a European project”, *Social Enterprise Journal*, 9 (3): pp. 269-292.

② Rebutin, Julia A., 2009, “Social enterprise and tourism, the key to a better integration of indigenous populations”, https://core.ac.uk/download/pdf/6668294.pdf. Seyfany, Gill, 2004, “Working Outside the Box: Community Currencies, Time Banks and Social Inclusion”, *Journal of Social Policy*, 33 (1): pp. 49-71.

三、外部扶持型社会企业

这种类型的社会企业处于矩阵的第Ⅲ象限，其吸收社区外部资源开展商业、生产或服务活动，专注社区在地市场空间，将生产的产品或服务推向社区当地消费市场。外部扶持型社会企业大都为了解决社区当地问题而设立，这些社区问题不仅包括社区贫困，社区居民创业资金短缺、贷款困难，社区就业岗位不足等经济问题，而且还包括社区儿童、老年人照顾，社区邻里关系紧张，社区教育资源缺乏等社会文化问题。为解决这些社区问题，社会企业接受来自社区外部力量的帮助与扶持。这类社会企业的外部扶持主要来自三种力量：第一种力量是政府扶持，政府通过财政拨款、政策支持或其他途径支持社会企业的发展，并使其致力于解决社区当地的一些社会、经济的关键问题；第二种力量来自社会民间捐赠，那些热心于社区发展和公益事业的社会人士对这些社会企业给予捐赠，以维持社会企业的运转；第三种力量来自与私营部门的合作，私营企业为了履行社会责任而与社会企业在资金、产品生产与销售等方面开展合作。上述三种力量为这类社会企业解决社区问题提供支持，但实际上，这类社会企业常常面临着三种力量不可持续的威胁，因此增强商业利润的获取能力就成为这类社会企业持续发展的关键。若不能有效解决自身商业能力问题，这类社会企业有可能在竞争中被淘汰，或退化为社会公益性组织，从而完全依赖于政府或来自社会民间的捐赠。从形式上看，孟加拉国穷人银行家尤努斯创办的格莱珉乡村银行（Grameen Bank）、源起于美国洛杉矶的慈善超市以及那些来自外部支持而设立的社区基金会都是这种类型社会企业的代表。

四、市场竞争型社会企业

这种类型的社会企业处于矩阵的第Ⅳ象限，其吸收社区外部资源开展商业、生产或服务活动，寻求社区外部市场空间，将生产的产品或服务推向社区外部消费市场。市场竞争型社会企业需要与社区外部其他市场主体展开竞争，需要在销售商品和提供服务的质量或特色上能够与同类商品和服务相当或更好，这就势必对社会企业的生产与服务提出了更高的要求。社会企业成员要有更高的知识水平和技术能力，要有更好的专业素养；社会企业就要建立起现代化的企业经营管理制度，因此，单纯社区内的物质资源和人力资源很难满足社会企业的市场化要求，社会企业需要向外寻求资源（物质的、知识的、技术的等资源）和资金支持，以获得市场竞争的优势。市场竞争型社会企业获得市场竞争的优势还在于其社会声誉以及由此带来的长期收益，越来越多的企业研究文献倾向于支持私营企业积极承担社会责任以获得长远经济效益，作为专注于社会使命的社会企业，其在长期经济效益方面更有优势。市场竞争型社会企业吸收社区外部资源寻求社区外部市场空间，但这类社会企业并不完全脱离于社区，至少有两种方式与社区相联系：第一种方式是这类社会企业在地理上位于社区之内，但其生产商品或提供服务所需的资源不在社区，商品销售和服务供给的对象也不在社区，社区只是为这类社会企业提供了场所和地理空间；第二种方式是这类社会企业的成员来自社区边缘人群，但其地理位置并不在社区之内，那些边缘人群为社会企业的生产与经营提供了重要的人力资源与智力资源。从形式上看，部分社区企业或很多工作整合型社会企业基本符合市场竞争型社会企业特点，其生产的商品或提供的服务参与市场竞争。

上述四种类型的社会企业各有特点与优劣。社区嵌入型社会企业侧重于扎根社区，从单纯商业活动来看，社区市场空间太过狭小，其规模和影响力有限；资源利用型社会企业能够充分利用社区资源，但社区资源毕竟过于单一或脆弱；外部扶持型社会企业时刻面临着外部资源断供的危险，因此寻求自身的可持续发展是其应该考虑的重要问题；而市场竞争型社会企业则需要全面思考与传统营利性企业进行市场竞争的问题。总之，每一类型的社会企业都有其不同的运转模式与目标使命，本书关注不同类型的社会企业如何结合社区内外资源及所创造的社区内外部消费市场，以实现社区活化与社区集体经济发展。

第二节　社会企业嵌入社区：四个案例

不同类型的社会企业对社区内外的资源利用和市场开拓，极大地驱动社区集体经济发展。本书采用判断抽样的方法，根据研究者对四种不同类型社会企业的把握与理解，多次往返调整研究个案样本，最终选择四个社会企业的典型案例（见表6.1）：（1）社区嵌入型社会企业：G市NS时间银行；（2）资源利用型社会企业：H市LH农业合作社；（3）外部扶持型社会企业：Z市MD慈善超市；（4）市场竞争型社会企业：S市CY公司。本书着重陈述每种类型社会企业个案的原有状态，以展现社会企业的分类架构。

一、社区嵌入型社会企业：NS时间银行

NS时间银行是位于G市南沙区的一个以时间货币化为媒介的社区服务互助信息平台，成立于2013年10月。NS时间银行以“互联网+”技术为手段，推动社区服务供给侧结构性改革，将居民需求与政府、社会、社区和居民资源精准链接，打造“互联网+社区服务”模式。NS时间银行广泛应用在志愿者服务、公益慈善服务、公共服务外包等领域，涉及社会救助、爱心帮扶、居家养老、退休职工探访、社情民意收集、法律援助等服务。同时，NS时间银行还通过信誉评价体系和双向选择模式，在家政服务、长者陪护、小孩托管、健康咨询、课后辅导等方面实现服务的私人定制。NS时间银行共有1个运营中心和10个街（镇）社区服务站，运营中心有15名工作人员，各社区服务站配备2名人员。由于在社区服务创新上取得的成就，NS时间银行在2016年被列为“全国社区治理和服务创新实验区”，也被评为“2016年度G市社区治理十大创新成果”。

NS时间银行有明确的社会目标。NS时间银行以创新社区服务为宗旨，其服务项目涉及公共服务、关爱服务、家政服务、教育培训、医疗保健、文化艺术、运动休闲、上门服务、专业技术和定制服务等11类61项，成功

表 6.1　社会企业嵌入社区：四个案例

社会企业	创办时间	地理位置	资源利用	市场空间	产品或服务	商业策略	社会使命
NS 时间银行	2013 年	G 市 NS 区	利用当地各社区居民开展互助活动；借助南沙区政府购买服务实现运营发展；利用当地物业建立社区服务站	10 个街（镇）社区服务站，主要面向当地社区	提供家政服务、关爱服务、家庭维修、教育培训、医疗保健、文化艺术、运动休闲等各类社区服务	以时间货币化为媒介实现服务换服务	提供社区服务；倡导邻里互助；融洽邻里关系；促进社区融合
H 市 LH 农业合作社	2010 年	H 市 YH 区	流转 YH 区范围内 6 个村的 1986 亩土地开展蔬果种植；利用当地闲置的劳动力	面向 H 市及周边地区	提供绿色无公害蔬菜、水稻、水果、生鲜水产及少量粮油干货，以叶菜供应为主	与超市建立合作关系，实现农超对接；设批发中心和直销门店，向市场销售绿色蔬果	为市民提供绿色食品；倡导健康生活；关注食品短缺
Z 市 MD 慈善超市	2014 年	Z 市开发区	MD 集团提供资金支持；接受外部资金、物资捐助	面向当地社区贫困家庭、贫困人群	为 Z 市中心城区贫困人群提供实物救助；超市上架商品 3000 多种	将超市商品平价或低价销售给当地市民以获取盈利	针对贫困人群开展社会救助
S 市 CY 公司	1997 年	S 市 FT 区	人力资源大部分来自于全国的残疾大学生；接受外部捐赠；原材料来自于外部市场供应	面向 S 市及 S 市以外地区，积极参与市场竞争	产品涉及电子商务、动漫文化、管理咨询、软件工程等领域；提供残疾人就业服务及其他社会服务	承接全球高科技技术外包业务；开展软件开发、电子商务、视频制作等业务；通过两家上市公司进入资本市场	提供弱势群体就业；促进社会融合；提供社会服务

对接企业54家，对接社会组织270家，通过资源链接、公益合作等形式，为弱势群体提供服务和专场活动260余次，累计服务高达189000余人次。[①]这不仅创新了社会服务供给模式，还融洽了邻里关系。同时，NS时间银行鼓励社区弱势群体、外来务工人员等参与社区服务，如广东斯泰克电子科技有限公司70名外来务工人员，成立了“斯泰克志愿服务队”并注册成为团队会员，积极参与主题公益服务活动，这在客观上促进了社区融合。[②]总体上来看，NS时间银行创新社区服务，倡导邻里相守、助人自助，促进社区融合和邻里关系发展，践行社会使命。

NS时间银行提供了一种另类的商业策略与运营模式。NS时间银行以时间存储交换为核心，以时间货币化为媒介，建立第三方时间存管平台即公益类银行账户体系。所有具备行为能力的自然人和法人单位以真实资料按规定程序注册成为个人会员和团体会员，然后通过平台参与服务交换、时间币存取等服务。南沙时间银行运用一种新的商业策略，即以时间币而不是市场上流通的货币作为服务交换的媒介。时间币是时间银行特有的计量单位，代表服务时间，它具有公益性和市场性的双重特征，即以时间币为媒介进行的服务交换活动带有公益性质，同时以市场价值为参照，NS时间银行理论上将1小时服务时间等同于12枚时间币。[③] 根据NS时间银行的规定，时间币可以转让，但不得兑换现金。从用途上看，时间币主要在三种商业活动中充当媒介作用：一是服务交换。服务需求方在平台上发布服务信息，承接方按照服务信息要求提供服务，获取时间币。二是淘宝购物。NS时间银行与淘宝建立合作关系，所有会员都可以支付时间币在淘宝上购买需要的物品。三是商城购物。NS时间银行也拥有自己的商城，会员可以用时间币购买商城里的商品。

NS时间银行运用商业策略实现社会使命，可以看成是一种社会企业，

---

①② 数据来源于调研材料《NS时间银行介绍》。

③ 时间币与金融概念的货币无关，但时间币的货币价值并不是随意决定的。时间币的货币价值参照广州市上年度社会平均工资与最低工资标准的中间值产生，其折算比率为：1枚时间币=（社会平均小时工资+最低标准小时工资）÷2÷12，现时间币与人民币的兑换率为1∶1.9。参见南沙时间银行时间币的说明。

并且是一种社区嵌入型的社会企业。[①] 从资源利用上看，NS 时间银行极度依赖当地社区资源。例如，时间银行承担热点项目或举办一些公益活动，如“民俗风情一家亲”社区共融活动、社区服务推广活动等，都离不开当地社区居民的支持与参与；还如，时间银行线上通过“社区服务宝”实现服务交换，线下建立服务网络，都是以社区居民的服务需求为基础。从市场空间来看，NS 时间银行的服务交换与供给主要面向当地社区。NS 时间银行会员覆盖广泛，参与人数众多，但基本没有超出 G 市 NS 区范围，也就是说，NS 时间银行主要关注本地的服务市场。因此整体上看，NS 时间银行从资源到市场全面嵌入社区，为创新社区服务提供了一种新的路径。

二、资源利用型社会企业：LH 农业合作社

LH 农业合作社是位于 H 市的一家现代生态农产品产业园，成立于 2010 年，产品以绿色蔬菜、无污染水果、生鲜水产及少量粮油干货为主，发展至今已经成为 H 市及周边地区重要的蔬果供应基地。LH 农业合作社注册资金 500 万元，员工 166 名，技术人员 8 名，现已规模流转土地 3126 亩，用于从事现代化开发绿色无公害蔬菜、水稻、水果种植、水产养殖等，合作社每天上市供应的叶菜量高达 25 吨，年产出绿色无公害蔬菜 7400 吨，总产值 3800 余万元。合作社近些年累计共投资 2860 万元，致力于建立现代化农业产业乐园。合作社搭建标准化蔬菜大棚 860 亩，装置绿色防控所需防虫网 600 平方米，铺设喷滴灌设施 860 亩，修建现代化肥水一体化设施 3 座，修建蔬果分拣车间 1586 平方米，建设冷藏冷冻库 360 平方米。合作社实现部分种植基地全方位农业物联网铺设，让广大消费者用手机就可

---

① 将时间银行看成是一种社会企业，很难说是理论界与实践领域的共识。实际上，查阅时间银行和社会企业的文献，很少看到将时间银行视为一种社会企业的观点或论断。不过，从时间银行的运营机制和组织目标来看，时间银行大致符合社会企业的判断，人们的困惑在于，以时间币为媒介进行的服务交换或商品购买活动，不大符合人们以货币为媒介进行的商品购买或服务供给，但作为一种商品购买或服务供给的媒介，时间币与货币本质上并没有太多不同，在这个意义上讲，时间银行运用了一种独有的商业运营模式，英国学者吉尔·斯法利（Gill Seyfany）将时间银行的时间币称为“社区货币”（community currency），顾名思义，它是在地方或社区范围内有效使用的货币形式。参见 Gill Seyfany, 2004, “Working Outside the Box: Community Currencies, Time Banks and Social Inclusion”, *Journal of Social Policy*, 33 (1): pp. 49 – 71.

以看到每日农事生产作业过程。合作社还建有自己的物流车队，现有运输车辆8辆及26辆便捷宅配车。[①]

LH农业合作社兼有经济和社会两种目标，可以将其视为一种弱质的社会企业。[②] 一方面，合作社是一个蔬果生产与销售的经济组织。从生产上看，合作社的总采收量是平均每日7吨到8吨，到冬季，每日采收量可达10吨以上，最高上市供应的叶菜量达20吨。从销售上看，合作社在销售上采取多管齐下的策略。例如，合作社与世纪联华超市无缝对接，世纪联华在浙江省内的100多家门店每天供应合作社生产的各种蔬菜；合作社还利用市场批发和在杭州市及周边地区设置直销点，以扩大销售规模。除此之外，合作社还利用电子商务平台加入网销大军，提供物流配送和直接配送。另一方面，合作社关注市民食品短缺与健康生活的社会议题，并以此作为其重要的社会使命。合作社的宗旨是生产绿色食品，享受健康生活。合作社引进先进的检测仪器和标准化的绿色防控设施设备，建立蔬果种植生产全过程的完整追溯体系，每天对即将上市的蔬果进行安全检测。为了让消费者知道蔬果的品质，合作社还为蔬果配“身份证”进超市，从而严把产品质量关，让消费者看得安心，买得放心。[③] 另外，为缓解春节期间H

---

① 数据来源于H市LH农业合作社的“公司简介”，参见http：//www. linhaishuguo. com/about/tid - 1. html.

② 将中国近些年来不断兴起的农民专业合作社视为社会企业的一种形式，可能面临着严重的质疑。欧洲委员会（European Commission）对社会企业做如下界定：一是共同善的社会或社会的目标（social or societal objective of the common good）是进行商业活动的原因，并且经常拥有高水平的社会创新；二是盈利主要用于重新投资于社会目标；三是组织方式和所有权体制反映一种民主参与原则或聚焦社会正义。检视欧美社会企业文献，欧洲委员会（European Commission）对社会企业的界定代表了一种主流的观点。根据这一界定，可以肯定欧洲国家特别是意大利的社会合作社属于社会企业的典型类型。但是，根据欧洲委员会（European Commission）的说法以及欧洲国家社会合作社的运营经验与组织特征，中国农村普遍存在的农民专业合作社很难被视为一种纯粹的社会企业，原因在于，中国农民专业合作社的社会目标不明显，即使有些合作社有明确的社会目标，如解决农村贫困问题、解决农村留守人群的就业或教育问题等，这些目标也并不是其主要目标；而且，农民合作社的营利大多被用于商业再投资或分红，经济目标而不是社会目标成为大多数农民合作社的合理诉求。尽管如此，我仍然将LH农业合作社视为一种弱质意义上的社会企业，因为该合作社将绿色食品与健康生活作为其宗旨或使命，并且不参与市场恶性竞争，致力于解决市民食品短缺问题，这些社会目标的坚守使其不同于一般的私营公司或企业。参见European Commission，2015，*A map of social enterprises and their eco - systems in Europe*.

③ H市YH区新闻网曾对LH农业合作社推出二维码追溯服务进行了报道，详见《LH农业合作社蔬果配“身份证”进超市，让市民吃得更放心》，2015年6月15日。

市周边蔬菜短缺问题，合作社开展“抵御风雪，温暖同在——H市菜篮子基地在行动”活动，给H市的市场供应低价蔬菜，这不仅平抑了物价，而且解决了市民蔬菜食品短缺的问题。[①]

从类型上看，LH农业合作社是一家资源利用型合作社。首先，合作社利用H市YH区本地资源开展蔬果生产。其中最重要的资源便是流转了当地上千亩的土地，合作社创办人用“天时地利人和”来评价他创办LH农业合作社的过程。他认为，H市YH区是文保基地，可以稳定地进行农业生产，并且这里的土地适合种植叶菜；另外，当地60岁左右的闲置劳动力多，因临近H市城区而物流成本不高，这些有利的资源为合作社的生存与发展提供了物质、人力等资源条件。其次，合作社将生产出来的产品销往H市及周边市场。合作社将H市YH区作为生产基地，但其生产的产品主要销往YH区之外，特别是H市及周边地区。最为典型的例子是，LH农业合作社成为2016年H市G20峰会基地供应商，自2016年8月27至9月5日期间为G20峰会供应蔬菜共10.047吨，主要供应产品为青菜、油麦菜、广东菜心、苦瓜、秋葵、红苋菜6个品种。[②] 总之，LH农业合作社利用本地资源为H市及周边市场提供了绿色、健康的产品，也在现代化生态农业领域走出了一条新路。

三、外部扶持型社会企业：MD慈善超市

MD慈善超市是位于浙江省Z市内的一家民办非企业单位，成立于2014年6月，是2013年底民政部出台《关于加强和创新慈善超市建设的意见》（民发〔2013〕217号）后浙江省内创办的第一家慈善超市。[③] MD

---

① 参见《诚信铸品质 勤恳创未来》，《余杭晨报》，2016年3月22日第12版。

② 资料来源于LH农业合作社主页“企业新闻”栏目《G20峰会上的麟海菜》，2016年12月26日。

③ 民政部于2013年底出台关于加强和创新慈善超市建设的意见，明确提出建立以社会公众自愿无偿捐助为基础、借助超级市场管理和运营模式，为困难群众提供物质帮扶和志愿服务的社会服务机构，鼓励与支持全国各地在坚持公益属性、坚持社会化方向、坚持可持续发展和坚持因地制宜四个原则基础上建设慈善超市，以在汇集社会捐助、帮扶困难群众、提供志愿服务等方面起到重要作用。参见民政部《关于加强和创新慈善超市建设的意见》（民发〔2013〕217号），2013年12月31日。

慈善超市运营4年时间以来，在帮扶大量困难群众的同时，还收获了130多万元盈利。当全国不少慈善超市为持续发展焦虑时，MD慈善超市却实现自身“造血”，并成为浙江省乃至全国慈善超市的成功范例。

MD慈善超市由Z市慈善总会和MD集团联合创办的公益慈善机构，超市实行一套人马、两块牌子的运行机制，现有工作人员7人，其中营业员4人，实行两班倒工作制，管理人员中有副主任1人，负责捐赠和救助的管理人员1人，司机兼搬运、旧衣循环项目1人。慈善超市经营场地共535平方米，地处市中心地段，交通便利，人流量大，配套设施齐全，比较适合开超市。为保证慈善超市的规范运营，超市方面制定了相应的管理制度，主要包括慈善超市管理制度、捐赠物资接收管理中心管理制度、物资接收种类细化以及对负责人和员工工作职责方面的规定。

MD慈善超市是一家社会企业。首先，超市有明确的社会目标。慈善超市是为Z市贫困家庭提供实物救助，向市民实施优惠让利销售，是集捐赠接收、物资义卖、实物救助以及商品销售等为一体的救助平台。慈善超市关注Z市贫困人群，为Z市中心城区最低生活保障家庭、患重大疾病导致生活困难的家庭、自然灾害和事故灾难造成生活困难的家庭提供实物救助。其次，超市坚持企业化运营。据统计，浙江省共有约500家类似的慈善超市，大都通过接受社会捐赠并将捐赠无偿发放给困难群众的方式运行，这种方式很好地将公众的慈善热情与困难群众的需求对接，但由于缺乏“造血”功能，这些慈善超市大多成了一个物资中转站，如何持续发展成为这些慈善超市面对的一个难题。MD慈善超市则推行企业化运作，超市上架商品有3000多种，除了社会捐赠的物品外，还通过正规渠道进货，保证商品质量；增加市劳模优质产品专销，实行全面让利销售，这不仅为市民提供物美价廉的商品，而且也保证了超市的可持续发展。另外，MD慈善超市将所有的商业盈利都纳入慈善救助基金，用于持续针对困难人群众开展社会救助。

MD慈善超市也是一家典型的外部扶持型社会企业。MD集团是慈善超市的主要捐资方。超市启动时，MD集团当年捐资100万元，用于超市经费和工资支付，之后承诺每年捐赠50万元。超市设有捐赠物资接收管理中心，作为其Z市唯一的捐赠物资接收机构，常年接收社会各界的捐赠物资，中心将接收的物资通过分拣、整理、评估、消毒、仓储、管理，救助给辖区有需要的困难群众和灾区，或将物资变现后纳入慈善救助资金，统一实施救助。截至2018年3月底，中心累计接收捐赠物资400余批次，共11.2万件，评估价578万元。共发放援助物资5万余件，价值396万元，优惠会员卡制度覆盖Z市中心城区低保家庭1000余户，优惠让利销售深受广大市民欢迎，约有7万人（次）受惠。除社会与企业的物资或资金扶持外，超市创建之初场地为Z市总工会租赁用房，2017年3月起Z市慈善总会有了自己的营员房产提供给慈善超市使用，为MD慈善超市的可持续发展提供了有力的支撑，成为Z市现代慈善创新发展的一张名片。①

四、市场竞争型社会企业：S市CY公司

S市CY公司是位于广东省S市境内的一家为残疾人提供就业的社会企业。它创建于1997年，在互联网刚刚萌发之际，身患重症疾病的创始人为寻求一种新的活法创建CY公司。经过20年的探索发展，CY公司从5名残障人士、1台电脑的打字复印小作坊，发展成一套标准化、可复制的残疾人就业加无障碍生活社区的运营模式，成为数千名残疾人集中稳定就业的综合性公益平台。CY公司以慈善基金会为决策顶层，以社会组织群和社会企业群的双轮驱动为组织架构。慈善基金会掌控CY社会企业集团，确立CY社会所有制的产权性质，基金会为社会组织群提供项目资金，督导社会组织群的标准化、专业化运行，社会组织群为社会企业群提供社企残障员工的标准化无障碍生活社区服务与推动提升弱势群体生存状态的社会服务，而社会企业反过来为基金会和社会组织提供资金支持。

S市CY公司是一家典型的工作整合型社会企业。其一，CY公司的社会目标非常明确。CY公司的事业致力于促进残障人士等弱势群体的自我救助与可持续发展，立志打造世界第一个以“励志”为主题的弱势群体利用高科技强势就业的“慈善经济航母”，在CY公司的人力资源中，总共有5000多名残疾员工，95%以上都是残疾人大学生。每位残疾人进入公司

① 数据来源于调研材料：《MD慈善超市简介》。

后，在无障碍保障下进行再教育培训，结束后可选择留在 CY 公司也可选择社会就业，CY 公司为残疾人就业提供了重要帮助和平台，是工作整合型社会企业的典型代表。CY 公司除了就业融合外，也以社会融合为重要目标。例如，CY 公司的人员远赴新疆喀什，为 200 多名少数民族残障青年培训就业；还如，在学校及社区为读写障碍儿童免费开展“乐读写”和“乐学悦成长”小组训练，帮助残障儿童融入学校与社区；等等。另外，CY 公司还通过其社会组织群开展志愿服务或社会服务。其二，CY 公司实行企业化运作以推动社会目标的实现。CY 公司实行集团化运营，旗下有 40 多家分公司，这些公司涉及的产业领域包括软件、动漫、文化设计、系统集成、呼叫中心、电子商务、电子产品组装与精工制造、物联网、培训咨询以及高附加值经济农业等，不仅如此，CY 公司的软件和电子善务于 2015 年下半年在新三板挂牌上市。CY 公司通过这些产业的经营和资本的运作获取企业利润，创造经济价值，并将其用于公司自身发展以帮助更多残疾人。

S 市 CY 公司是一家市场竞争型社会企业。作为一个运用商业策略解决社会问题的社会企业典范，CY 公司比绝大多数社会企业表现出更高的商业能力和市场绩效。一是从规模上看，公司发展至今，已是拥有 2 家上市公司、1 家慈善基金会、14 家社会组织和 40 多家社会企业的超大型企业；二是从市场上看，CY 公司生产的产品或提供的服务面向 S 市及全国乃至全球的市场，而不像其他社会企业那样局限于当地；三是从业务上看，CY 公司走多元化发展道路，在软件开发、电子商务、三维设计、影视特效等互联网高科技领域表现出较强的市场竞争能力；四是从融资上看，CY 公司积极主张依靠自身企业营利来维持运转，同时也有效利用社企声誉获得贷款或股权投资，还通过上市公司进行资本运作，这说明 CY 公司拥有强大的融资能力。总体上看，CY 公司通过规模扩张、多方融资和产业链条延伸，积极参与市场竞争，实现了惊人的经济效益。[①]

---

① 根据 2022 年度 CY 善务业绩报告，公司营业总收入为 23.77 元，同比增长 39.87%。参见 2023 年 3 月 24 日新三板 + 快讯：CY 善务 2022 年度全年净利润 8.76 万元。根据 2022 年度 CY 软件业绩报告，公司营业总收入为 749.58 万元，比上年同期下降 36.54%，净利润 61.16 万元。参见 2023 年 4 月 20 日新三板 + 快讯：CY 软件 2022 年度全年净利 61.16 万元。这些数据表明 S 市 CY 公司取得了一般社会企业很难取得的经济效益。

上述四个社会企业的案例代表了四种不同的社会企业类型，以地方或社区为依托，它们在资源利用和市场消费上表现出完全不同的取向。就资源利用而言，NS 时间银行和 LH 农业合作社都在利用地方资源开展生产与服务，而 MD 慈善超市和 S 市 CY 公司则充分摄取地方外资源以获得组织发展；就市场消费而言，NS 时间银行和 MD 慈善超市以服务地方为主，而 LH 农业合作社和 S 市 CY 公司则试图摆脱地方的局限，而寻求更广阔的市场空间。这四个社会企业能够依据不同的资源条件和市场空间，以及自己的创意与能力，求得自身生存与发展，并在客观上影响地方或社区的发展。

第三节 社会企业驱动社区集体经济发展

四个社会企业案例由于在资源利用与市场消费上的不同，因而在各项经营设计与社会经济影响力上也各有差异，它们从不同的侧面推动社区集体经济的发展（见表 6.2）。笔者实地调研与深入观察这四个社会企业与当地社区的依存关系，希望能够有效验证社会企业驱动社区集体经济发展的理论假设，也为不同类型的社会企业推动社区集体经济发展的不同路径提供经验证据。

表 6.2 四个社会企业驱动社区集体经济发展

社会企业	社会企业的行动或策略	社区	集体	经济	发展
NS 时间银行	1. 以时间币为媒介，使无偿的志愿服务有偿化，激发社区居民参与志愿互助服务。	○	●	●	○
	2. 吸收全区各类人群注册会员，所有会员在平台上存储自己为他人服务的时间，等需要时换取他人为自己服务。	●	●	○	○
	3. 会员可以利用时间币在淘宝购买商品，也可以通过平台商城兑换自己需要的实物。	○	○	●	●
	4. 开展培训推广、公益宣传、助人自助、慈善会、主题月等活动，加强邻里联系，营造社区文化。	●	○	○	●
	5. 开展旧物换币、“绿色环保，袋袋相传”、“传统文化摊位互动”等活动，打造绿色社区，宣传社区文化。	●	○	○	●
	6. 采用“互联网 + 社区服务”模式，让每个人随时参与公益服务。	○	●	○	●

续表

社会企业	社会企业的行动或策略	社区	集体	经济	发展
NS 时间银行	7. 推动政府、社会、公众资源与社区需求对接，引导社会各界力量参与社区服务。	●	●	○	○
	8. 组建社区志愿服务队，吸纳教师、医生、律师等专业人士参与，将专业资质纳入会员标准，建立专业等级制度。	○	●	○	●
LH 农业合作社	1. 规模流转当地土地 3126 亩，充分利用当地的闲置劳动力，开展蔬果种植与经营。	●	○	●	○
	2. 实行“农超对接”，设直销门店和批发窗口，开设网店微店，提供便捷的蔬果宅送服务，实现良好的经济效益。	○	●	●	○
	3. 使用绿色防控手段防治病虫，对上市的蔬果进行安全检测，为蔬果配身份证进超市，让市民吃到绿色健康食品。	○	○	●	●
	4. 为缓解春节或特殊时期杭州周边蔬菜短缺问题，合作社低价供应蔬菜，平抑物价，解决市民蔬菜食品短缺问题。	●	○	●	○
	5. 引进先进的检测仪器和标准化绿色防控设施设备，实现部分种植基地全方位物联网铺设，建设现代化农业园。	○	○	●	●
	6. 当地农民参与合作社的蔬果种植与合作生产，经济条件改善，生活水平得到提高，种植经验和知识也有长进。	○	●	○	●
	7. 利用政府补贴、政策扶持和技术指导，积极开展合作社生产与经营，带动地方经济发展。	○	●	●	○
MD 慈善超市	1. 设立爱心专柜，专柜上的商品都是爱心人士和企业捐赠，有些以低于市场价出售，有些直接发放给困难群众。	●	●	○	○
	2. 开展免费送新衣、慰问困难家庭、专家义诊等慈善下乡活动，提高超市知名度，建立超市与社区间的联系。	●	○	○	●
	3. 凡符合救助条件的困难家庭或人群，可凭证明和超市领物券免费领取所需物品，为弱势群体提供实物救助。	●	○	○	●
	4. 通过慈善超市热线，为行动不便的困难家庭和独居老人提供义工送货上门服务。	●	○	●	○
	5. 所有上架商品都可凭超市会员卡或优惠券购买平价商品，实行全面让利销售，所有盈余纳入慈善救助资金。	○	○	●	●
	6. 为拓宽销售渠道，超市开设市劳模优质产品专销，与当地企事业单位合作，允许单位福利卡、饭卡在超市消费。	○	●	●	○
	7. 成立 Z 市绿色环保协会旧物回收中心，推出旧衣循环使用项目，在社区设置旧衣回收箱，得到群众积极参与。	○	●	○	●
	8. 接受志愿者或组织义工开展活动或提供服务，用商业的方式来做慈善，营造一种新的超市文化或购物文化。	○	○	●	●

续表

社会企业	社会企业的行动或策略	社区	集体	经济	发展
S 市 CY 公司	1. CY 公司在软件开发、电子商务、影视特效等领域，以极具竞争力的产品和服务从市场获得利润，打造善经济。	○	○	●	○
	2. 在互联网高科技领域为数千名残障人士实现稳定的强势就业，在就业中提升潜能，实现自我价值。	○	○	●	●
	3. 进入资本市场，CY 软件和 CY 电子善务成功登录新三板，全球首开社会企业登陆资本市场先例。	○	○	●	○
	4. 引导员工发挥个体优势，开展员工培训，关注真正可以实现其稳定就业的技能，推动员工可持续发展。	○	○	○	●
	5. 推出“百城万人”就业公益项目，启动善友国际 IT 特色小镇项目，打造就业平台，着力精准扶贫和社会融入。	○	○	●	●
	6. CY 以感恩、奉献、自助、助人为核心价值观，以推动员工平等参与和融入共享为使命，倡导用行动改变命运。	○	●	○	●
	7. 鼓励员工参与公司决策，实行残疾员工自我管理，帮助和扶持公司合作发展。	○	●	○	○
	8. 引进国际标准化社会服务，为残疾人提供食宿、生活照料、心理辅导等，提升弱势群体生存状态。	●	○	○	●

注：●和○代表社会企业的某一行动或策略对社区、集体、经济和发展四个方面影响的强弱，●表示强或较强，○表示弱或较弱。

一、社会企业促进社区的发展：从资源再造到价值重建

社会企业嵌入地方或社区，寻求社区内外资源和市场空间，在获得更多自身发展机会的同时促进社区发展，实现社会企业和社区的共赢。NS 时间银行、LH 农业合作社、MD 慈善超市和 S 市 CY 公司四个社会企业，一方面寻求和利用社区自然资源、人力资源和社会资本以获得自身发展；另一方面实现了社区资源的再造、社区民主价值的提升以及将边缘化的人群融入社区和社会，推动社区的全面发展。

首先，四个社会企业从不同侧面介入社区，利用与调动社区资源。NS 时间银行和 LH 农业合作社对社区资源的利用与调动最为明显，而 MD 慈善超市和 S 市 CY 公司则较少利用社区资源，更多地借助于外部资源如政府

资助、社会捐赠等，或者利用外部市场资源。[①]

NS时间银行和LH农业合作社虽都倾向于利用社区在地资源，但在资源类型上存在一些差别。NS时间银行充分利用本地的人力资源及社会资本开展活动与服务供给，这主要表现在，NS时间银行鼓励、支持和发动当地居民注册会员。根据NS时间银行的规定，所有当地居民和企业事业单位都可以注册为会员，并且，只有注册为会员才能参与平台提供的服务交换。从数据上看，截至2023年6月底，NS时间银行已累计注册个人会员12万余人，团体会员3557个。[②] 这些会员来自不同行业、不同领域，但大都属于当地范围内的居民，包括外地来G市务工就业的人员；还表现在，社会资本在NS时间银行的成长与发展中充当了重要角色。据负责运营管理的工作人员小肖介绍，NS时间银行在吸纳当地居民注册会员时，大量地利用了本地人的社会关系网络，通过熟人介绍与引荐，再加上活动策划与宣传，时间银行在十来年时间内发展到12万多名个人会员，而对于那些企事业单位和社会组织类型的团体会员，除了通过私人游说外，它们更多的还是利用其业务往来和公共交往，如参加区民政局的推介会、企事业单位间的合作等。在资源类型上与NS时间银行有所区别的是，LH农业合作社更多地利用当地的自然资源特别是土地资源开展蔬果种植与经营。LH农业合作社从最初的50亩到现在的3126亩土地，全部来自当地，涉及纤石、石桥、东塘河等范围内的6个村，这些土地成为LH农业合作社得以生存与发展的重要资源。

MD慈善超市和S市CY公司都倾向于利用外地资源，但也在部分业务或领域调动社区资源。例如，MD慈善超市启动“旧物循环计划”，动员本地居民积极捐赠旧物品，促进旧物循环利用。为方便市民捐赠旧物，慈善超市在Z市部分社区投放旧衣物捐赠箱，仅仅半年时间，就接收到旧衣物5.25万件。[③] S市CY公司体量庞大，其资源利用和市场空间覆盖全国，因

① 四个社会企业在社区资源利用程度上的差异与社会企业的类型直接相关，在资源利用上，NS时间银行和LH农业合作社属于同一种类型，都利用在地资源获得发展，而MD慈善超市和S市CY公司则属于另一类，利用外在资源求得生存。

② 数据来源于NS时间银行主页的平台数据。

③ 李华：《“旧物循环计划”半年回收旧衣物5万余件 小小旧衣能走多远?》，《湖州日报》，2016年3月16日。

此很难说它是一个地方性社会企业，但S市CY公司拥有数量众多的社会企业群，它们与地方有着千丝万缕的联系。单就人力资源而言，S市CY公司的社会企业群不同程度地利用了地方上的残疾人资源，实现对残疾人人力资源的调动。

其次，四个社会企业不同程度地依托社区资源，实现社区资源的再造和社区价值的重建。NS时间银行和LH农业合作社因其利用资源的差异，而生产出不同的资源类型和价值形态。LH农业合作社的资源再造模式最为直接和明显，它通过对当地流转土地的利用，大量种植蔬菜和水果，并在市场上出售产品。据估计，LH农业合作社每年产出绿色无公害蔬菜7200吨，总产值3700余万元，获得了良好的经济效益。NS时间银行利用当地居民的人力资源和服务需求，创新了社区服务，也实现了社区社会资本的升级。平台数据显示，系统平台总共发布服务需求任务23万余件，完成服务对接12万余次，链接企事业单位150个、社会组织499个，引导组织社会资源开展社区活动5000余场，服务人数达到78.2万人次。在服务需求与供给对接中，社区社会资本存量变大，并且时间银行介入社区，带来了更加密集的社会网络和积极的公共参与。更有意义的是，NS时间银行通过时间存储和服务对接的形式，倡导邻里相守、助人自助社区价值观念，外来务工人员、老年人等弱势群体通过时间银行平台融入当地社区，实现了社区价值的重建。MD慈善超市充分挖掘社区废旧衣物资源，回收循环使用，在保护环境的同时也创造了经济价值。不过，慈善超市作为一种外部扶持型社会企业，其市场或服务目标仍然局限于地方或社区，因此对当地社区特别是对那些接受救助的困难人群有一定的影响。据工作人员介绍，那些困难人群在接受实物救助后，生活状态和精神状态有一定改善，能够更为积极地关注超市或社区事务。S市CY公司对社区资源与价值的影响是间接的，主要是对地方上残疾人就业的帮扶或指导得以实现，使残疾人能够融入社会。

二、社会企业超越集体的发展：从共同参与到相互合作

社会企业作为一个参与型组织和合作型组织，当其介入社区集体经济

时，便会汇聚与之相关的多种力量，尤其是带动当地社区居民行动起来，共同承担起社区集体经济发展使命。笔者实地调研的四个社会企业，都形成了不同的参与模式和合作机制，并对当地社区产生了积极的影响。

（一）四个社会企业都是多方参与的组织

无论是社会企业的决策架构，还是经营管理模式，归根到底都是为了更好地激励各方力量参与社会企业的发展和社区公共事务。在参与主体上，四个社会企业各有不同。NS 时间银行以社区居民为主要参与者，并在活动开展与服务供给中吸纳社会民间组织、企事业单位以及政府部门特别是当地民政部门参与其中；在 LH 农业合作社的参与主体中，除了当地社区居民外，农业部门及附近高校的科技指导人员成为其中重要的参与者；MD 慈善超市则整合民政局、社会志愿服务组织以及当地社区居民，尤其是那些社区贫困人群的力量参与超市经营管理和发展；S 市 CY 公司则以残疾人为参与主体，社会组织也在集团决策、管理与经营中充当重要角色。四个社会企业吸纳不同的参与主体，形成不同的参与模式。

NS 时间银行呈现服务型参与和活动型参与两种模式。服务型参与以服务需求与供给为依托，NS 时间银行作为一个社区服务互助信息平台，通过线上线下建立服务网络，实现服务交换，在服务交换中，社区居民、社会组织、企事业单位等之间建立起网络化联系，参与时间银行的经营管理；NS 时间银行也积极介入政府购买服务，比如，区民政局逢年过节都要慰问看望孤寡老人，发放慰问品，给予救助，时间银行成立后，便通过购买服务的方式承担下来，政府也通过这种服务购买的方式参与时间银行运作。活动型参与则以公益或志愿性活动、项目为形式，自运营以来，NS 时间银行开展公益宣传、培训推广、帮扶、助人自助、为老助残、慈善会、主题月等活动共约 1000 余场。① 这些活动的开展都离不开当地人的支持与参与。

LH 农业合作社采用劳动型参与和技术型参与两种模式。LH 农业合作社是生产型合作社，它利用当地劳动力和土地资源开展蔬果种植，因此，当地人参与合作社的重要途径就是通过生产活动，这种参与模式被称为

① 数据来源于调研材料《NS 时间银行介绍》。

“劳动型参与”；同时，合作社的生产活动高度依赖于蔬果种植技术，技术专家对蔬果种植开展的技术指导尤为关键，比如，2013 年 7 月，面对严重干旱，省、市、区三级农业部门派出技术专家前往 LH 农业合作社给予技术指导（浙江新闻网：走进 H 市应急蔬菜保障基地，2013 年 8 月）；还如，G20 峰会期间，为保障蔬菜的保质保量供应，H 市植保站、浙江大学和 YH 区植保站等单位派出技术专家进行多次技术指导。[①] 这些技术专家以技术指导的方式参与合作社经营管理，这种参与模式称为“技术型参与”。

MD 慈善超市以慈善或公益之名倡议当地居民及社会力量参与，表现为一种慈善型参与模式。慈善型参与有三种方式：一是倡议社会力量通过捐赠或志愿服务的形式参与。MD 慈善超市设有物资捐赠中心，专门接收个人或社会力量的捐赠。二是鼓励当地居民购买超市商品。慈善超市经营以来不断实现营利，关键在于人们对超市商品的购买与消费，这也是一种间接慈善。三是救助当地困难人群。自运营以来，慈善超市向困难人群发放米油、衣被等救助物资 381 批次，价值 315 万元，发放救助券 39 万余元，发放定向救助金 16 万元，共有 5 万余人次受惠。[②] 困难人群接受慈善超市救助后，更倾向于积极关注和参与超市事务。除慈善型参与外，MD 慈善超市还多次举办“慈善下乡”活动，这为私营企业、社会民间组织及个人的慈善行动提供了重要平台，形成了一种活动型参与的良好氛围。

S 市 CY 公司倡导员工自我管理和鼓励员工参与决策，推行民主型参与。S 市 CY 公司的社会企业群由适岗残疾员工自我管理，这是 CY 公司维护残疾人自身权利的一项重要制度性规定。[③] 积极参与集团旗下各社会企业经营管理事务是公司员工日常生活中的一项重要内容，这也为残疾员工充分利用社会企业实现自治奠定了良好基础。另外，残疾员工由于身体原因而导致其生产和自治能力的相对不足，CY 公司组建 14 家社会组织，为社会企业残障员工提供生活、出行、住宿及心理健康辅导等方面的标准化无障碍生活社区服务。随着无障碍服务的不断深入，CY 公司将服务对象从社会企业残疾员工扩展到社会，志愿提供推动社会弱势群体生存品质的社

① 参见新闻报道《G20 峰会上的麟海菜》，2016 年 12 月。
② 数据来源于调研材料《MD 慈善超市简介》
③ 参见调研材料《CY 公司事业：残疾人生存革命》，第 13 页。

会服务，这种志愿型参与成为S市CY公司的重要特征。

（二）四个社会企业都是互助合作的组织

在社会企业的经营管理中，四个社会企业都强调成员或来自地方民众的合作，并且形成不同的合作机制。NS时间银行通过服务对接将当地居民联合起来：有服务需求的人将服务需求、服务地点、服务类型、时间币数量等信息发布在时间银行平台上，有意承接服务的个人或企事业单位根据平台信息承接服务。NS时间银行通过这种服务对接实现邻里相守、助人自助，采用的是互助模式。LH农业合作社将良渚当地居民组织起来开展合作生产和种植活动，采取的是合作社模式，即通过土地流转和劳动参与实现合作种植与生产。合作社创办人从外地来到H市YH区，先是流转少量土地开展实验种植，后扩大规模流转更多土地，当地部分农户将土地流转给合作社，实现土地流转合作；合作社成立后，充分利用本地大量闲置劳动力开展种植生产，通过劳动的方式开展合作。MD慈善超市运用慈善或公益模式将当地市民联合起来，开展合作经营与管理。S市CY公司汇聚残疾人的工作热情，利用互联网开展高科技创业，形成工作整合的合作模式。CY公司通过适岗实训，让每一个残疾人在工作中找到真正适合自己和发展潜能的方向，CY公司为残疾人就业提供了空间和平台。

三、社会企业带动经济的发展：从经济增长到经济发展

社会企业在世界范围内数十年的发展壮大中，对经济发展尤其是地方经济发展做出了重要贡献。社会企业不仅促进了地方经济数量上的增长与个人经济实力的提升，它更推动了地方经济结构的变化和经济发展方式的变革。NS时间银行、LH农业合作社、MD慈善超市和S市CY公司四个社会企业，都对地方经济产生了不同程度的影响。

（一）四个社会企业都运用其不同的商业策略并向不同的市场提供不同的产品或服务，推动地方经济增长和提升个人生活水平

社会企业作为地方经济复兴、繁荣和长期发展的关键因素，能够激活

地方资源，创造和保留地方财富，从而促进地方经济水平的增长。不过，不同类型社会企业的经济能力殊有不同，一般来看，那些倾向于更大市场空间的社会企业有更强的经济影响力，而那些偏安地方一隅的社会企业则其经济影响力明显较弱。

NS时间银行在商业策略上，采取服务换服务的方式，以时间币为媒介实现社区服务有偿化；时间银行还与淘宝商城建立联系，会员可以利用时间币在淘宝购买商品，也可以通过平台商城兑换自己需要的实物。时间银行通过服务需求与供给对接的方式搞活地方经济，也提高了当地人的生活水平。以救助困难人群为使命的MD慈善超市，很难用准确的统计数据来说明其对地方经济的影响力，但其商业策略则很到位。比如，所有上架商品都可凭超市会员卡或优惠券购买平价商品，实行全面让利销售；为拓宽销售渠道，超市开设市劳模优质产品专销，与当地企事业单位合作，允许单位福利卡、饭卡在超市消费；通过慈善超市热线，为行动不便的困难家庭和独居老人提供义工送货上门服务；等等，这些措施势必对当地市民的消费产生影响。LH农业合作社和S市CY公司的市场倾向更为明显，都属于向外拓展市场消费空间的类型，拥有较大的市场能力，因此它们的经济影响力要比NS时间银行和MD慈善超市大得多。LH农业合作社的商业策略大致符合私营企业的路数，如实行“农超对接”，设直销门店和批发窗口，开设网店、微店，提供便捷的蔬果宅送服务等。合作社利用流转土地开展蔬果种植与经营，势必对当地经济产生直接影响：一是促进当地就业。合作社将当地闲置劳动力作为主要人力来源，解决当地就业近200人，也为这些居民提供了较为稳定的个人收入来源。二是实现经济效益。合作社每天上市供应的叶菜量在20吨左右，年产出无公害蔬菜7200吨，年总产值3700余万元。[①] S市CY公司体量更大，其经济影响力也更为明显，集中体现在就业和扶贫两个方面。从就业上看，CY公司着力于国家政策和市场机制很难解决的残疾人就业领域，目前，CY公司的5000多名员工中，有90%以上是残疾人大学生。从扶贫上看，S市CY公司与淘宝签署“百城万人”残疾人远程就业公益项目，拟针对有行动困难的重症残疾人提供12万

① 数据来源于LH农业合作社主页上的“公司简介”。

个“云客服”岗位指标，让他们过上有尊严的、有质量的生活。目前，从事云客服工作的重症残疾人，平均月收入有三四千元，均高于当地的平均月收入水平。在江西丰城，有300多名云客服在培训上岗后，平均每月能赚到四五千元。[①]

（二）四个社会企业能够调整地方经济结构和改变地方经济发展方式

从地方经济结构上看，原先的地方经济大都属于商品或市场经济，而四个社会企业则属于一种社会经济形式，从而能从根本上改变单一的地方市场经济结构。NS时间银行提供了一种特别的服务供给方式，即以时间币为媒介的服务换服务的经济形式，是一种服务经济。[②] 当人们通过自己的服务来换取其他人服务的时候，也就建立起了牢靠的互助关系。传统意义上的互助是人们之间不以任何经济报酬为目的的互相帮助，而时间银行则以时间币为媒介引导人们之间的互助，形成互助经济。LH农业合作社则提供了一种合作经济形式，合作社将当地部分居民联合起来开展蔬果种植，并在H市及周边市场销售，获得经济收益。MD慈善超市运用商业的方式做慈善，是一种慈善经济形式。慈善经济是组织或个人为了实现帮助他人的目的，采取商业策略，达到慈善资源的有效利用与持续循环，慈善超市是慈善经济的一种典型形式。MD慈善超市一方面接受慈善捐赠，另一方面将超市里的商品销售给当地人以获取收益，实现慈善与商业的融合发展。S市CY公司是“世界级的社会企业”，是名副其实的社会经济。纯粹的市场经济则将残疾人排斥于劳动力市场之外，而CY公司所有的经济活动都是围绕残疾人而展开的，它是一种以帮助和实现残疾人就业为目的的社会经济形式。总体上看，四个社会企业都从不同角度诠释了社会经济的形式，当它们嵌入社区并作为重要的经济推动力量时，势必调整和改变地方经济的结构。

从地方经济发展方式上看，传统上，地方经济发展很大程度上依赖于

① 严圣禾、党文婷：《帮助更多残疾人改变命运》，《光明日报》，2016年1月31日，第03版。

② 时间银行向G市NS地区提供两种类型的服务：一类是带有公益性质的社区服务，如养老服务、儿童照料服务等；另一类是带有商业性质的服务，如家政服务、家庭维修、医疗保健、运动休闲等，时间银行鼓励这两类服务参与交换。

地方政府推动或市场刺激，这种外生型发展难以对接地方民众的需求，也很难实现地方可持续发展。四个社会企业积极关注与回应地方需求，引导地方民众以主人翁精神投身于经济发展，从而从根本上改变地方经济的传统发展方式。在四个社会企业中，以 NS 时间银行和 S 市 CY 公司最为典型。NS 时间银行全方位嵌入当地社区，引导当地民众联合起来开展互助服务行动，当地民众成为推动服务供给和经济发展的重要力量。在访谈中，当地人不无自豪地说："时间银行确实使我们在服务上享受到了方便和实惠。原先有什么需求，还不大容易找到人处理，现在有了时间银行，就很容易了。时间银行在当地人之间建立起了一座友谊的桥梁。"[①] S 市 CY 公司聚焦残疾人群体，关注残疾人的就业和自身发展问题，让每一个残疾人参与创业和就业，最终实现残疾人发展的可持续性和扩展性。

四、社会企业推动发展的发展：从整体发展到人的发展

社会企业提出一种完全不同的发展观念，这种观念强调在发展经济的同时关注社会、关爱环境和关怀人性，倡导社会、经济、环境与人文价值的共同发展以及人的能力提升。在这种发展观下，NS 时间银行、LH 农业合作社、MD 慈善超市和 S 市 CY 公司四个社会企业，不仅推动了地方或社区包括环境和文化在内的整体发展，也促进了人的发展。

就整体发展而言，四个社会企业除了促进地方经济、社会及公共政策的发展外，还在环境和文化等领域产生不可或缺的影响。从环境维度看，四个社会企业案例都不是那种以环境保护为主要目标的社会组织，但在其生产、经营与管理中，都或多或少地注意绿色生产、绿色管理及生态环境的保护。NS 时间银行和 MD 慈善超市属于一种类型，通过活动或项目实现地方资源循环利用。例如，NS 时间银行启动"旧物换币"活动，号召当地人用尚好的旧物换取时间币，对于这些旧物，可以给有需要的人继续使用，或者让人们用时间币去购买旧物，让他们的生活变得更加美好；MD 慈善超市开展"旧物循环计划"，在 Z 市部分社区放置"绿色小屋"的旧衣回

① 资料来源于笔者对 NS 时间银行的访谈。

收箱，做到旧衣或旧物资循环利用。LH 农业合作社和 S 市 CY 公司则属于另一类型，它们在其生产经营与管理中践行绿色理念。例如，合作社使用绿色防控手段防治病虫害，使用食品级包装袋进行包装，引进现代化的检测仪器和标准化的绿色防控设施设备，成为“浙江省绿色无公害示范基地”；S 市 CY 公司则在管理中厉行节约原则，针对残疾人、老年人等弱势群体出行的“善行绿色能源福祉”，主张残友低碳出行。

从文化维度看，四个社会企业都创造了各自的社会企业文化和共享价值观，并对社区的文化与价值形成不同的影响。[①] NS 时间银行对当地的文化和社区价值的影响是全方位的。一方面，它通过一些活动或热点项目的开展而积极地介入社区文化建设，如开展“全民阅读月”主题实践活动（2017 年 4 月）、“万家团圆迎中秋，小家大家共欢乐”社区游园活动（2017 年 9 月）、“民俗风情一家亲”社区共融活动（2018 年 2 月）、“银铃有爱，悦读相伴”公益读书活动（2020 年 12 月）、“NS 公益共享书屋”（2023 年 5 月）、“国防教育从青少年开始”（2023 年 6 月）等；另一方面，NS 时间银行以时间币为媒介驱动人们用服务换服务，在当地形成浓郁的互助、合作和参与的文化氛围。“大家参与服务交换觉得是一件对自己和对他人都有益的事，可能当他们进行服务交换时不知道这是一种互助或合作，也不知道是在参与服务的供给，但这些价值观念慢慢地渗透和灌输到人们的日常生活和思想观念之中，对他们的生活肯定是有影响的。”[②] MD 慈善超市和 S 市 CY 公司没有像 NS 时间银行那样介入当地文化建设，但它们共同传达了一种关注弱势群体的人文价值观念，慈善、公益、自助、助人，让弱势群体过上有尊严的生活，让社会对弱势群体有更多的关心和关爱。在四个社会企业中，LH 农业合作社对当地文化的影响最弱，但长远来看，对社员合作和绿色消费的文化也会形成一定的影响。

就人的发展而言，四个社会企业在促进社会企业员工和社区成员上发

① 社区文化包含两个关键内容：一是社区的外在文化，如休闲娱乐、文艺体育、传统文化等；二是社区的内在价值，如社区参与、互助、团结、合作文化等。人们很容易将社区文化简单理解成一种休闲娱乐、文艺体育意义上的文化，而实际上，作为一种社区意义上的文化，社区内邻里之间的团结互助、合作与公共参与等更应成为社区文化的重要内容。

② 参见笔者对 NS 时间银行的访谈。

挥着不同的作用。从人的能力提升角度看，S 市 CY 公司和 LH 农业合作社有着更为明显的影响，其中，以 S 市 CY 公司为甚。CY 公司针对残疾人发展采取两大行动：一是培训；二是就业。CY 公司对残疾人在高科技领域开展培训，其中，仅“百城万人”残疾人公益就业项目，开展培训班 600 余期，培训总人数达 2 万余人，其中，有 1 万多人通过淘宝云客服岗位考核，获得上岗机会。新疆喀什残友在过去五年里，为 1200 多名少数民族残障青年提供培训就业服务；海南分公司截至 2015 年，累计培训人员 420 多人，上岗就业 358 人，就业率高达 85.2%。[①] S 市 CY 公司不仅为残疾人培训以获得社会就业机会，还为培训后的残疾人提供直接就业机会。通过培训和就业，残疾员工在经济、技能、专业知识、人生态度等方面获得了极大提升。“每月薪酬从几百元到上万元，对于曾经就业无望的残疾人而言，这无疑是人生的一大重要转折点，其获得的回报不仅仅是每月的薪酬，更是从心态、自信心、家庭的看法及外界的目光等，都发生了重要变化，人生价值得到了极大的提升。”[②] 在 LH 农业合作社中，社员能力的提升主要体现在经济和技术上。部分社员是当地闲置劳动力，由于参与合作社的蔬果种植而获得了不错的经济报酬，经济能力有较大幅度提升。有社员说：“我们参加合作社，经济上的回报是最直接的，但同时，在蔬果种植的经验和知识方面也有长进。”[③]

从人的身份转变角度看，NS 时间银行和 MD 慈善超市促成了地方成员身份的明显转变。NS 时间银行以会员制形式和以时间币为媒介将社区成员联合起来，使社区成员完成两种身份的转变：一是从社区居民转变成为社区服务的供给者。时间银行创新社区服务供给，打破政府和市场供给的传统思路，而联合社区居民参与服务供给，社区居民成了社区服务的供给者。二是从普通市民转变成为公共空间的参与者。时间银行为普通市民提供了公共活动的空间，通过参与服务供给和公共活动，普通市民成为重要的参与者。MD 慈善超市以接收慈善捐赠和销售超市商品的形式将当地民众组织起来，使他们完成从普通市民向公益人或慈善人的转变。对于那些购买

① 参见调研材料《CY 公司的事业：残疾人生存革命》，第 27、28、42 页。
② 参见调研材料《CY 公司的事业：残疾人生存革命》，第 42 页。
③ 参见笔者对 LH 农业合作社相关工作人员的访谈。

超市商品的普通市民，很难意识到这是在做慈善或公益，但实际上，商品购买和消费是慈善超市利润的重要来源，而这些利润被用来救助困难人群，因此普通市民通过购买超市商品而实现公益人或慈善人的身份转变。

综上所述，上述四个社会企业的典型案例为社会企业推动社区集体经济发展提供了经验证据。不过，不同类型的社会企业由于其资源条件和企业能力的差异，对社区、集体、经济和发展产生的影响也各有不同。即使是同一类型的社会企业，也会由于其行业或领域的差异而表现出不同的社会经济影响力。但总体而言，社会企业作为一种社会经济组织形态，势必对社区集体经济发展产生重要影响。

第七章　结　　语

永续健康的社区集体经济的维护与发展，是提升社区发展质量的有力保证，也是保有社区居民幸福生活的重要基石。20 世纪 90 年代以来，中国城乡社区集体经济发展出现了新的趋向，即社区集体经济的股份合作制改革，在全国范围内相继建立了不同类型的社区股份合作社（公司），试图用企业化或完全市场化的运营模式来推动社区集体经济发展。[①] 然而，这种“只看到大型企业、高科技产业和完全政府主导的经济政策左右社区集体经济的格局，那只能算是局限性的社会经济发展，这种发展只是创造了统计学意义上的数据和增长，而失去了实质上的社区生活品质”。[②] 实际上，在当前社区集体经济的市场化发展环境中，邻里之间人情味淡化，社区缺乏生活气息，传统意义上的“机械团结”也并没有被“有机团结”所取代，社区集体经济发展无疑需要突破单纯经济发展思维困局，寻找新的出路。

笔者尝试提出社会企业能够驱动社区集体经济发展的理论假设，并用四个社会企业典型案例给予经验验证，社会企业成为推动社区集体经济发展的重要组织形式。但是，中国社会企业发展还处于初创阶段，其产品的销售或服务模式也在试验阶段，大部分社会企业还不能依靠高效的商业运作保持自身的持续发展，也就很难对所在地方或社区的社会和经济产生大的影响。而且，在市场化驱使下，社区集体经济发展在纯粹经济的道路上

---

① 贺建军：《社会嵌入与社区集体经济发展——来自中国城市社区的经验证据》，《浙江大学学报》（人文社会科学版），2018 年第 5 期。

② 胡哲生、李礼孟、孔健中：《社区经济类型与社会企业在社区中的影响力》，《辅仁管理评论》（社会企业专刊），2015 年第 1 期，第 70 页。

狂飙突进，任何社会构想都可能会被纯粹经济的发展思路遮蔽。社会企业作为一种全新的社会构想形式，想在市场化突进的社区集体经济中嵌入无疑困难重重。而从现实看，社会企业这种组织形态在中国城乡社区集体经济发展中还处于非常边缘的地位，或者说，社会企业这种组织形态还远没有被纳入社区集体经济的发展框架之中，这就需要地方政府意识到机会所在，运用公共政策支持社会企业在社区的发展，开展公共政策与社会企业之间的“对话”。①

近年来，社会企业在世界范围内不断兴起，它们推动人们发挥创意和能量，为本地区的问题寻求本地化的解决方案，成为促进社区发展的重要力量。然而，社会企业在中国是一个新生事物，还没有对城乡社区的经济与社会产生很大影响。具体到中国城乡社区集体经济，社会企业还没被决策者们视为推动社区集体经济发展的重要力量，更没有将社会企业视为城乡社区集体经济的一种表现形式，不仅如此，学术界也没有将社会企业与社区集体经济联系起来考虑和研究的先例，因此，从社会企业角度来谈城乡社区集体经济发展便面临着巨大的质疑和挑战。实际上，不管中国社会企业的力量多么微弱，甚至社会企业的组织形式不大符合西方社会企业的严格定义，但完全无视中国社会企业的存在及其对城乡社区集体经济的影响与作用是不合适的。

在笔者看来，将社会企业作为中国城乡社区集体经济的一种推动力量，有赖于两大认识的改变：其一，对社区集体经济概念及对中国城乡社区集体经济实现形式的重新认识。首先，对于社区集体经济的概念，传统观点都强调其集体属性，是全体社区成员集体所有的经济形式，在相当长的时期内，这一概念都带有较强的政治化和意识形态的色彩，以至于人们通常将那些集体所有的土地、资源等视为集体经济，并且这些集体经济形式名义上是社区成员集体所有，但实际上是由社区两委负责掌管与经营，在这样的认识下，那些由社区居民自发形成的社会经济组织便不归属于集体经济之列。本书对社区集体经济给予了重新理解，试图剔除其中的政治化和

① ［比利时］马尔特·尼森编：《社会企业的岔路选择：市场、公共政策与公民社会》，伍巧芳译，北京：法律出版社，2014 年，第 311 页。

意识形态倾向，而向更加多元化和经济民主的方向发展。其次，对于社区集体经济的实现形式，现今谈得最多的是股份合作制，其组织形式是社区股份合作社（公司），而实际上，那些农民专业合作社、社会化服务组织等都应归于集体经济。其二，对社会企业概念及对中国社会企业发展现状的认识。首先，对于社会企业的概念，应在借鉴西方国家社会企业的定义基础上，吸纳中国本土化经验与特色，而很多人完全借用西方国家的社会企业定义，也就难免得出中国缺少社会企业的结论。其次，对于中国社会企业的发展现状，一部分人持比较悲观的观点，认为中国社会企业的发展还处于起步阶段，称得上社会企业的组织还不多。这种判断也许有一定道理，但离开中国的本土化经验而谈中国社会企业的发展现状，无异于缘木求鱼。在中国，那些社会福利企业、农民合作社、邻里互助组织以及近年来新兴的社区基金会、慈善超市、时间银行等，也应被视为社会企业相关类型或准社会企业。

有了上述两个认识后，我们便可以从宏观上将中国社会企业发展的基本状况及其嵌入社区推动社区集体经济发展的基本态势作如下概括：

第一，中国社会企业在近些年得到了长足发展，但发展还很不均衡。在中国，社会企业的数量在近些年来出现了较快的增长。中国社会企业与影响力投资论坛和南都公益基金会共同发布的《中国社会企业与社会投资行业扫描调研报告》显示，自2006年中国引入社会企业概念以来，中国社会企业数量超过175万家（这一数据按照宽口径纳入一定比例民非组织和农民合作社），其中，有社会企业身份认同且被行内认可的社会企业近2000家。[①] 根据中国慈展会（中国公益慈善项目交流展示会）社会企业认证的数据，截至2018年年底，通过社会企业认证的社会企业有234家。[②]

---

① 数据来源于《中国社会企业与社会投资行业扫描调研报告》。

② 中国慈展会，其全称为中国公益慈善项目交流展示会，成立于2012年，其宗旨是创新社会治理，推动社会建设，目前，中国慈展会已举办了六届。据统计，六届慈展会吸引了8273家机构参展，近99.6万人光顾展会，对接项目234人，对接金额达454亿元，培育了一大批慈善组织、公益项目和公益人才，成为展现我国慈善发展成果、催生现代慈善理念、促进慈善资源对接的一个重要平台。社会企业认证是中国慈展会的一项重要活动，自创立以来，已对超过1400家企业和机构开展认证，其中通过认证的社会企业共有238家，遍布全国26个省市自治区的71个城市，是认识中国社会企业的一个窗口。

从统计数据上看，中国社会企业数量有着很大差距，但要看到中国社会企业的本土化经验与特点，特别是近些年成长起来的社会组织或非营利组织，以及农村社区中大量涌现的合作经济组织，因此从数量上看，中国社会企业远不止官方或民间认证的那么多。尽管中国社会企业的数量在近些年内不断增长，但从整体上看，社会企业在中国的发展还很不均衡。从地理分布上看，社会企业主要集中在发达的或较为发达的城市，如北京、上海、广州、深圳、杭州、苏州等，而地处中国西部的成都市，社会企业数量也得到不断增长，相对而言，其他很多不发达地区的社会企业数量很少甚至还没有出现。主要原因可能在于，那些较为发达的城市，在政治、经济、社会和文化等领域的发展程度都较高，从而为社会企业的生长提供了肥沃的土壤，如良好的政策支持、稳定的经济保障、活跃的社会力量以及高度的文化包容等。

第二，嵌入社区的社会企业或准社会企业不断涌现，但并未被纳入社区集体经济的范畴。中国当前正在兴起的社会企业关注的问题正是社会迫切需要解决的问题。虽然很多社会企业还不能摆脱政府资金的支持，社会组织转型的社会企业其市场化程度还不高，但是他们弘扬社会价值，坚守社会使命，活跃在各种各样的领域，如教育培训、生态环境、医疗健康、养老服务等。更有意义的是，社会企业服务的领域不断进入乡村或社区，他们在解决乡村贫困与发展、社区养老、社区发展等方面的贡献是明显的。根据中国慈展会 2015—2018 年社会企业认证显示的数据，关注农村发展、社区发展、社区养老服务等领域的社会企业呈递增趋势，达到 20% 以上，这足以证明社会企业的活动或服务越来越倾向于乡村和社区发展领域，扎根乡村和社区也成为中国社会企业的重要特征。但是，就社区集体经济而言，社会企业并没有成为其重要形式，至今也没有看到任何地方政府或社会公众将社会企业经济看成是一种社区集体经济，这主要是源于我们对社会企业和社区集体经济的传统认识，将社会企业局限于非常狭窄的层面，或者将社区集体经济仅仅理解成传统的集体经济和社区股份合作经济。但这并不表明社会企业对社区集体经济发展没有影响，或者没有成为社区集体经济的一种形式。例如，如果在更宽泛的意义上，将农民合作社、社区发展基金会、社区企业等纳入社会企业或准社会企业的范畴，那么社会企业与社区集体经济的关系便显得更为紧密；或者在当前国家大力提倡发展农村新型集体经济的背景下，将各种类型的社会企业作为一种新型的集体经济形式，那么，嵌入乡村和社区的社会企业的发展便可能成为社区集体经济发展的主流；更为彻底的观点是，社区股份合作社也是社会企业的一种形式，或者当前城乡社区股份合作化改革背景下出现的社区股份合作社还不是社会企业，但需要朝社会企业的方向发展，这样，社会企业便成为了社区集体经济的表现形式，它以一种新型集体经济的形式推动社区集体经济发展。

第三，四川省成都市鼓励社会企业嵌入社区，成为全国社会企业推动社区发展治理的典范。成都市推进城乡社区发展治理体制改革，为社会企业的发展创造了机遇。成都市明确提出培育发展社会企业，形成多元主体参与社区发展治理的格局。根据国外社会企业的发展经验，大多数社会企业植根于乡村或社区，成都市正是注意到社会企业的这一特性，力促社会企业嵌入社区，推进城乡社区发展治理，在联接社会企业与社区发展问题上，成都市走在全国的前列。不过，就社区集体经济而言，成都市并没有将社会企业作为社区集体经济发展的政策工具。成都市推动社会企业嵌入社区始于 2018 年。自 2018 年以来，在不到两年的时间内，成都市从三个方面着手推进社会企业促进社区发展治理：一是从政策上鼓励和支持社会企业进社区。2018 年 3 月，成都市出台《关于培育社会企业促进社区发展治理的意见》的政策文件，随后，金牛区制定《促进社会企业发展的若干政策》、武侯区实行《武侯区社会企业扶持办法》、成华区印发《成华区社会企业培育扶持办法》等，从而为社会企业在社区的发展提供了政策保障。二是开展社会企业认证。成都市成立社会企业认证办公室，建立了社会企业评审认证制度，并于 2018 年进行了首届社会企业认证，产生了首批 12 家社会企业，这些社会企业涉及养老、农村发展、社区发展、生态保护、教育等多个领域，促进了社会企业与社区的联接，也提升了社会企业的整体水平。三是搭建平台加强社会企业与社区需求对接。2019 年，成都市连续两次举办社会企业社区对接会，在首次对接会上，共有 300 多个社区的 600 多项社区需求在对接会上展示发布，有近 300 家社会企业、社会组织和服务机构参与社区对接，其中成都本土社会企业 40 余家，通过对接，将政府、社区、社会企业、专业服务机构、学术机构等联结起来，为创新社区发展治理提供了新思路。

第四，社会企业相继成为多个地方政府的重要政策议题，但还未从政策上联接社会企业与社区集体经济发展。从政策上看，早在2011年，中共北京市委就出台了《关于加强和创新社会管理 全面推进社会建设的意见》，其中明确提出“积极扶持社会企业发展，大力发展社会服务业”①，这是在全国范围内的政府文件中首次提出社会企业发展问题；2016年，北京市公布《“十三五”时期社会治理规划》，在这份规划中，明文规定“大力推动以服务民生和开展公益为重点的社会企业发展”②；2018年，北京社会企业发展促进会发布《北京市社会企业认证办法》，从而明确将社会企业置于政策议题的重要位置。2018年，成都市制定《关于培育社会企业促进社区发展治理的意见》，提出“培育社会企业并促进其在创新社会管理、参与社会治理、改善社会服务等方面发挥积极作用，着力构建共建共治共享的社会治理新格局③”从而首次在全国范围内制定社会企业发展规划，并将社会企业的培育和发展落实到社区层面，以促进社区发展治理。我国许多地方在政策层面对社会企业这种组织形态的关注，为社会企业在社区的培育和发展提供了重要支持，但是，在社会企业培育和发展的政策支持中，还没有看到从社会企业这种新型的组织形态的高度来重视社区集体经济发展的政策导向。

总体上看，中国社会企业发展仍然处于创新发展期，但其整体发展势头向好；同时，中国城乡社区集体经济也处于创新变革的关键时期，应该说，在社区中培育和发展社会企业不仅符合社会企业扎根乡村和社区的本性，而且也符合乡村振兴背景下发展农村新型集体经济的要求（城市社区集体经济亦应如此）。那么，如何搭建社会企业与社区集体经济的“桥梁”，从而使社会企业为中国城乡社区集体经济发展服务，使社区集体经

① 参见中共北京市委《关于加强和创新社会管理全面推进社会建设的意见》（2011年6月3日中共北京市委十届九次全会通过）。

② 参见北京市《北京市“十三五”时期社会治理规划》，2016年11月。

③ 参见成都市人民政府办公厅《关于培育社会企业促进社区发展治理的意见》（成办函〔2018〕61号），2018年4月9日。

济朝向社会经济、社区经济的方向发展，便成为地方政府和城乡社区需要重点考虑的问题。鉴于此，笔者尝试从以下四个方面简单阐述如何促进社会企业在社区的培育与发展，从而建立起社会企业与社区集体经济之间的联系。

（1）依托社区合作社创立和发展社会企业。社会企业作为一种扎根地方或社区的组织形态，地方或社区便是社会企业成长的肥沃土壤。就中国而言，社会企业的培育要充分利用地方或社区资源，特别是利用社区集体经济的资源优势和资金扶持。社区集体经济作为中国城乡社区独有的一种经济形态，在几十年的发展中已经拥有相当规模和经营策略，这无疑可以为社会企业在社区中的创业和开发提供支持与依托。更重要的是，社区集体经济以社区、集体和经济为发展方向，刚好迎合了社会企业之多元价值目标的本性，因此，在社区集体经济范围内发展社会企业理应成为社区集体经济的任务与使命。反过来看，将社区作为社会企业创业与开发的依托，以社区既有资源和条件进行社会企业设计，可以为社区带来环境与人文改善的社区经济活力，更可以给社区成员带来合作与共享的社区经济福利。

当前，中国城乡社区集体经济正在朝社区股份合作制方向发展，社区股份合作社（公司）是其主要组织形态。应该说，在社区集体经济范围内培育和发展社会企业，社区股份合作社是一个不错的选择，或者说，可以将社区股份合作社视为一个社会企业或改造成一个社会企业。但可惜的是，社区股份合作社基本上按照企业化模式运作，它将社区集体经济发展完全推向了市场化的轨道，而使社区集体经济陷入社会脱嵌的危险。[①] 在这个意义上，社区股份合作社根本就不可能是一个社会企业。但是，社区领袖或精英如果能够主动谋求合作与共赢，社区股份合作社完全有可能朝着社会企业的方向发展。不过，社会企业在社区集体经济范围内的生长，其意义更在于，社会企业以多样化的形态诠释社区集体经济，这些多样化形态包括社区企业、社区基金会、社区合作社、社区发展组织、社区服务中心、社会公司等，它们涉及人们社区生活的绝大部分领域或行业，如教育培训、

---

① 贺建军、毛丹：《社会嵌入与社区集体经济发展——来自中国城市社区的经验证据》，《浙江大学学报》（人文社会科学版），2018 年第 6 期。

儿童照顾、养老、家政服务、园林绿化、餐饮，甚至建筑工程、信息科技等，在商业驱动和社会使命的双重框架下，不同类型的组织形态都可以纳入社会企业之内，推动社区集体经济发展。

（2）鼓励支持社会力量投资兴办社会企业。根据欧美社会企业的发展经验，社会企业有两条发展路径：一种路径是非营利组织的商业化。在欧洲，一些非营利组织为了解决弱势群体的就业问题，采取了商业化、市场化的方式开展活动。而在美国，非营利性组织意识到自身日益严重的财政压力，于是便将商业化和市场化作为追求非营利组织财政永续的重要手段。另一种路径是私营企业的非营利化。最初，私营企业的非营利化大都以企业社会责任的形式出现，越来越多的以营利为目的的企业注意到，关注并积极承担社会责任会使企业获得更好的声誉和形象，从而更加有利于企业的成长与盈利。这种观点认为，一个不愿意承担社会责任的企业，将不可能获得企业的可持续性。当一个私营企业在企业社会责任的承担上达到一定的高度时，或者当他们宣称他们的很多商业活动是以社会为目的时，这些私营企业实质上已经转变成了社会企业的类型。

欧美社会企业的两种发展路径无疑为中国社会企业在社区的生长提供了经验。近些年来在中国基层社区大量兴起的社会组织以及作为市场化重要力量的私营企业可以为社会企业在社区的创立与发展方面提供支持和动力。首先，政策应允许社会组织以市场化方式进行运作。在相当长时期内，社会民间组织在中国并没有太大的生长空间，它们也一直受到很多因素的制约而得不到发展。近些年，中国政府不断转变管理方式，加强社会管理与建设，社会民间组织才得以蓬勃发展。但是，社会民间组织面临的最大困难在于资金问题，他们大都依赖于政府财政、企业或社会民间捐赠的支持，而自身缺乏“造血”能力。在这样的情况下，政策应允许社会组织通过市场化方式来化解资金危机，以实现社会价值。其次，政策应鼓励私营企业投资于社会公益事业。私营企业有一个最大的优势，那就是通过自身的市场化运营而拥有足够的资金，因此政策应鼓励私营企业将足够的资金投资于社会公益事业，这将有助于社会问题的解决。但是，在政策制定中，也要看到诸多潜在的风险，如私营企业假借公益之名而行追逐利润之实的风险，社会组织难以抵抗市场诱惑而放弃社会使命的风险，因此需要借政策之威来规范社会力量投资兴办社会企业。

（3）优先发展社区服务类及发展类社会企业。在社区中培育和发展社会企业，需要特别注意到社会企业与社区的互动与联系。也就是说，只有大力发展那些与社区有良好互动与紧密联系的社会企业，社会企业自身才能获得创立的基础和良好的发展前景，社区问题也才能在社会企业的活动中得以解决。在社区中，有两类活动是与社区居民个人生活息息相关的，一类是社区服务，另一类是社区经济与个人发展。如果社会企业能够顺应社区居民的这两大需求，开展社区服务和社区经济与个人发展活动，势必能获得很好的发展。

因此，政策应围绕社区居民的迫切生活需要，重点扶持和优先发展两大类型的社会企业：第一种类型是服务类社会企业。社区服务的范围广泛，主要包括三种类型：一是居民生活服务类，如社区环境保护、食品安全、家政服务、康养服务、婚介服务、中介服务等居民生活服务，这种类型的社区服务与社区居民生活息息相关，涉及吃穿住行等个人基本生活的方方面面；二是社区公共服务类，如社区文化、卫生、教育、科普、体育健身等，这种类型的社区服务是为了满足社区居民的公共需求，为全体社区居民提供的社会公共服务；三是基本民生服务，如社区养老助老、助残救孤、扶贫帮困、困难人群就业援助等，这种类型的社区服务大都是为了解决社区基层中那些困难人群的基本生活需求，以改善他们的生活质量为目的。在上述社区服务领域，政策应允许社会企业有所作为，积极回应社区居民的服务需求，为他们提供各种便利的社区服务。第二种类型是发展类社会企业。这种类型的社会企业主要为了解决社区经济发展和社区居民个人发展问题。例如，面向农民或社区居民的小额信贷类型的乡村银行或社区银行、为社区边缘化人群提供就业岗位或培训的工作整合型社会企业，他们可以为社区居民的个人发展提供平台；而那些为农村提供农业经济合作服务的合作社、那些社区企业或社区公司，则为社区经济发展提供支持。

（4）力争在社区中发现和培育社会企业家。社会企业家是用商业经营模式来从事社会创新，推动社会变革的群体。英国社会学家查尔斯·里德比特（Charles Leadbeater）在《社会企业家的崛起》（The Rise of Social Entrepreneur）中指出，“社会企业家能够发现被忽略的资源，利用它们去实现未能被满足的社会需要。他们开发出新的福利服务，并对现有服务提供新方法”。[①] 因此，社会企业家推动社会创新，他们不同于商业企业家的地方在于，社会企业家推动的创新是社会领域的创新，他们投身于社会公益或推动社会变革。查尔斯·里德比特（Charles Leadbeater）还看到，这些用企业家精神来解决社会问题的社会企业家们有的在传统的政府部门工作，有的在大型私营企业工作，而更多的则活跃在最富于创新精神的民间非营利性组织。[②]但是，就中国城乡社区而言，社会企业家也有大量生长的土壤和环境。

在社区中创立和发展社会企业，关键是要在社区中发现和培育社会企业家，让社会企业家成为社会企业发展的带头人和关键力量。首先，社区中的经济能人特别是社区股份合作社的负责人最有资格成为社会企业家。这类人像私营公司的老板那样有很强的市场敏锐性和判断力，但缺少社会创新的思想。如果能够让他们意识到社区的重要性以及社区里的市场潜力，那么这类人有足够实力发展成为社会企业家。尤其是社区股份合作社的负责人，在社区股份合作社的经营中，本来就应以社区利益为重，做一个社会企业家。其次，社区志愿者以及社会组织负责人拥有成为社会企业家的先天优势。每一个社会企业家都必须拥有一颗关怀社会的心，而这恰恰是社区志愿者和社会组织负责人所具备的，他们唯一缺少的是参与市场竞争的勇气和政策的扶持与鼓励。最后，允许社区两委主要负责人发展成为社会企业家。社区党委和居委会主要负责人作为社区的领导和社区建设的实践者，他们关注社区并以社区利益为重，在政策允许的范围内，他们拥有成为社会企业家的足够资质和潜力。

本书试以社会企业这一创新的组织形态介入社区集体经济发展，建言政策制定者和基层人员积极引导社会企业人士在社区集体经济范围内开展社会创业。然而，在推动社区内的社会企业时，仍有需注意的事项：一是社会企业的创业和发展要以社区为依托。不同的社区有不同的人文、自然资源及地理条件，也有不同的社区居民的生活习性与风格。社会企业的经

①② ［英］查尔斯·里德比特（Charles Leadbeater）：《社会企业家的崛起》（The Rise of Social Entrepreneur），环球协力社编译，2006 年。

营设计要以社区为重要利益相关者，必须根据社区差异而变换策略，而那种只顾企业利益或关注科技长处的经营设计，不利于社会企业的长远发展。二是社会企业的行动与策略要以尊重社区为前提。不论任何类型的社会企业，当其介入资源拥有和市场消费的社区时都必须自我约束，避免社会企业给予社区无限制的利润和经济回报，而让社区资源和市场空间过度耗用或环境受到伤害。三是社会企业的社会经济红利要与社区成员共享。有的社会企业可能没有社区成员的参与，有的社会企业可能得益于社区外部资源的支持，有的社会企业也可能寻求社区外部的市场消费空间以获取更大的收益，这些都不能作为社会企业无视社区成员的理由，社会企业要与社区成员共享发展成果。总之，本书提出创新社区集体经济发展的社会企业路径，旨在“重新重视市场社区甚或应该是每个社区的社会本位，在激发社区经济活动的同时，也为社区经济组织建立社区共享、人文关怀与环境维护的观念，不要为了发展经济而损伤社区生活品质和社区精神”。[①]

① 胡哲生、李礼孟、孔健中：《社区经济类型与社会企业在社区中的影响力》，《辅仁管理评论》（社会企业专刊），2015年第1期，第70页。

参考文献

一、中文文献

1. ［美］马修·比索普（Matthew Bishop）、迈克尔·格林（Michael Green）:《慈善资本主义：富人在如何拯救世界》，丁开杰等译，社会科学文献出版社 2011 年版。

2. ［法］费尔南·布罗代尔:《15 至 18 世纪的物质文明、经济和资本主义》，顾良、施康强等译，生活·读书·新知三联书店 2002 年版。

3. 陈锦棠:《香港与台湾社会企业之比较》，载于《中国社会工作》2011 年第 5 期。

4. 陈品嵩:《把现代企业制度引入农村社区集体经济》，载于《农民日报》2003 年 4 月 5 日。

5. 陈仕华、李维安:《公司治理的社会嵌入性：理论框架与嵌入机制》，载于《中国工业经济》2011 年第 6 期。

6. 陈薇、周怀峰:《贫困地区农村留守老人合作增收模式初探——以广西马山县荣艳生态种养专业合作社为例》，载于《南方农村》2016 年第 5 期。

7. 陈暹秋:《广州社区集体经济引入股份制改造合作制做法及意义》，载于《农村经营管理》2004 年第 4 期。

8. ［比利时］雅克·迪夫尼、丁开杰、徐天祥:《从第三部门到社会企业：概念与方法》，载于《经济社会体制比较》2009 年第 4 期。

9. 丁开杰:《从第三部门到社会企业：中国的实践》，载于《经济社会体制比较之透视社会企业：中国与英国的经验》2007 年专刊。

10. 冯刚:《整合与链合：法人团体在当代社区发展中的地位》，载于《社会学研究》2002 年第 4 期。

11. 符平：《嵌入性：两种取向及其分歧》，载于《社会学研究》2009 年第 5 期。

12. 付建军、高奇琦：《政府职能转型与社会组织培育：政治嵌入与个案经验的双重路径》，载于《理论与现代化》2012 年第 2 期。

13. 傅晨、杨刚、郭晓鸣：《农村集体经济组织管理体制改革的探索——广州市天河区社区股份合作制考察》，载于《社会科学研究》1994 年第 1 期。

14. 高崇：《移民创业、非正式经济与地方政治：以广州城郊的服装加工区为例》，载于《公共管理研究》2007 年第 1 期。

15. 高传胜：《社会企业的包容性治理功用及其发挥条件探讨》，载于《中国行政管理》2015 年第 3 期。

16. 官有垣：《社会企业组织在台湾地区的发展》，载于《中国非营利评论》2007 年第 1 期。

17. 郭瑞坤、林佩璇：《社区产业发展影响因素研究：基于社会资本视角的分析》，载于《公共管理研究》2007 年第 8 期。

18. 韩俊：《关于农村集体经济与合作经济的若干理论与政策问题》，载于《中国农村经济》1998 年第 12 期。

19. 韩文琰：《社会企业融资：英国经验与中国之道》，载于《东南学术》2017 年第 3 期。

20. 何明等：《集体经济村庄》，载于《开放时代》2015 年第 1 期。

21. 贺建军：《社会企业与农村社区化——以吉登斯的结构化理论为视角》，载于《人文杂志》2016 年第 7 期。

22. 贺建军：《社会嵌入与社区集体经济发展——来自中国城市社区的经验证据》，载于《浙江大学学报》（人文社会科学版）2018 年第 5 期。

23. 贺建军：《社区发展的角色困境及其解决路径——一种社会企业的观察视角》，载于《浙江社会科学》2015 年第 4 期。

24. 胡哲生、李礼孟、孔健中：《社区经济类型与社会企业在社区中的影响力》，载于《辅仁管理评论》（社会企业专刊）2015 年第 1 期。

25. 黄英：《社会企业失灵了吗?》，载于《外国经济与管理》2021 年第 8 期。

26. ［英］安东尼·吉登斯：《社会的构成》，李康、李猛译，生活·读书·新知三联书店1998年版。

27. 江立：《发展巩固社区集体经济要走新路》，载于《南方农村》1994年第2期。

28. 金锦萍：《社会企业的兴起及其法律规制》，载于《经济社会体制比较》2009年第4期。

29. ［韩国］金仁仙：《韩国社会企业发展现状、评价及其经验借鉴》，载于《北京社会科学》2015年第5期。

30. ［瑞典］哈比卜·M. 卡茨拉米（Habib M. Kachlami）：《社会企业和区域发展：未被发掘的重要贡献》，引自安德斯·伦德斯特罗姆（Anders Lundstrom）等主编《社会企业家：影响经济、社会与文化的新力量》，清华大学出版社2016年版。

31. 蓝宇蕴：《非农集体经济及其"社会性"建构》，载于《中国社会科学》2017年第8期。

32. 郎晓波：《论城市化进程中农村集体经济改制的社区整合意义》，载于《农业经济问题》2009年第5期。

33. 李桂模：《转制社区股份合作企业公司化改造的路径选择——以广州市"城中村"改制为视角》，载于《法治论坛》2009年第4期。

34. 李可：《集体重构中的成员权——以江苏南通"农村集体经济组织成员数据库"为例》，载于《社会发展研究》2015年第4期。

35. 李健：《破解社会企业发展的中国式困境：一个定价视角》，载于《中国行政管理》2015年第8期。

36. 李健：《政府如何促进社会企业发展？——来自新加坡的经验》，载于《经济体制改革》2016年第5期。

37. 李健：《条条大陆通罗马？——国外社会企业立法指向及经验启示》，载于《经济社会体制比较》2017年第3期。

38. 李健：《社会企业助力脱贫攻坚：机制设计与模式创新》，载于《中国行政管理》2017年第7期。

39. 李健、陈淑娟：《如何提升非营利组织与企业合作绩效？——基于资源依赖与社会资本的双重视角》，载于《公共管理学报》2017年第2期。

40. 李健、王名：《社会企业与社会治理创新：模式与路径》，载于《北京航空航天大学学报》（社会科学版）2015 年第 3 期。

41. 李萍：《创造社区集体经济转型发展新经验》，载于《深圳特区报》2014 年 3 月 24 日。

42. 李衍儒、江明修：《社会企业之发展经验与政策建议：以美国、英国、中国香港与中国台湾为例》，载于《中国非营利评论》2011 年第 1 期。

43. ［英］查尔斯·里德比特（Charles Leadbeater）：《社会企业家的崛起》（The Rise of Social Entrepreneur），环球协力社编译 2006 年版。

44. ［美］杰里米·里夫金：《工作的终结——后市场社会的来临》，王寅通译，上海译文出版社 1998 年版。

45. 梁鹤：《在有效性中获得合法性：制度环境下社会企业本土化发展的路径选择——一个典型案例的理论思考》，载于《中国非营利评论》2021 年第 2 期。

46. 刘继同：《社会企业》，载于《中国社会工作研究》2004 年第 2 辑。

47. 刘蕾、吴欣同：《“两块牌子”：社会企业的资源拼凑逻辑——对市场环境和制度环境的双重回应》，载于《东南学术》2020 年第 5 期。

48. 刘鹏：《走向嵌入型监管：当代中国政府社会组织管理体制的新观察》，载于《经济社会体制比较》2011 年第 4 期。

49. 刘小霞：《社会企业：合法性困境及出路》，载于《学习与实践》2012 年第 10 期。

50. 刘小霞：《我国社会企业的历史演进及制度性角色》，载于《中央民族大学学报》（哲学社会科学版）2013 年第 6 期。

51. 刘志阳、金仁旻：《社会企业的商业模式：一个基于价值的分析框架》，载于《学术月刊》2015 年第 3 期。

52. 刘志阳、李斌、陈和午：《社会创业与乡村振兴》，载于《学术月刊》2018 年第 11 期。

53. 刘志阳、邱振宇、王思婧：《社会创业的经济学分析和转型比较——基于乡村振兴的实践》，载于《福建论坛》（人文社会科学版）2020 年第 3 期。

54. 刘志阳、李斌、赵陈芳：《公益创投对社会企业使命偏离的影响研究》，载于《东南学术》2020 年第 3 期。

55. 刘志阳、王陆峰：《中国社会企业的生成逻辑》，载于《学术月刊》2019 年第 10 期。

56. 陆晓华：《苏州新建社区股份合作社 取消“集体股”》，载于《苏州日报》2015 年 4 月 8 日。

57. 罗必良：《集体经济体制的效率生成逻辑》，载于《开放时代》2015 年第 1 期。

58. 罗长安：《居民变股东 年年有分红——樊沟社区试水集体经济股份化改革》，载于《许昌日报》2015 年 4 月 18 日。

59. 麻鸣：《“社区发展与中国实践国际学术研讨会”综述》，载于《浙江社会科学》2013 年第 5 期。

60. 毛丹：《村庄的大转型》，载于《浙江社会科学》2008 年第 10 期。

61. 毛丹：《赋权、互动与认同：角色视角中的城郊农民市民化问题》，载于《社会学研究》2009 年第 4 期。

62. 梅文杰：《马克思明确地提出了“集体所有制”这个概念》，载于《经济研究》1979 年第 12 期。

63. 苗青、张晓燕：《“义利并举”何以实现？——以社会企业“老爸评测科技有限公司”为例》，载于《吉林大学社会科学学报》2018 年第 2 期。

64. 苗青、赵一星：《社会企业如何参与社会治理？——一个环保领域的案例研究及启示》，载于《东南学术》2020 年第 6 期。

65. ［比利时］马尔特·尼森编：《社会企业的岔路选择：市场、公共政策与公民社会》，伍巧芳译，法律出版社 2014 年版。

66. ［美］罗伯特·D. 帕特南（Robert D. Putnam）：《使民主运转起来：现代意大利的公民传统》，王列、赖海荣译，江西人民出版社 2001 年版。

67. 彭劲松、黎友焕：《社会企业商业模式研究——以广东残友集团为例》，载于《江西社会科学》2012 年第 4 期。

68. 潘小娟：《社会企业初探》，载于《中国行政管理》2011 年第 7 期。

69. 丘海雄、于永慧：《嵌入性与根植性——产业集群研究中两个概念的辨析》，载于《广东社会科学》2007 年第 1 期。

70. ［印度］阿马蒂亚·森（Amartya Sen）：《以自由看待发展》，任赜、于真译，中国人民大学出版社 2012 年版。

71. 沙勇:《社会企业发展演化及中国的策略选择》,载于《南京社会科学》2011 年第 7 期。

72. 沙勇:《社会企业:理论审视、发展困境与创新路径》,载于《经济学动态》2014 年第 5 期。

73. 时立荣:《从非正规就业组织到社会企业》,载于《理论学刊》2005 年第 9 期。

74. 时立荣:《转型与整合:社会企业的性质、构成与发展》,载于《人文杂志》2007 年第 4 期。

75. 时立荣、徐美美、贾效伟:《建国以来我国社会企业的产生和发展模式》,载于《东岳论丛》2011 年第 9 期。

76. 时立荣、王安岩:《社会企业与社会治理创新》,载于《理论探讨》2016 年第 3 期。

77. 时立荣、闫昊:《提升社会治理效能:社会企业生产要素社会性变革及其制度优势》,载于《理论探讨》2020 年第 2 期。

78. 舒博:《社会企业的崛起及其在中国的发展》,天津人民出版社 2010 年版。

79. [英] 罗杰·斯皮尔、克里斯·康福思、迈克·艾肯:《社会企业治理主要视角:一种参与式概念框架》,游斐译,载于《中国非营利评论》2021 年第 1 期。

80. [英] 约翰·斯迈尼 (John Smalley):《社会企业:英国“困顿社区”重生的新推手》,李关云译,载于《21 世纪商业评论》2006 年第 1 期。

81. 宋晓东:《深圳社区集体经济存在的问题及改革》,载于《特区实践与理论》2014 年第 3 期。

82. [日本] 速水佑次郎:《社区、市场与国家》,刘守英、詹小洪摘译,载于《经济研究》1989 年第 2 期。

83. 孙国贵:《农村集体经济发展需要理论和实践创新》,载于《江苏农村经济》2015 年第 5 期。

84. [德] 裴迪南·滕尼斯:《共同体与社会:纯粹社会学的基本概念》,林荣远译,商务印书馆 1999 年版。

85. 童列春:《农村集体经济有效实现中的村社权力》,载于《农业经济问题》2011 年第 11 期。

86. ［美］米切尔·托达罗（M. P. Todaro）：《第三世界的经济发展》，于同申等译，中国人民大学出版社 1988 年版。

87. ［法］托克维尔：《论美国的民主》，董果良译，商务印书馆 1997 年版。

88. 王海洋、乐红：《我国农民专业合作社发展困境的社会学解读》，载于《内蒙古农业大学学报》（社会科学版）2008 年第 5 期。

89. 王红梅：《推动社区股份公司转型发展》，载于《深圳商报》2015 年 5 月 29 日。

90. 王景新：《当今明星村集体经济发展的有效实现形式》，载于《开放时代》2015 年第 1 期。

91. 王景新：《集体经济的历史演进：从家庭公社到合作经济》，载于《古今农业》2012 年第 4 期。

92. 王景新等：《集体经济村庄》，载于《开放时代》2015 年第 1 期。

93. 王名、朱晓红：《社会企业论纲》，载于《中国非营利评论》2010 年第 2 期。

94. 文军：《社区经济略论》，载于《社会》2000 年第 6 期。

95. 武静：《社会企业如何兼顾公益与商业——基于制度逻辑的分析》，载于《北京社会科学》2018 年第 10 期。

96. ［英］杜德利·西尔斯：《发展的含义》，引自罗荣渠主编《现代化：理论与历史经验的再探讨》，上海译文出版社 1993 年版。

97. 徐君：《社会企业组织形式的多元化安排：美国的实践及启示》，载于《中国行政管理》2012 年第 10 期。

98. 徐元明：《社区股份合作：农村集体经济新的实现形式》，载于《中国集体经济》2005 年第 4 期。

99. 薛暮桥：《论社会主义集体所有制》，载于《经济研究》1979 年第 10 期。

100. 严国威：《社会企业的内部治理与社会目标达成——基于 C 公司的个案研究》，载于《理论探讨》2020 年第 2 期。

101. 杨刚勇、杨友国：《经济发达地区社区集体经济改革研究——以深圳市龙岗区为例》，载于《特区实践与理论》2015年第2期。

102. 杨光飞、梅锦萍：《社会企业：如何“叫好”又“叫座”？——来自格莱珉银行的启示》，载于《公共管理高层论坛》2010年第1期。

103. 杨家宁、陈健民：《西方社会企业兴起的背景及其研究视角》，载于《中国非营利评论》2010年第1期。

104. 杨嬛：《合作机制：农村集体经济有效实现的组织制度基础》，载于《山东社会科学》2015年第7期。

105. 杨勇、赵宇霞：《新农村建设视域下农村集体经济助推农民发展理路研究》，载于《贵族社会科学》2013年第12期。

106. 杨子申、江明修：《台湾地区社会企业发展之政策环境检视：一个跨部门治理的视角》，载于《中国非营利评论》2021年第1期。

107. 叶海英：《社区股份合作社的宁波样本》，载于人民网2014年2月13日。

108. 叶金生：《社区经济论》，企业管理出版社1997年版。

109. ［孟加拉国］穆罕默德·尤努斯：《新的企业模式——创造没有贫困的世界》，鲍小佳译，中信出版社2008年版。

110. 余晓敏、丁开杰：《社会企业发展路径：国际比较及中国经验》，载于《中国行政管理》2011年第8期。

111. 郁德芳：《香港的社会企业及其创新力》，载于《中国社会工作》2014年第5期。

112. 翟新花、赵宇霞：《新型农村集体经济中的农民发展》，载于《理论探讨》2012年第4期。

113. 张超：《社区经济及其管理体制创新》，载于《学海》2004年第2期。

114. 张克俊、付宗平：《“村改居”社区集体经济面临的困境及出路》，载于《农村经济》2015年第9期。

115. 张维维：《社会企业与社区邻里关系的重建：以四个社会企业为例》，载于《浙江社会科学》2020年第4期。

116. 张小军：《谁的村落？谁的集体？——集体化村落发展模式反思》，载于《开放时代》2015年第1期。

117. 赵莉、严中华：《西班牙社会企业发展的策略研究及启示》，载于《管理现代化》2011 年第 4 期。

118. 赵萌：《社会企业战略：英国政府经验及其对中国的启示》，载于《经济社会体制比较》2009 年第 4 期。

119. 郑南、庄家怡：《社会组织发展的新形态——台湾社会企业的发展与启示》，载于《学术研究》2015 年第 9 期。

120. 郑南、刘树禄：《支持型社会企业与地域社会的公共性建设》，载于《中国非营利评论》2021 年第 1 期。

121. 郑萍：《日本山岸会——国外集体经济的一种实验》，载于《上海集体经济》2014 年第 4 期。

122. 郑胜分、王致雅：《台湾社会企业的发展经验》，载于《中国非营利评论》2010 年第 2 期。

123. 郑有贵：《村社区性集体经济组织是否冠名合作社——以福建省仙游县村经济合作社为例》，载于《管理世界》2003 年第 5 期。

124. 钟伟：《村民变股民 幸福日子节节高》，载于《德州日报》2014 年 9 月 1 日。

125. 钟再勤、毛冬宝：《城市化转制转地后社区集体经济的转型发展》，载于《特区实践与理论》2007 年第 3 期。

126. 朱明：《社会企业的四大发展理念》，载于《21 世纪商业评论》2006 年第 2 期。

127. 朱明、李攀、赵萌：《社会企业：英国社会发展的第三动力》，载于《21 世纪商业评论》2006 年第 1 期。

二、英文文献

1. Kim Alter. *Social Enterprise Typology*, Virtue Ventures LLC, 2007, pp. 1 – 124.

2. Nikolaos Apostolopoulos, R. Newbery and M. Gkartzios, Social enterprise and community resilience: Examining a Greek response to turbulent times. *Journal of Rural Studies*, Vol. 70, 2018, pp. 215 – 224.

3. James Austin, H. Stevenson, & J. Wei – Skillern, Social and commer-

cial entrepreneurship: same, different, or both? *Entrepreneurship Theory & Practice*, *Vol.* 30, No. 1, 2006, pp. 370 - 384.

4. Jo Barraket, Social inclusion through community enterprise? Examining the available evidence. *Third Sector Review*, Vol. 16, No. 1, 2010, pp. 13 - 28.

5. Jo Barraket, Pathways to employment for migrants and refugees? The case of social enterprise. In B. Curtis, T. McIntosh, S. Matthewman (eds.), Proceedings of the Australian Sociological Association (TASA) and the Sociological Association of Aotearoa New Zealand (SAANZ) Joint Conference, 2007, pp. 1 - 8.

6. Belinda B. S. Barraket, Resourcefulness of locally - oriented social enterprises: Implications for rural community development. *Journal of Rural Studies*, Vol. 70, 2019.

7. Tina Barton, Small Business and Social Enterprise: To Thrive Not Fail. *Papers in Canadian Economic Development*, Vol. 18, 2019, pp. 17 - 43.

8. Chiara D. Bernardi and D. Arenas, How to avoid swinging: A social enterprise's quest for authenticity in tourism, *Tourism management*, Vol. 89, No. 4, 2022, pp. 1 - 7.

9. K. Birkhölzer, Local economic development: a European - wide movement toward more economic democracy and social justice. *Local economy*, Vol. 14, No. 1, 1999, pp. 43 - 54.

10. K. Birkhölzer, The Role of Social Enterprise in Local Economic Development. Paper for the 2nd EMES International Conference on Social Enterprise, 1st to 4th of July in Trento, Italy, 2009.

11. R. Blackburn, M. Ram, Fix or Fixation? The Contributions and Limitations of Entrepreneurship and Small Firms to Combating Social Exclusion. *Entrepreneurship and Regional Development*, Vol. 18, No. 1, 2006, pp. 73 - 89.

12. Peter Boothroyd, Craig H. Davis, Community Economic Development: Three Approaches. *Journal of Planning Education and Research*, Vol. 12, No. 3, 1993, pp. 230 - 240.

13. Carlo Borzaga, Ermanno Tortia, Social Enterprises and Local Economic Development. *School on Local Development working paper*, 2008, pp. 1 - 24.

14. Mike Bull, et al. Seeing social enterprise through the theoretical conceptualization of ethical capital, International Small Business Conference, 2022, pp. 1 – 14.

15. E. Chell, Social enterprise and entrepreneurship towards a convergent theory of the entrepreneurial process. *International Small Business Journal*, Vol. 25, No. 1, 2007, pp. 5 – 26.

16. Narae Choi, Self – Sustainable Social Enterprises: Associative Democracy Case of the Big Issue. Seoul National University, draft.

17. Dary D'Art, Thomas Turner, Independent Collective Representation: Providing Effectiveness, Fairness, and Democracy in the Employment Relationship. *Employee Responsibilities and Rights Journal*, Vol. 125 No. 4, 2003, pp. 169 – 181.

18. Gregory J. Dees. Enterprising Nonprofits, *Harvard Business Review*, Vol. 76, No. 1, 1998, pp. 55 – 67.

19. Jacques Defourny, Introduction: From Third Sector to Social Enterprise. in Carol Borzaga & Jacques Defourny eds. , *The Emergence of Social Enterprise*, London & New York: Routledge, 2001, pp. 1 – 28.

20. Paul J. Dimaggio, and Walter W. Powell, The iron cage revisited: Institutional isomorphism and collective rationality in organizational field. *American Sociological Review*, Vol. 48, No. 2, 1983, pp. 147 – 160.

21. Sarah E. A. Dixon, A. Cliffors, Ecopreneurship: A New Approach to Managing the Triple Bottom Line. *Journal of Organizational Change Management*, Vol. 20, No. 2, 2007, pp. 326 – 345.

22. Bob Doherty and P. Kittipanya – Ngam, The Role of Social Enterprise Hybrid Business Models in Inclusive Value Chain Development. *Sustainability*, Vol. 13, No. 2, 2021, pp. 1 – 24.

23. A. Dunn, C. A. Riley, Supporting the not – for – profit sector: The 18 government's review of charitable and social enterprise. *The Modern Law Review Limited*, Vol. 67, No. 4, 2004, pp. 632 – 657.

24. Prescott Ensign Ansen, Social enterprise in a remote Indigenous com-

munity – Barunga Festival in Australia's Northern Territory. *Journal of Management & Organization*, Vol. 13, No. 2, 2021, pp. 1 – 7.

25. Mel Evans, S. Syrett, Generating social capital? The social economy and local economic development. *European Urban and Regional Studies*, Vol. 14, No. 1, 2007, pp. 55 – 74.

26. Mel Evans, Mutualising cash – in – hand? Social enterprise, informal economic activity and deprived neighbourhoods. *Local Government Studies*, Vol. 33, No. 3, 2007, pp. 383 – 399.

27. Robyn Eversole, Social Enterprises as Local Development Actors: Insights from Tasmania. *Local Economy*, Vol. 28, No. 6, 2013, pp. 567 – 579.

28. Kristin M. Ferguson, Conceptualizing Outcomes with Street – living Young Adults: Grounded Theory Approach to Evaluating the Social Enterprise Intervention. *Qualitative Social Work*, Vol. 7, No. 2, 2008, pp. 217 – 237.

29. Eilidh Finlayson and M. J. Roy, Empowering communities? Exploring roles in facilitated social enterprise. *Social Enterprise Journal*, Vol. 15, No. 1, 2018, pp. 76 – 93.

30. Naoki Fujimoto, Empowering Local Communities through the Tourism Social Enterprise Approach: A Case Study of Entra Indonesia. *Journal of the Asia – Japan Research Institute of Ritsumeikan University*, Vol. 3, 2021, pp. 33 – 50.

31. J. Gardner, M. Roseland, Acting locally: Community strategies for equitable sustainable development. *Alternatives*, Vol. 16, 1989, pp. 36 – 48.

32. K. Gemici, Karl Polanyi and the Antinomies of Embeddedness. *Socio – Economic Review*, Vol. 6, No. 1, 2008, pp. 5 – 33.

33. J. Gershuny, The informal economy: its role in post – industrial society. *Futures*, Vol. 11, No. 1, 1979, pp. 3 – 15.

34. Michela Giovannini, Social enterprises for development as buen vivir. *Journal of Enterprising Communities: People and Places in the Global Economy*, Vol. 6, No. 3, 2012, pp. 284 – 299.

35. Janne Gleerup, Lars Hulgård and S. Teasdale, Action Research and Participatory Democracy in Social Enterprise. *Social Enterprise Journal*, Vol. 16,

No. 1, 2019, pp. 46 – 59.

36. Cecile Godfroid, N. Otiti and R. Mersland, Employee tenure and staff performance: The case of a social enterprise. *Journal of Business Research*, Vol. 139, No. 2, 2022, pp. 457 – 467.

37. Michela Granovetter, Economic Action and Social Structure: The Problem of Embeddedness. *American Journal of Sociology*, Vol. 91, No. 3, 1985, pp. 481 – 510.

38. Michela Granovetter, R. Swedberg, *The sociology of economic life*, Boulder: Westview, 1992.

39. Jamie Hasall, R. Oberoi and M. Snowden, A New Era of Social Enterprise? A Global Viewpoint. *STAR Scholars Network*, Vol. 4, No. 1, 2020, pp. 79 – 88.

40. Elizabeth Mary Heyworth – Thomas and R. Jones, Social enterprise: Bridging the gap between the statutory and third sector. *International Journal of Entrepreneurship and Innovation*, Vol. 20, No. 2, 2019, pp. 80 – 89.

41. M. Gray, K. Healy, P. Crofts, Social enterprise: is it the business of social work? *Australian Social Work*, Vol. 56, No. 2, 2003, pp. 141 – 154.

42. J. R. Gusfield, *The Community: A Critical Response*, New York: Harper Colophon, 1975.

43. J. Hagedoorn, Understanding the cross – level embeddedness of interfirm partnership formation. *Academy of Management Review*, Vol. 31, No. 3, 2006, pp. 670 – 680.

44. A. Halinen, J. Tornroos, The role of embeddedness in the evolution of business networks. *Scandinavian Journal Management*, Vol. 14, No. 3, 1998, pp. 187 – 205.

45. John W. Handy, Community economic development: some critical issues. *The Review of Black Political Economy*, Vol. 21, No. 3, 1993, pp. 41 – 64.

46. David J. Hendrickson, Pushing the envelope: market mechanisms for sustainable community development. *Journal of Urbanism: International Research on Placemaking and Urban Sustainability*, Vol. 4 No. 2, 2011, pp. 153 – 173.

47. M. Hess, Spatial relationships? Towards a conceptualization of embeddedness. *Progress in Human Geography*, Vol. 28, No. 2, 2004, pp. 165 - 186.

48. Philip C. Huang, China's Neglected Informal Economy: Reality and Theory. *Modern China*, Vol. 35, No. 4, 2009, pp. 405 - 438.

49. Lindsay Jeffs, Social Enterprises, the Social Economy and Community Economic Development. paper to be presented at the second annual Comment Research Symposium, Hanmer Springs, 2006, pp. 1 - 23.

50. B. Jessop, Regulationist and autopoieticist reflections on Polanyi's account of market economies and the market society. *New Political Economy*, Vol. 6, No. 2, 2001, pp. 213 - 232.

51. Moga T. Jilenga, Social Enterprise and Economic Growth: A Theoretical Approach and Policy Recommendations. *International Journal of Academic Research in Accounting, Finance and Management Sciences*, Vol. 7, No. 1, 2017, pp. 41 - 49.

52. Erne S. Kassim, Thareq A. MohdHairuddin, HanitahaizaAb Malik, Ariff MdTobi, Siti U. Mohd, Mapping social enterprise to sustainable development goals. *International Journal of Environment and Sustainable Development*, Vol. 19, No. 2, 2020, pp. 209 - 237.

53. Alan Kay, Social capital, the social economy and community development. *Community Development Journal*, Vol. 41, no. 2, 2007, pp. 160 - 173.

54. Janelle A. Kerlin, A Comparative Analysis of the Global Emergence of Social Enterprise. *Voluntas: International Journal of Voluntary and Nonprofit Organizations*, Vol. 21, No. 2, 2010, pp. 162 - 179.

55. Janelle A. Kerlin, Social Enterprise in the United States and Europe: Understanding and Learning from the Differences. *Voluntas: International Journal of Voluntary and Nonprofit Organizations*, Vol. 17, No. 3, 2006, pp. 247 - 263.

56. Greta R. Krippner, The Elusive Market: Embeddedness and the Paradigm of Economic Sociology. *Theory and Society*, Vol. 30, No. 6, 2001, pp. 775 - 810.

57. Rama K. R. Kummitha, social entrepreneurship as a tool to remedy social exclusion: a win - win scenario? *South Asia Research*, Vol. 36, No. 1, 2016,

pp. 61 – 79.

58. Magorzata Kurleto, Using the Internet to Improve the Efficiency of the Social Enterprise Business Model. *International Journal of Contemporary Management*, Vol. 19, No. 3, 2020, pp. 7 – 22.

59. Donald W. Light, From migrant enclaves to mainstream: Reconceptualizing informal economic behavior. *Theory and Society*, Vol. 33, No. 6, 2004, pp. 705 – 737.

60. Isaac Lyne, Social enterprise and community development: Theory into practice in two Cambodian villages. Published by ProQuest LLC, 2017, pp. 1 – 356.

61. Fergus Lyon, Social enterprises, cooperation and competition in the delivery of public services. Paper prepared for the 2nd EMES International Conference on Social Enterprise, 2009.

62. A. Mancino, A. Thomas, An Italian Pattern of Social Enterprise: The Social Cooperative. *Nonprofit Management & Leadership*, Vol. 15, No. 3, 2005, pp. 357 – 369.

63. Matt J. Mariola, Farmers, trust, and the market solution to water pollution: The role of social embeddedness in water quality trading. *Journal of Rural Studies*, Vol. 28, No. 4, 2012, pp. 577 – 589.

64. Sara Calvo Martínez, Andrés Morales Pachón, José María Martín Martín and Valentín Molina Moreno, Solidarity Economy, Social Enterprise, and Innovation Discourses: Understanding Hybrid Forms in Postcolonial Colombia. *Social Sciences*, Vol. 8, No. 7, 2019, pp. 1 – 17.

65. Sinéad McBrearty, Social enterprise – a solution for the voluntary sector? *Social Enterprise Journal*, Vol. 3, No. 1, 2007, pp. 67 – 77.

66. John D. McCarthy, Mark Wolfson, Resource mobilization by local social movement organizations: Agency, strategy, and organization in the movement against drinking and driving. *American Sociological Review*, Vol. 61, No. 6, 1996, pp. 1070 – 1088.

67. Ethan Miller, Community Economy: Ontology, Ethics, and Politics for Radically – Democratic Economic Organizing. *Rethinking Marxism*, Vol. 25,

No. 4, 2013, pp. 518 - 533.

68. Mark Morrin, Dave Simmonds & Will Somerville, Social Enterprise: Mainstreamed from the Margins? *Local Economy*, Vol. 19, No. 1, 2004, pp. 69 - 84.

69. Patrick J. Murphy, A. Kornetskyy and J. T. Nixon, Delineating novel aspects of social enterprise theory. *Social Enterprise Journal*, Vol. 18, No. 2, 2022, pp. 364 - 382.

70. Leandro Da Silva Nascimento and V. Salazar, Overcoming the theoretical duality on social enterprise formation. *Journal of Entrepreneurship in Emerging Economies*, Vol. 13, No. 3, 2020, pp. 327 - 352.

71. Chris M. Opatrny - Yazell, D. H. Jensen and M. H. Mccord, The Dilemma of Social Entrepreneurship and Social Enterprise: An Exercise. *Entrepreneurship Education and Pedagogy*, Vol. 4, No. 4, 2021.

72. John Pearce, *Social Enterprise in Anytown*, Calouste Gulbenkian Foundation, London, 2004.

73. Andy Pike, Andrés Rodríguez - Pose & John Tomaney, What Kind of Local and Regional Development and for Whom? *Regional Studies*, Vol. 41, No. 9, 2007, pp. 1253 - 1269.

74. Karl Polanyi, *The great transformation*, Boston: Beacon press (originally published in 1944), 2001.

75. Simone Poledrini, Unconditional Reciprocity and the Case of Italian Social Cooperatives. *Nonprofit and Voluntary Sector Quarterly*, Vol. 44, No. 3, 2015, pp. 457 - 473.

76. Alejandro Portes, Julia Sensenbrenner, Embeddedness and Immigration: Notes on the Social Determinants of Economic Action. *The American Journal of Sociology*, Vol. 98, No. 6, 1993, pp. 1320 - 1350.

77. Sara Rago, Social Enterprises as Democracy and Development Promoters: Comparing Danish and Italian Samples. International Guest Student at Centre for Social Entrepreneurship (CSE), 2009.

78. Julia A. Rebutin, Social enterprise and tourism, the key to a better inte-

gration of indigenous populations. https：//core. ac. uk/download/pdf/6668294. pdf，2009.

79. Kristen Reid & Jon Griffith，Social Enterprise Mythology：Critiquing Some of the Assumptions. *Social Enterprise Journal*，Vol. 2，No. 1，2006，pp. 1 – 10.

80. Rory Ridley – Duff and M. Bull，*Understanding Social Enterprise：Theory and Practice*（*3rd Edition*）. Publisher：Sage Publications，2019.

81. Philip Roscoe，Economic embeddedness and materiality in a financial market setting. *The Sociological Review*，Vol. 61，No. 1，2013，pp. 41 – 68.

82. Joyce Rothschild，Workers' Cooperatives and Social Enterprise：A Forgotten Route to Social Equity and Democracy. *American Behavioral Scientist*，Vol. 52，No. 7，2009，pp. 1023 – 1041.

83. Michael J. Roy，P. Dey and S. Teasdale，Re – embedding embeddedness：what is the role of social enterprise in promoting democracy and protecting social rights? *Social Enterprise Journal*，Vol. 17，No. 3，2021，pp. 379 – 397.

84. Nakagawa Sachiko，Toward inclusive society：How do social enterprises promote the community participation? 2nd EMES International Conference on Social Enterprise，July 1 – 4，Trento，Italy，2009.

85. Sema Sakarya，Social alliances：Business and social enterprise collaboration for social transformation. *Journal of Business Research*，Vol. 65，No. 12，2012，pp. 1710 – 1720.

86. Masanari Sakurai，Rural Community Revitalization Social Enterprise and Social Capital of Rural Community. *policy science*，Vol. 20，2012.

87. Sally Sargeson and Zhang Jian，Reassessing the Role of the Local State：A Case Study of Local Government Interventions in Property Rights Reform in a Hangzhou District. *The China Journal*，Vol. 42，1999，pp. 77 – 99.

88. Margherita Scarlato，Social Enterprise，Capabilities and Development：Lessons from Ecuador. *Journal of Development Studies*，Vol. 49，No. 9，2013，pp. 1270 – 1283.

89. John W. Schouten and B. L. Dufault，Social Enterprise as a Broker of Identi-

ty Resources. *Sustainability*, Vol. 14, No. 6, 2022, pp. 1 – 21.

90. Fred Seddon, R. Hazenberg and S. Denny, Reintegrating socially excluded individuals through a social enterprise intervention. *Social Enterprise Journal*, Vol. 10, No. 3, 2014, pp. 222 – 238.

91. Amartya Kumar Sen, Development as Freedom. *International journal* (*Toronto*, *Ont.*), Vol. 55, No. 1, 1999.

92. Gill Seyfany, Working Outside the Box: Community Currencies, Time Banks and Social Inclusion. *Journal of Social Policy*, Vol. 33, No. 1, 2004, pp. 49 – 71.

93. Eleanor Shaw, Marketing in the social enterprise context: is it entrepreneurial? *Qualitative Market Research*: *An International Journal*, Vol. 7, No. 3, 2004, pp. 194 – 205.

94. Brett R. Smith, Joshua Knapp, Terri F. Barr, Christopher E. Stevens & Benedetto L. Cannatelli, Social Enterprises and the Timing of Conception: Organizational Identity Tension, Management, and Marketing. *Journal of Nonprofit & Public Sector Marketing*, Vol. 22, No. 2, 2010, pp. 108 – 134.

95. Simon Teasdale, How Can Social Enterprise Address Disadvantage? Evidence from an Inner City Community. *Journal of Nonprofit & Public Sector Marketing*, Vol. 22, No. 2, 2010, pp. 89 – 107.

96. Paul Tracey, N. Phillips, &H. Haugh, Beyond Philanthropy: Community Enterprise as a Basis for Corporate Citizenship. *Journal of Business Ethics*, Vol. 58, No. 4, 2005, pp. 327 – 344.

97. Juin Ming Tsai, S. W. Hung and T. T. Yang, In pursuit of goodwill? The cross – level effects of social enterprise consumer behaviours. *Journal of Business Research*, Vol. 109, No. 3, 2020, pp. 350 – 361.

98. Sherri Leronda Wallace, Social entrepreneurship: The role of social purpose enterprises in facilitating community economic development. *Journal of Developmental Entrepreneurship*, Vol. 4, No. 2, 1999, pp. 153 – 174.

99. Shutwu Wang, Yuyuan Kuan & Kamtong Chan, The Resource Mobilization of Community – based Social Enterprises in Taiwan. *Hong Kong Journal of So-*

cial Work, Vol. 48, No. 1/2, 2014, pp. 3 –27.

100. Rasheda L. Weaver, Social enterprise and the capability approach: examining the quest to humanize business. A dissertation submitted tothe Graduate School – Camden Rutgers, The State University of New Jersey In partial fulfillment of the requirements for the degree of Doctor of Philosophy Graduate Program in Public Affairs – Community Development, 2017.

101. Justin W. Webb, L. Tihanyi, R. D. Ireland & David G. Sirmon, You Say Illegal, I Say Legitimate: Entrepreneurship in the Informal Economy. *Academy of Management Review*, Vol. 34, No. 3, 2009, pp. 492 –510.

102. Charles J. Whalen, Consensus Mechanisms and Community Economic Development: The Buffalo Experience. *Journal of Economic Issues*, Vol. 21, No. 2, 1987, pp. 763 –774.

103. Gareth R. T. White, A. Samuel, K. Peattie and B. Doherty, Reconciling social enterprise: beyond the paradox perspective, *International Journal of Entrepreneurial Behavior & Research*, Vol. 28, No. 2, 2022, pp. 500 –526.

104. Sandy Whitelaw and Carol Hill, Achieving sustainable social enterprises for older people: evidence from a European project. *Social Enterprise Journal*, Vol. 9, No. 3, 2013, pp. 269 –292.

105. Therese Ann Wilson, Supporting Social Enterprises to Support Vulnerable Consumers: The Example of Community Development Finance Institutions and Financial Exclusion. *Journal of Consumer Policy*, Vol. 35, No. 2, 2012, pp. 197 –213.

106. Pradit Withisuphakorn, Social enterprise for sustainable development: Green Industry approach. *International Journal of Business and Globalisation*, Vol. 19, No. 2, 2017, pp. 175 –182.

107. Dennis R. Young, Organizational Identity in Nonprofit Organizations: Strategic and Structural Implications. *Nonprofit Management & Leadership*, Vol. 12, No. 2, 2001, pp. 139 –157.

108. Susan Young, Policy, Practice and the Private Sector in China. *The Australian Journal of Chinese Affairs*, Vol. 21, No. 1, 1989, pp. 57 –80.

109. Xiaoshan Zhang, Co - operatives, communities and the state: the recent development of Chinese rural co - operatives in transition. *Land Reform*, Vol. 1 - 2, 1999, pp. 93 - 105.

110. Meng Zhao, The Social Enterprise Emerges in China. *Stanford Social Innovation Review*, spring 2012, pp. 30 - 35.

111. Christos Zografos, Rurality discourses and the role of the social enterprise in regenerating rural Scotland. *Journal of Rural Studies*, Vol. 23, No. 1, 2007, pp. 38 - 51.

112. Laszlo Zsolnai, Green business or community economy? *International Journal of Social Economics*, Vol. 29, No. 8, 2002, pp. 652 - 662.

113. Sharon Zukin & Paul J. DiMaggio, Structures of capital: the social organization of the economy, Cambridge University Press, 1990.

附录1：社区发展的角色困境及其解决路径*

——一种社会企业的观察视角

贺建军

内容提要：社区发展作为推进社会全面进步的重要途径，它需要政府、社会与市场的多元合作和共同参与。但是，在现实层面，政府权力、社会力量与市场机制介入社区发展可能导致政府、社会与市场各自角色偏离和合作不畅的困境，这势必会影响社区共同体的良性发展。社区发展的角色困境并不能在现有框架内得到解决，因此，必须创新社区发展模式，寻求社区发展的新的推动力量。社会企业作为一种新型的社会组织形态，它运用商业策略解决社会问题，坚持公共政策、市场与公民社会的“三重底线”，实现政府、市场与社会三种力量的有机结合，刚好可以成为破解我国社区发展角色困境的重要路径。但是，社会企业在中国是一个新生事物，它的健康成长缺乏相应的政策环境和社会文化土壤，这就使得社会企业介入社区发展存在着诸多潜在的风险，这不能不引起政府和学界的警惕。

关键词：社区；社区发展；社会企业

社区发展作为推进社会全面进步的重要途径，越来越成为我国政府和学界关注的焦点。不过，我国的社区发展向来是以社区建设的面貌示人，地方政府、民间组织、社会工作者甚至作为市场主体的私营企业参与社区

---

* 本文系国家社会科学基金一般项目（编号：14BSH101）的阶段性研究成果，原发于《浙江社会科学》，2015年第4期。

建设，共同推动我国社区发展。政府、市场与社会多元介入的社区发展模式打破了国家与社会、政府与市场二元分离的西方理论预设，成为中国特色的社区发展实践。[①] 然而，这种社区发展多元合作的观点明显太过于乐观，他们自信地认为，“凡是国家、市场、社会三者合作得好的地方，社会管理和社区治理也搞得好。”[②] 但是，社区发展在实践层面的复杂性远超人们的预期，笔者认为，政府、市场与社会多元介入的社区发展模式仍然面临两重追问：（1）政府、市场与社会多元合作共同参与社区发展，它们能否恪守各自的活动边界？（2）政府、市场与社会之间如何开展多元合作与相互衔接？笔者将第一个问题称之为各自角色的“偏离问题”，即政府、市场与社会僭越自身，不能实现各自使命的问题；将第二个问题称之为角色之间的“合作问题”，即政府、市场与社会之间的合作与衔接问题，这两大问题共同构成了我国当前社区发展的角色困境。

我国社区发展的角色困境并不能在现有框架内得到解决，因此，必须创新社区发展模式，寻求社区发展的新的推动力量。20 世纪 80 年代，随着西方“福利国家”危机的不断显现，欧美世界开始寻求破解之策，社会企业作为一种解围“福利国家”困境的有效形式开始兴起并在世界范围内获得迅速发展。2006 年，孟加拉国银行家尤努斯因创办格莱珉乡村银行（Grameen Bank）解决乡村地区的贫困问题而获得诺贝尔和平奖，社会企业作为一种推动贫困乡村或社区发展的重要方式和途径，迅速受到了世界各国的普遍关注。近年，社会企业在中国崛起，[③] 并出现了一批有影响的社会企业，如四川阿坝州妇女羌绣就业帮扶中心、深圳残友集团、友成企业家扶贫基金会、贵州生生乡土投资股份有限公司等。社会企业作为一种新型的社会组织形态，它是我国社区和谐发展的“新能源”，[④] 也是“困顿社

---

① 学术界普遍认为我国当前社区建设中政府一直在场，但对于“市场是否在场”“社会是否在场”的问题持有相当大的争议。参见麻鸣：《“社区发展与中国实践国际学术研讨会”综述》，《浙江社会科学》，2013 年第 5 期，第 96 页。

② 郑杭生：《当前我国社会管理和社区治理的新趋势》，《甘肃社会科学》，2012 年第 6 期。

③ 英国牛津大学赛义德商学院的中国学者赵萌在《斯坦福社会创新评论》（春季号）上撰文指出社会企业在中国崛起。参见 Meng Zhao，2012，“The Social Enterprise Emerges in China”，*Stanford Social Innovation Review*，Spring 2012：pp. 30 – 35.

④ 陈欣：《社会企业能否成为中国社区和谐发展的“新能源”》，《社区》，2008 年第 12 期。

区”重生的“新推手”。[①] 社会企业运用商业策略解决社会问题的双重特征，刚好可以成为破解我国社区发展角色困境的重要路径。

一、政府、市场与社会：社区发展的角色担当

社区发展是一个政府主导、社会支持与市场参与的多元合作共同推动社区共同体发展的过程。这已经成为政府和学界的共识。但是，多元合作的顺利开展与社区发展的真正实现需要政府、市场与社会恪守各自的角色边界。有学者把政府、市场与社会各自的角色边界看成为政府主体性、市场主体性和社会主体性的塑造，[②] 僭越角色边界，就会直接导致主体性的缺失。

按照西方自由主义的理论逻辑，国家（政府）是一个“守夜人”的角色，对经济和社会事务不加干预，这种把国家与社会、政府与市场分割开来的西方理论与社区发展的多元合作模式无异于背道而驰。联合国于 1955 年制定《以社区发展促进社会进步》的文件，明确提出“政府积极的、广泛的协助”“建立专门的行政机构”“运用地方和国家资源，实施全国性的社区发展计划”等主张。如此看来，“社区发展有责任和义务倡导国家和国家权力，并发展出清晰的关于社区工作如何与政治需求结合并达成公共政策的策略。”[③] 首先，政府需要协助与指导社区经济发展。在居民收入低下的贫困社区，一般存在着资金不足、技术落后、人才缺乏等问题，这直接导致社区经济活力不够和发展水平不高，社区发展需要地方政府的积极

---

① （英）约翰·斯迈尼（John Smalley）：《社会企业：英国“困顿社区”重生的新推手》，李关云译，《21 世纪商业评论》，2006 年第 1 期。

② 陈伟东把社区建设的中国道路看成是政府主体性、市场主体性和社会主体性的塑造过程。政府主体性在于政府履行社会责任，包括塑造先进的社区理念、引领公认的社区价值观、创设公平的社区制度、提供均等的社区公共服务、激励企业和公民的社区参与；市场主体性在于企业履行社会责任，包括为社区提供优质服务、为社区提供资源、开展社区公益行动；社会主体性在于公民履行社会责任，包括增强公民意识、发展志愿精神、开展志愿行动、增进社区认同、促进社区团结。参见陈伟东：《论社区建设的中国道路》，《学习与实践》，2013 年第 2 期。

③ 美国社会学家阿克武戈·艾默久卢（Akwugo Emejulu）在对美国钢铁城市匹兹堡社区发展进行研究时甚为惊叹，发现国家（政府）在社区发展领域完全缺席，遂提出政府应当积极介入社区发展的建议。参见 Akwugo Emejulu，2013，“Searching for the state and the market in American community development：reflections on editing Community Development in the Steel City”，*Community Development Journal*，48（1）：p. 161.

干预。政府对社区经济的干预是双重的，一种是直接的资金投入。对于贫困社区而言，政府实施社区发展补贴或其他资金投入不仅能增强经济效益，而且改善贫困、不平等和经济机会障碍。[①] 另一种是间接的经济协助与引导。地方政府帮助社区居民适应市场化的要求，为他们创造更多的就业机会和创收机会，以提高社区低收入人群的生活质量。其次，政府应该提供社区公共服务的供给与支持。社区“困顿”重要表现在社区公共基础设施落后、社区居民社会福利不到位、社区生活环境较差等方面，在社区发展内在动力不足的情况下，地方政府理应加大对社区公共服务的供给。政府介入社区公共服务的一个重要任务是积极运用市场或社会机制，让市场主体、社会组织或社会工作者参与社区服务供给。例如，政府通过向私营企业或社会组织购买社区养老服务，大大缓解了社区养老压力。最后，政府应该承担社区文化氛围的形塑与营造。可持续社区发展根植于制度文化和要求公民参与政策制定的政治和制度平台，如果没有文化的更新，即使最开明的立法和最好的技术，也将失去对社区可持续发展的掌舵。[②] 美国社会学家斯科特·柯明斯（Scott Cummings）更是用实验证明，政府导向的社区显示出更高的集体行动和社区建设参与水平。[③] 不可否认，地方政府在引导社区居民参与、加强社区联系与相互依赖、培养居民社区共同体意识等社区文化营造中发挥重要作用。

政府对社区的干预在某种程度上决定了社区生活共同体的命运，而社区发展活力的激发以至于社区发展层次的提升则需要市场机制和社会力量的介入。“市场机制是社区发展的重要工具，它影响市场决策、消费者行为、市场结构和资源获得，并培育更好的责任、透明度、政策方向和结

---

① Robert K. Triest, 2011, “The Economics of Subsidies for Community Development: A Primer”, *Smart Subsidy for Community Development*, A Joint Publication by the Federal Reserve Bank of Boston and The Aspen Institute, p. 19.

② David J. Hendrickson , 2011, “Pushing the envelope: market mechanisms for sustainable community development”, *Journal of Urbanism: International Research on Placemaking and Urban Sustainability*, 4 (2), p. 169.

③ Scott Cummings, 1988, “Community development in a Mexican squatter settlement: A program evaluation”, *Population Research and Policy Review*, 7: p. 186.

果。”[①] 对经济水平较为低下的社区而言，市场无疑承担着合理配置社区资源、提供优质社区服务以及推动社区经济发展与转型的重任。首先，市场力量总是依其自由竞争与优胜劣汰的自然禀性，试图对社区工业商业、劳动力、土地及社区基础设施的建设产生影响，实现社区资源的合理配置和对社区外资源的有效利用。其次，市场的优胜劣汰机制可以为社区居民提供优质的社区服务，例如，在美国，城市政府创建社区公共市场用来解决许多社会问题，如缓解就业、吸收社区新移民和提供健康的食物等，公共市场已经被作为社区发展的重要工具。[②] 最后，市场力量介入社区的最大动力来自盈利的憧憬，但是，市场对自身利润的追求在客观上促成了社区经济的发展与转型。在那些困顿的但又极具历史、文化或旅游特色的社区，市场开发的作用就非常明显，社区实现了经济发展方式的转变，带来了社区物质财富的巨大增长，社区居民的生活质量也得到提高。地方政府逐渐认识到，社区经济的市场化激励是政府本身所不能实现的，因此，越来越多的政策制定者正在寻求运用市场机制，实现社区可持续发展。

政府和市场对社区的双重介入推动了社区发展，同时也导致了对社区社会公共空间的挤压。根据世界社区发展的一般经验，社区发展需要有强大的公民社会的支撑，社区发展内在活力的激发实质上来源于社会的推动，如社会民间组织的参与、社会工作者的介入、政府制定的社会政策影响、社区社会资本的存续等。美国学者约翰·彼得考（John J. Betancur）对此进行了深入研究，他以芝加哥市 30 年社区发展状况为题材，研究了不同政府管理体制之下草根运动和专业化群体对社区的不同影响：在哈罗德·华盛顿（Harold Washington）市长任期，倡导社会变化的草根运动受到重视，极大地推动了芝加哥社区发展。而在理查德·达尼市长任期，各种专业化群体不断取代草根的生存空间，其直接后果则是导致了社区贫困、无家可

① David J. Hendrickson, 2011, "Pushing the envelope: market mechanisms for sustainable community development", *Journal of Urbanism: International Research on Placemaking and Urban Sustainability*, 4 (2), p. 165.

② Alfonso Morales, 2009, "Public Markets as Community Development Tools", *Journal of Planning Education and Research*, 28: p. 426.

归、教育弱化以及更大的阶层分化。① 社会力量发挥作用的重要方面在于社区整合。作为一个以地缘关系为基本纽带的社区共同体，可以在事实上形成涂尔干意义上的“机械团结”，但若要向滕尼斯意义上“极富有人情味的”生活共同体转变，依靠自身机制往往很难实现，尤其在工业文明和城市化高度发达的现代都市。政府可以作为社区整合的重要角色，但这种“建立在个人对国家高度依附关系基础上的社区整合，掩盖了现代社区整合最为关键的问题——社会自我组织能力的发展”。② 市场在资源利用、优质服务或效率方面似乎比政府更有效，但问题在于，市场把社区居民变成了纯粹的消费者或追名逐利的个体，其工具化倾向使社区难以成为真正生活意义上的共同体。社会力量的介入彻底改变了政府与市场在社区领域的弱点，使社区从原有的“机械团结”向真正的生活共同体转变，也使社区居民从政府帮扶的弱势群体角色和作为市场对象的个体消费者角色向社区主人的角色转变。难怪美国社会学家詹姆斯·C. 斯科特从国家的视角对那些试图改善人类的项目如何失败的问题进行分析时声称，秩序体现在日常实践的逻辑中，维持秩序的正式公共制度只有在这种丰富的非正式公共生活的支持下才能成功地发挥功能。③

“社区共同体不是一个纯粹的国家领域，不是一个纯粹的市场领域，也不是一个纯粹的社会领域，而是国家、市场、社会都在其中的一个混合领域。”④ 在这个混合的领域里，一方面，政府、市场与社会都应该坚守各自的领地，实现各自的角色使命；另一方面，政府、市场与社会相互之间需要开展互动合作，实现三者之间的有机衔接。在此基础上，社区共同体才有可能获得长足发展的动力，社区发展也才能真正实现。

---

① John J. Betancur, 2004, “Community Development in Chicago: From Harold Washington to Richard M. Daley”, Annals of the American Academy of Political and Social Science, Vol. 594, Race, Politics, and Community Development in U. S. Cities, pp. 92 – 108.

② 冯刚：《整合与链合——法人团体在当代社区发展中的地位》，《社会学研究》，2002 年第 4 期，第 8 页。

③ （美）詹姆斯·C. 斯科特：《国家的视角：那些试图改善人类的项目是如何失败的》，王晓毅译，社会科学文献出版社 2004 年版。

④ 陈伟东：《论社区建设的中国道路》，《学习与实践》，2013 年第 2 期，第 46 页。

二、社会发展的角色困境

社区发展中政府、市场与社会的应然角色在现实层面很难达成。社区共同体中政府、市场与社会的角色界限并不是那么清晰，这在客观上不免会造成政府、市场与社会各自角色的偏离。诸多理论家寄希望于政府、市场与社会之间的多元合作与良性互动，以此破解社区发展中的“偏离难题”，但遗憾的是，在现实层面，这种合作与互动实在难以形成有效的框架。

我国社区是新中国成立以来计划经济体制下行政区划的产物，因此，在某种意义上，社区向来就是国家权力的专有领地。从当前实际来看，我国社区是经过社区改革后做了规模调整的村民（居民）委员会的辖区，也就是说社区地域范围与行政区划基本上是重合的，是一个“行政社区”。[①] 这种“行政社区”的基本特点是国家权力对社区经济社会事务的全面干预，也就不可避免地导致社区中政府角色的越位与功能失调。一方面，“行政社区”直接导致国家权力对市场与社会空间的挤压。市场是一个纯粹的自利主体，按理说，它可以任意进入可以获利的领域，但在我国，市场要进入社会公共领域却受着国家政策的限制。社会的命运与市场略有不同，它并不具有市场的自主性，因而不可能在社区空间内自主生长，再加上我国社会自觉力量弱小，这样，“强政府弱社会”二元格局[②]的对抗就成为必然。另一方面，政府本身是一个理性的计算者，它在协助社区发展的同时，往往会对社区资源进行索取，从而将社区利益置于其后。例如，国家权力介入社区发展时，裹挟着对社区土地资源的需求，地方政府利用这些土地推动城市化和地方工业化、商业化，从而带动社区经济发展，但同时，地方政府对社区土地资源的攫取直接侵害社区居民利益。另外，政府积极支持社区经济社会发展和承担社区公共服务，需要政府大量的公共财政投资，这势必在客观上增加了政府负担。因此，“社区行政化是一种不经济的、不

---

① 王萍、倪娜：《政府主导下的社区居家养老服务运行困境——基于杭州市四个社区的分析》，《浙江学刊》，2011 年第 6 期，第 198 页。

② 陈云松：《从“行政社区”到“公民社区”——由中西比较分析看中国城市社区建设的走向》，《城市发展研究》，2004 年第 4 期，第 3 页。

可持续的社区发展机制，它需要靠政府资源来维持，政府财政负担会越来越重。”[1]

市场规则的兴起给传统的社区共同体带来了一股清新的空气，也在客观上扭转了社区行政化倾向。但是，市场的任性与市场自发调节的局限也一再地被现代经济学家所洞识，以至于美国著名经济学家约瑟夫·斯蒂格利茨在为卡尔·波兰尼《大转型：我们时代的政治与经济起源》一书所写序言中声称，自发调节的市场从来就没有真正存在过。[2] 市场化对传统社区共同体的侵蚀导致了对社区成员利益的侵害、社区居民价值观念的变化以及严重的社会公平问题，这就在很大程度上造成了社区衰退，而不是社区发展。首先，市场很容易造成对社区成员利益的侵害，这是由市场的逐利本性决定的。市场追求私人利益的最大化，而社区则强调公共利益，如果没有任何外部力量干预，就必然会导致市场主体为了自己利益而忽视或侵害他人利益。“资本力量依循其资本增值的逻辑，在社区空间中极有可能演化出不合理的经济行为，侵害其他社会成员的利益。”[3] 其次，市场对社区居民价值观念造成冲击。市场规则预设个体利益优先，在这种观念的普遍影响下，社区居民从原先注重熟人之间的情感联系开始转向对日常事务的理性计算，社区居民之间的人际关系慢慢淡漠了。最为明显的例子就是，社区居民之间原有的不计报酬的互帮互助在市场的涤荡下消失了，取而代之的是相互之间赤裸裸的利益计算，个人主义的价值观念成为社区居民日常生活的优先考虑。再次，市场对社会公平缺乏应有的关怀。譬如，一家商业银行在一般情况下不会降低信贷要求而对社区低收入人群放贷，一个商业性质的家政服务公司也不大会给没有支付能力的年迈之人提供家政服务，同样，一个繁荣的社区农贸市场没有义务给社区弱势群体提供廉价而又新鲜的蔬菜或水果，等等。在市场规则之下，社区成员之间公平价值的实现是社区必须面对的难题。最后，市场对社区的渗透，会偏离社区

---

① 陈伟东：《社区行政化：不经济的社会重组机制》，《中州学刊》，2005 年第 3 期，第 79 页。

② （英）卡尔·波兰尼：《大转型：我们时代的政治与经济起源》，冯钢、刘阳译，杭州：浙江人民出版社 2007 年年版。

③ 陈伟东：《社区空间再造：政府、市场、社会的三维推力》，《江汉论坛》，2010 年第 10 期，第 131 页。

发展的方向。社区发展不仅包含社区公共基础设施的建设、社区环境的改造、社区居民生活质量提高等方面，它更关涉社区团结与信任、社区参与、社区联系等内涵。在现代都市，经济事务主宰了大多数公民的生活，成千上万的人把整个精力投入在工业领域和商业领域。作为传统整合基础的那种自然生成的道德秩序，在市场经济所产生的效率预期面前再也无法保持它原先的那种自然和谐。[①] 市场主宰的社区发展把社区居民对象化了、物化了、工具化了，社区也由原来的“熟人社会”或“半熟人社会”变成了“陌生人社会”，我们每天看到的是那些忙碌的陌生人，他们虽近在咫尺，却连见面点头之交都没有，初级群体中的那种亲密关系弱化了，某种意义上，涂尔干意义上的“机械团结”在市场的渗透下都变得荡然无存，更不用说一个真正的生活共同体的出现。

很显然，国家权力和资本力量并没有为自己设定角色边界，以至于在实质上形成了对社区发展的扭曲。在这种状况下，地方政府和学术界发现社会组织、草根阶层、社区社会资本、社会工作者等社会力量的介入可以扭转社区发展的方向，塑造一种富有人情味的社会型社区。正因如此，地方政府开始重视社会民间组织的培育与发展、社会工作队伍的建立、草根阶层的参与等，以推动社区发展。但是，当前我国社区领域的社会建设也遭遇到了很大的“瓶颈”，即社会很难依靠自身实现其本来价值，这在实践层面就表现为社会行动力不足的问题。社会力量与政府和市场相比处于完全弱势的地位，它既没有权力的无所不能，也不具备资本的魔力。法国思想家托克维尔早就认识到美国民主的根基在于乡镇自治精神，在于强大的公民社会传统的支撑。然而，在我国，公民社会的生长一开始就需要政府的助力。社会力量介入社区最软弱无力的表现在于缺少资金的支持。譬如，作为社会中坚力量的民间组织或社会工作者在通过社会福利供给、社会救助等方式援助社区低收入人群方面，除了利用政府购买社会服务资金、社会慈善资金和社会闲散资金外，无法实现更有效率的和更持久性的援助计划。

---

① 冯刚：《整合与链合——法人团体在当代社区发展中的地位》，《社会学研究》，2002年第4期，第7页。

如果单从政府、市场与社会角色担当的角度来看，政府、市场与社会的角色偏离无疑对我国社区发展产生了消极的影响，这也使得政府、市场与社会之间的衔接与合作很难达成，更不能有效实现相互之间的制约。一方面，政府或市场对社区的影响最为直接，而社会力量却对政府或市场的僭越无能为力。“目前社区内社会力量还很弱小，社区组织化的程度还不高，难以对市场力量实施有效的制衡。”[①] 况且，在国家与社会的关系中，“国家对社会的干预往往是粗劣的和自相矛盾的。”[②] 这样看来，社会要抵御权力的侵蚀和资本的破坏显得非常困难，更何谈社会对政府与市场的制约。另一方面，社会的软弱无力并不能在政府和市场那里得到充分的关照。理想情况下，市场利用其资本优势与社会力量合作，可以实现资本私人价值和社会公共价值的结合，从而推动社区发展，但是，资本增值的本性决定了市场不会为了社会公共利益而放弃对利润的追求，这样，市场与社会、政府之间的衔接就成问题。有学者开出培育社区组织实现社区组织化的药方，但笔者认为，一般意义上的社区组织充其量只会壮大社会力量，从而使社会处于政府和市场之外的重要一极，但是，社区组织仍然没有脱离社会力量的框架，也就必然摆脱不了权力或资本的侵蚀，政府、市场与社会三者之间的合作就会成为一句空话。

三、社会企业的解决之道

正确处理政府、市场与社会之间的关系以及促成三者之间的良性互动与合作，对于我国社区发展的命运至关重要。现今，“人们越来越意识到：社会企业这种社区运动的新形态——基于商业原则来满足公众利益——有能力将其巨大的运营利润让渡给社会公益事业。……为社区重建中面临的最困难的问题寻求解决之道。”[③]

社会企业最早源于法国经济学家蒂埃里·让泰提出的社会经济的概念。

---

① 陈伟东：《社区空间再造：政府、市场、社会的三维推力》，《江汉论坛》，2010年第10期，第133页。

② （美）詹姆斯·C. 斯科特：《国家的视角：那些试图改善人类的项目是如何失败的》，王晓毅译，社会科学文献出版社2004年版。

③ （英）约翰·斯迈尼（John Smalley）：《社会企业：英国“困顿社区”重生的新推手》，李关云译，《21世纪商业评论》，2006年第1期，第111页。

他认为，社会经济不是“以人们衡量资本主义经济的办法即工资、收益等来衡量的，它的产出是把社会效果和间接的经济效益结合在一起的”。[①] 社会企业作为社会经济的一种形式，它最先在欧美国家得以形成与发展，早期呈现出两种发展模式：一是企业的非营利化；二是非营利组织的商业化。不论社会企业遵循何种发展模式，无外乎都是为了寻求社会和经济的双重目标，因此，英国社会企业联盟（The UK - based Social Enterprise Coalition）给社会企业下了一个简单的定义：运用商业手段，实现社会目的，这也成为社会企业研究领域的通用定义。但是，中国台湾学者郑胜分认识到，欧美社会企业在社会与经济的双重价值指引下陷入了困境，“非营利组织与弱势群体相结合，仍然难以突破结构性的弱势困境，而社会企业通过商业化途径试图解决财政困境，但这种营利行为被质疑造成了非营利组织的使命漂移，致使产生合法性危机”。[②] 在这种情况下，欧洲委员会在《社会企业：市场、公共政策与公民社会的交叉点》（Social Enterprise：At the Crossroads of Market，Public Policy and Civil Society）[③] 中提出通过公共政策的介入，从而打破社会企业双重弱势的结构性困境，使欧美社会企业逐渐朝社会、经济和公共政策“三重底线”[④] 发展。

欧美国家社会企业的发展经验可以为我国社会企业的生长与发展提供重要借鉴。20 世纪 90 年代，为应对日益严重的社会问题，我国民间非营利组织走上历史的前台，但是，它们的发展却一直受到法律体系的限制和政府与公众信任缺乏的双重困扰。在这样的背景下，有大量“来自社会、商业以及政府部门的声音，呼吁引入社会企业的模式来解决一些政府和商

---

① （美）杰里米·里夫金：《工作的终结——后市场社会的来临》，王寅通译，上海：上海译文出版社 1998 年版。

② （台）郑胜分：《台湾社会企业的发展经验》，《中国非营利评论》，2010 年第 2 期，第 41 页。

③ 本书是欧盟 11 个国家社会企业研究方案的成果报告，这一成果以工作整合社会企业作为研究焦点，认为社会企业除“欧洲研究网络”（EMES）所提社会与经济目标外，更强调社会政策目标的实践，而在此政府政策扮演了重要角色。参见（台）郑胜分：《社会企业：市场、公共政策与公民社会的交叉点》，《公共行政学报》，2008 年第 27 期，第 199 - 206 页。

④ “三重底线”（triple - bottom line）或“双重底线”（double - bottom line）的说法来源于台湾学者郑胜分，参见（台）郑胜分：《台湾社会企业的发展经验》，《中国非营利评论》，2010 年第 2 期。（台）郑胜分：《社会企业：市场、公共政策与公民社会的交叉点》，《公共行政学报》，2008 年第 27 期，第 199 - 206 页。

业部门都无暇顾及而非营利机构未能成功处理的社会和环境问题”,[①] 于是，社会企业的理念在近年从欧美引入中国。我国社会企业的发展模式不同于欧美国家，它没有经历早期欧美社会企业那样坚持社会与经济“双重底线”的发展过程，而一开始政府就在我国社会企业的生长与发展中扮演着重要角色，因此，我国社会企业承担着实现市场、公共政策与公民社会“三重底线”的重任。就市场价值而言，社会企业效仿私营部门经营管理策略，运用市场规则，为社会企业的运转提供资金来源。社会企业作为现代企业发展的一种特殊形式，它有“明确的营利动机、风险意识、竞争取向、创新精神和不断扩大的资本积累冲动”。[②] 社会企业的市场整合和资本运作直接带来了地区居民经济收入的增加、贫困人口的减少，甚至带动了整个地区或社区经济的复苏和发展。就社会价值而言，社会企业聚焦社会目标，寻求社会公共问题的另类解决方案。“社会企业改变了传统慈善机构依赖捐赠和政府补贴‘乞讨式’的运作模式，创造性地运用商业模式解决社会问题，实现了组织的自给自足和公益事业的可持续发展。”[③] 社会企业的社会价值不仅涉及社会弱势群体或边缘群体的就业、贫困地区的教育和医疗、老年人照顾、留守儿童的关心等社会生活的方方面面，而且通过其行动在全社会倡导慈善互助、促进社会信任和社会成员间的合作，从而全面激活公民社会。就公共政策价值而言，社会企业的有效运转需要政府公共政策的支持，它为政府提供政策制定的依据。政府的“公共政策扮演社会企业的支持性系统，其政策目标在于达成政府、市场与公民社会三赢的目的”。[④] 在现实层面，地方政府已逐渐认识到社会企业对于解决社会公共问题的重要性，因此，他们通过政策工具支持社会企业发展。总之，我国社会企业在学习欧美社会企业发展经验的同时注入了本土的元素，坚持政府导向的社会企业发展模式，从而达成市场、公共政策与公民社会三重价值的实现。

---

① Meng Zhao, 2012, "The Social Enterprise Emerges in China", *Stanford Social Innovation Review*, Spring 2012: pp. 30 – 35.

② 南荣素：《我国社会企业的现状与创新》，《开放导报》，2013年第2期，第92页。

③ 舒博：《社会企业的崛起及其在中国的发展》，天津：天津人民出版社2012年版。

④ （台）郑胜分：《台湾社会企业的发展经验》，《中国非营利评论》，2010年第2期，第49页。

社会企业与社区有着天然的近亲关系，它的领域大部分依赖于社区，如社区重建、社区生态保护、社区老年服务、社区弱势群体就业等。“社会企业重点把社区作为一种资源和介入的场所，它倡导寻求社区社会和经济能力的承认，试图反对边缘社区处于从属地位的常识观念。”[①] 如此看来，社会企业介入社区不仅能够激发社区发展的活力，而且也能永续社会企业的竞争力和生命力。

笔者将选择两个社会企业嵌入社区的典型案例，以期管窥社会企业在社区发展中的角色担当。

案例1[②]：上海市“十二邻”社区剧场。这是一家典型的为社区提供养老服务的公益创投型社会企业，成立于2009年，其前身为2006年成立的“星期六剧场”。“十二邻”社区剧场的主要目标瞄准社区空巢老人精神需求，通过剧场演出“老年人自己的故事”为社区空巢老人释放压力，重拾温暖。它的运作模式如下：（1）招募志愿者在上海各街道社区开展主题各异的剧场演出，演出过程中，志愿者不时与社区老人互动，还会邀请他们上台表演，在这样的互动与表演中，让社区老人收获欢乐，驱走孤独。（2）资金来源于政府和企业的公益创投，2009年，“十二邻”在上海市民政局公益创投大赛中获得19万元的资助，2010年，又在联想青年公益创业大赛中获得10万元资助。（3）政府和企业的创投资金用来作为志愿者的专业培训和演出费用支出，以提高社区剧场专业化水平及其影响力。上海市“十二邻”社区剧场的创新实践，为社区养老服务提供了一种新的方式。

案例2[③]：云南省“阿布社区绿色生活馆”。这是一家通过开展社区低碳创意而倡导社区绿色生活的社会企业，成立于2010年，起初名为“阿布低碳创意设计工作室”。“阿布社区绿色生活馆”以社区为单位进行绿色可持续性设计和绿色创意产业开发，积极宣传社区绿色经济、绿色消费文化，

---

① Mel Gray, 2003, “Social enterprise: is it the business of social work?”, *Australian Social Work*, 56 (2): p. 150.

② 案例材料来源于，王有佳：《瞄准空巢老人精神需求，上海“十二邻”社区剧场项目获政府资助》，《人民日报》，2012-5-24。

③ 案例材料来源于，《阿布社区绿色生活馆：倡导低碳生活 打造绿色生活馆》，载于《云南信息港》，2013-07-04；《阿布社区绿色生活馆：“牛仔”很忙》，《中国财富》，2013年第10期。

开展社区绿色环保服务，倡导社区居民参与绿色或生态社区建设。"阿布"创办之初，其运行资金主要由社会志愿者、公益创业投资人自筹，在发展过程中，"阿布"更多地通过提供低碳产品或服务等商业运作的方式而获得资金的可持续支持。为了使商业运作产生良好的收益，组织成员借助网络、社区论坛发布信息，并与创意网站、公益基金会甚至商业机构等开展合作，以获取更多的资金。"阿布"的业务范围主要涉及旧物改造、低碳设计、社区就业、环境保护等领域，例如，建立社区手工坊，把一些废弃的旧牛仔裤、布料清洗消毒后手工制作成手链、公文包等时尚饰品，或者开发出一系列旧物改造的家居饰品或用品，甚至为客户提供旧物改造的设计方案。此外，"阿布"还推出二手自行车社区俱乐部、创意宿舍、怀旧客厅、手工课程等，践行低碳生活，宣传绿色文化。总之，"阿布"把社区绿色产品和服务作为其发展的主要方向。

上述两个案例，基本肯定了社会企业在社区发展中的角色和功能，它兼有社会、市场与公共政策"三重底线"（triple - bottom line），很好地整合了社区发展中政府、市场与社会三种力量，这也是社会企业能够破解我国社区发展角色困境的重要原因。首先，社会企业运用商业策略，能够有效规避民间非营利组织资金缺乏的困境，提升社会介入社区发展的能力。从资金来源上看，民间非营利组织主要从政府资助、企业捐赠、政府购买服务等渠道获取，事实上，这些资金支持由于缺乏可持续性而并不能使民间非营利组织摆脱资金缺乏的困境，这是民间非营利组织或其他社会力量介入社区发展面临的最大问题。但是，"社会企业通过在社会资本与企业赢利之间建立良性循环——企业借助于社会资本创新市场赢利模式，反过来企业以市场赢利帮助解决社会问题、促进社会资本的发展——有利于解决社会组织在提供公益服务上存在的资源短缺问题。"① 其次，社会企业聚焦社会目标，可以规约市场的贪婪与功利，避免市场对社会的侵蚀。美国学者塞拉西·安·威尔逊（Therese Ann Wilson）的研究很能说明问题。他在研究金融排斥（Financial Exclusion）问题时看到社区低收入消费者很难

---

① 麻鸣：《"社区发展与中国实践国际学术研讨会"综述》，《浙江社会科学》，2013年第5期，第97页。

得到主流金融服务机构的信任，政府和企业通过增加福利供给和社会责任投入并不能有效解决金融排斥问题，而社会企业则可以为这些低收入消费者提供公平的金融服务。[①] 如此看来，纯粹的市场行为会导致排斥社区弱势群体的社会问题，社会企业对弱势群体的关注可以避免这种市场的弱点，促进社会公平。最后，社会企业利用政策工具，可以有效化解政府对社区的权力干预，也可以减少地方政府对社区的资金投入。社会企业具有公共政策的价值，政府在社会企业的公共政策系统中找到一种权力回撤的有效方法——社会企业通过公共政策选项建立社会资本、激发社会活力和市场潜能，使社会企业得以永续发展。综合来看，社会企业运用市场、公共政策和公民社会的“三重底线”把政府、市场与社会三种因素有机地联系起来，这既解决了政府、市场与社会各自角色的“偏离问题”，也化解了三者之间的相互衔接与合作困境。

四、结语：社会企业嵌入社区的可能隐忧

社会企业具有独特的价值和明显的优势，它在我国社区发展领域有着巨大的发展潜力，并且，随着我国政府改革和社会治理创新的不断推进，社会企业越来越成为推动我国社区发展的重要力量。但是，社会企业在中国是一个新生事物，它没有健康成长的政策环境和社会文化土壤，这就使得社会企业嵌入社区可能存在诸多潜在的风险。一是社会企业假借社会公益之名而行追逐利润之实的风险。社会企业的商业性质很容易使公众质疑其公益性，“在相应的法律支持建立起来之前，鼓励社会企业介入社区服务，实际上为资本进入社区攫取社区资源，甚至是国家资源打开了便利通道。”[②] 的确，在实际的经营管理中，社会企业极有可能在社会公益的幌子下进行赤裸裸的市场谋利，这比单纯的市场行为更具有隐蔽性和危害性。二是社会企业缺乏有效的商业运作而出现软弱无力的风险。理论上看，社

---

① Therese Ann Wilson, 2012, “Supporting Social Enterprises to Support Vulnerable Consumers: The Example of Community Development Finance Institutions and Financial Exclusion”, *Journal of Consumer Policy*, 35 (2): pp. 197 - 213.

② 麻鸣：《“社区发展与中国实践国际学术研讨会”综述》，《浙江社会科学》，2013 年第 5 期，第 97 页。

会企业应该较少地依赖政府资助和企业捐赠等外部资金来源，而更多地寻求商业活动以获得自给。但是，在现实层面，我国社会企业的发展处于起步阶段，缺少专业的经营管理人员，更缺乏真正意义上的有现代企业经营管理理念的社会企业家，这势必会导致社会企业管理混乱，从而出现资金严重缺乏的现象，最终影响社会企业的健康发展。三是社会企业缺少政策、法律的支持而承担行为偏离的风险。在我国目前的公共政策和法律体系中，社会企业嵌入社区还处于一个“真空地带”，这使得政府难以形成对社会企业的有效支持与监督。例如，社会企业介入社区弱势群体就业方面，可能会出现资金短缺、员工的不公平对待、低薪、超负荷工作等问题，这就需要政策法律的合理介入。总之，社会企业在自身发展及嵌入社区的过程中可能存在着大量未知的风险，这不能不引起地方政府的警惕，也是学术界理应关注的焦点，当然，细加研究已经是另一个研究课题了。

附录2：社会企业与农村社区化*

——以吉登斯的结构化理论为视角

贺建军

内容提要：农村社区化作为一种从传统农业共同体向现代城市自治社区的城乡社区衔接方式，已成为当前中国农村社会变迁和城市化的双重议题。社会企业作为一种新型的组织形态，它运用商业策略解决社会问题，能够为农村社区化发展提供新的动力。吉登斯运用行动与结构的二重性方案重构微观层面的个体行动与宏观层面的社会结构之间的关系，为农村社区化从农民行动到村庄结构的理论建构提供了支撑。在结构化理论看来，农村社区化是一个不断结构化的过程，农村社区化的结构化也是作为行动者的农民和作为结构的村庄规则与资源之间的二重化，最终表现为农民身份的重塑和村庄结构的重建。社会企业嵌入农村，作为农村社区化发展中的一种新的结构性要素，不仅直接改变了传统村落共同体的组织生态结构，而且改变了传统农民的行动逻辑，构成了农村社区化的再结构化，也为中国的农村社区化发展提供了新的结构化方案。

关键词：社会企业；农村社区化；结构化理论；结构化

农村社区化作为一种从传统农业村落向现代城市社区的城乡社区衔接方式，正日益成为当前中国农村社会发展的重要表征，也成为观察农村变迁的重要视角。[①] 进入新世纪以来，中国农村社会发展开始了新的转型，通过“撤村建居”、中心镇建设、另建联村社区等方式，初步形成了以农

---

* 本文系国家社会科学基金一般项目（编号：14BSH101）的阶段性研究成果，原发于《人文杂志》，2016年第7期。

① 毛丹：《村庄的大转型》，《浙江社会科学》，2008年第10期，第2–12页。

村社区为空域的城乡社区衔接带。农村社区化作为农村社会变迁和城市化的双重议题，在农村社区化的公共辩论中，村落共同体的发展与国家、市场、社会之间有着紧密的关联，国家、市场和社会对传统农村的介入，有力地推动了农村社区化发展。[①] 另外，农民的组织化或再组织化作为农村社区化的内源性基础，也为推进农村社区化发展提供了重要动力。[②] 然而，学术界的乐观心态并不能掩盖中国农村社区化发展可能陷入的困局。“被城市化”现象的出现、市场化对村庄乡土性的瓦解、农村社会空间的狭小等，[③] 这无疑成为地方政府公共政策必须面对的难题，中国的农村社区化需要在整合现有资源的同时寻找新的出路。

令人欣喜的是，社会企业在中国的兴起，为中国农村社区化发展提供了新的“能源”。[④]20 世纪 80 年代，随着西方“福利国家”危机的不断显现，欧美世界开始寻求破解之策。社会企业作为一种解围“福利国家”困境的有效形式开始在世界范围内兴起并获得迅速发展。2006 年，尤努斯因创办格莱珉乡村银行（grameen bank）解决乡村地区的贫困问题而获得诺贝尔和平奖。社会企业作为一种推动贫困乡村或社区发展的重要途径，迅速受到了世界各国的普遍关注。近年来，中国也出现了一批有影响力的社会企业，如深圳残友集团、上海市“十二邻”社区剧场、云南省“阿布社区绿色生活馆”等。社会企业作为一种新型的社会组织形态，它运用商业策略解决社会问题，可以为农村社区化发展提供重要路径。

社会企业嵌入农村，势必会带来传统村落共同体中，从村民的观念、行为方式等微观层面到村庄规则、资源、空间等宏观层面的变化，因此，基于社会企业的观察视角，农村社区化需要在学理上建立起从宏观到微观

---

① 毛丹：《村庄的大转型》，《浙江社会科学》，2008 年第 10 期，第 2 - 12 页；毛丹：《村落共同体的当代命运》，《社会学研究》，2010 年第 1 期，第 1 - 33 页。

② 刘义波：《农民组织化：农村社区发展的内源基础》，《行政论坛》，2009 年第 3 期，第 62 - 65 页。

③ 林聚任：《村庄合并与农村社区化发展》，《人文杂志》，2012 年第 1 期，第 160 - 164 页；吴业苗：《农村基层社会管理与“社区化”体制建构》，《社会科学》，2013 年第 8 期，第 80 - 89 页；司林波：《农村社区化进程中的“被城市化”现象及对策分析》，《城市发展研究》，2011 年第 4 期，第 35 - 39 页。

④ Meng Zhao, “The Social Enterprise Emerges in China”, *Stanford Social Innovation Review*, Spring 2012: 2012, pp. 30 - 35.

的理论分析框架。恰好的是，吉登斯运用行动与结构的二重性方案平衡微观层面的个体行动与宏观层面的社会结构之间的关系，从而为农村社区化从宏观到微观理论框架的建构提供了重要支撑，吉登斯结构化理论的引入，也为重新理解中国的农村社区化进程提供了新的视野。

基于以上分析，运用结构化理论解释中国农村社区化变迁过程，可以做出如下假设：(1) 吉登斯以行动、规则、资源等概念为分析工具建立起行动与结构之间的二重化，为诠释中国的农村社区化变迁提供了理论支撑。(2) 农村社区化表现为农村社区的结构化，即作为行动者的农民与作为结构要素的政策、制度及各种资源之间的二重化。(3) 在行动与结构的二重化过程中，行动者往往通过组织化的方式实现结构的生产与再生产，社会企业就是一种促进行动与结构之间二重化的重要变量。(4) 社会企业作为一种新型的社会组织形态，为农民行动提供了重要组织形式，也为农村社会结构的生产与再生产提供了重要途径。

一、结构化理论及其运用

结构化理论源于社会学的经典问题，即个人与社会的关系问题，而在欧陆社会学界，这一问题又以结构与行动的关系表现出来。西方社会学长期存在的两种对立的理论分野，“这些分野的一面是功能主义和结构主义，另一面则是解释学以及各种形式的解释社会学。”[①] 结构功能主义强调社会结构对个人行动的影响，个体的任何行动都受社会结构的制约，倾向于一种自然主义和客体主义的立场，是一种社会学的宏观叙事。解释社会学则偏向于一种从行动出发看待社会结构的主体主义立场，强调有意义的行动建构及其对社会结构的改变，是一种社会学的微观叙事。吉登斯看到，尽管以帕森斯为代表的结构功能主义将其理论论述为“行动参照框架”，但实际上，结构功能主义对行动概念毫无建树。相反，解释社会学抗议结构社会学的客体主义对人的主体性的抹杀，但却“一头扎进了主体主义”，他们过度关注个体的行动能力，从而缺乏对社会结构的正确理解。

---

① ［英］安东尼·吉登斯：《社会的构成》，李康、李猛译，北京：生活·读书·新知三联书店 1998 年版。

（一）结构化理论：结构与行动的互动逻辑

吉登斯无疑非常不满结构功能主义和解释社会学对行动与结构之间关系的判断，于是提出结构化理论来重建行动与结构之间的关系。在结构二重性观点看来，结构是人的行动得以实现与展开的条件，社会系统的构成完全得益于行动者自身的活动，人的主体行动建构了社会结构，社会系统的结构化过程正是在结构与行动的互动中被反复生产出来。

吉登斯结构化理论的核心关照在于结构与行动之间的互动逻辑。[①] 把握结构化理论，不能将其理解成一种折衷主义或综合主义，吉登斯承认"对主体的去中心化是结构化理论的基本诉求，但并不认为这意味着主体性将消逝在符号的虚无世界之中。"[②] 在吉登斯眼里，紧密渗入时空的社会实践同时建构主体行动者和社会客体结构。吉登斯并没有将结构与行动对立化，结构并不是个体行动的外在之物，它内在于人的行动。在这个意义上，结构化理论并不是对结构功能主义和解释社会学在行动与结构关系上的简单调和，而是创造性地重构了行动与结构之间的关系。

（二）结构化理论的基本概念：行动、规则与资源

概观吉登斯结构化理论的概念体系，结构和行动是其基本的分析工具，[③] 吉登斯也有过如此断言，"所有这些基本概念都是以行动和结构的关系为核心的"。[④] 而吉登斯将结构概念界定为社会再生产过程里反复涉及的

---

① 吉登斯别有用心地将"结构"（structure）与"行动"（action）两个词汇合二为一，构造一个新的词汇"结构化"（structuration），吉登斯在其早期著作《发达社会的阶级结构》中首先使用这一概念，意在强调结构与行动之间的内在关系，这刚好暗合了结构化理论的基本立场。参见 Anthony Giddens, The class structure of the advanced societies, Harper & Row, 1975.

② ［英］安东尼·吉登斯：《社会的构成》，李康、李猛译，北京：生活·读书·新知三联书店 1998 年版。

③ 吉登斯在《社会的构成》开篇就概括出所谓结构化理论的核心概念：结构、系统、结构二重性（吉登斯，1998；78）。结构二重性是指结构与行动之间的同构关系，而社会系统的概念不是简单的社会关系的聚合，更不是某种有机体或物质系统的指称，而是由无数实践活动和结构组织起来的制度聚合和关系网络。在《社会的构成》结尾部分，吉登斯重申结构化理论的基本概念：行动者、实践、情境、制约、权力等（吉登斯，1998；408－411）。在这些概念中，实践概念主要关涉行动者的日常活动，通过实践，行动者不断卷入并重构社会结构，而权力是使人完全某种事物的手段，它直接蕴含在人类行动之中。

④ ［英］安东尼·吉登斯：《社会的构成》，李康、李猛译，北京：生活·读书·新知三联书店 1998 年版。

规则和资源，这样，行动、规则、资源就成为吉登斯结构化理论的基本概念分析工具。

吉登斯赋予行动概念具有完全不同于唯意志论和传统精神分析的独特品质，行动是以社会实践为基础的人类社会活动，它具有社会生活实践的内在品格。在结构化理论看来，行动（action）并不是一些行为（acts）的组合，而是行动者经历过的经验绵延给予的话语层次上的关注以及与周围世界的关涉，行动作为主体的活动，总是不断纳入共同在场的时空关联。吉登斯提出行动者的分层模式，即对行动的反思性监控、理性化及动机激发过程视作根植于行动中的过程。社会实践循环往复的安排过程就是行动的反思性监控不断卷入其中的过程，而行动的理性化则意味着行动者对自身活动的根据始终保持“理论性的理解”。对于结构化理论而言，作为行动者的行动直接体现了一种能动作用，即做事的能力，有能力做事，也就是有能力干预这个世界从而产生特定的过程或事态的效果。

行动者的行动必须遵守一定的规则，而吉登斯也承认，规则概念极易被误解。人们经常将规则视为某些形式化的规定，但是，社会系统再生产中包含的规则远非如此，哪怕那些成文的法律规定，也不是铁板一块的形式化规定，社会生活的常规也许更符合规则概念的要求。正是在这个意义上，吉登斯才说，那些以法律条令、科层规章、游戏规则等形式出现的形式化规则并不是规则本身，而只是对规则的法则化解释。[①] 不仅如此，规则与实践意识紧密相联，行动者在社会生活的具体情境中，无需言明就知道如何“进行”，上升到规则层面，就体现为社会互动中的“方法论程序”，其中，最重要的规则类型莫过于制度化实践，也就是行动者与社会情境共同在场时所依赖的“共同知识”。

行动者的行动也必须依赖一定的资源，吉登斯把资源区分为配置性资源和权威性资源两种类型，配置性资源出自对物质产品或物质世界各个方面的控制，而权威性资源则源于对人类行动者活动的协调。配置性资源主要包括环境的物质特征（原材料、物质能源）、物质生产/再生产的手段

---

① ［英］安东尼·吉登斯：《社会的构成》，李康、李猛译，北京：生活·读书·新知三联书店1998年版。

（生产工具、技术）以及通过物质材料和生产技术的相互作用创造的人造物即产品等物质实体性资源；权威性资源主要包括对社会时空的组织、人们在相互交往中形成的组织和关系、对生活机会的组织等非物质性资源。对于结构化理论而言，权威性资源和配置性资源都是“基础结构性的”，长期以来，人们习惯于强调配置性资源对人类生活模式带来的影响，但吉登斯却认为，权威性资源同等重要，“物质资源的增长对权力的扩张来说，确实具有根本意义，但如果没有权威性资源的变化，配置性资源也不可能得到发展。可以肯定的是，权威性资源同样是社会变迁的杠杆，其重要性丝毫不亚于配置性资源。”①

（三）结构化理论的运用

行动、规则、资源等是吉登斯构建结构化理论的基本概念工具，但吉登斯结构化理论的核心却并不在概念本身，而在于由概念系统构建起来的结构化地看问题的视角。“结构化理论如果无助于阐明经验研究中遇到的诸多问题，就不会有太大的价值。”② 吉登斯的断言无疑激发了学界将结构化理论运用于经验研究的兴趣，阿伦·菲普斯通过关键词文献检索法对1982—2000年地理和社会科学领域53份结构化理论经验运用的文献进行研究，将其归为五种类型：（1）社会行为的描述类型；（2）方法论运用；（3）具体数据的运用；（4）时空的处理；（5）结构二重性的诠释。③ 马塞瓦·琼斯更是基于331份1983—2004年结构化理论运用于信息系统的文献，寻找吉登斯结构化理论在技术层面的运用。④ 近来的倾向，结构化理论被运用于管理会计（management accounting）领域，从而出现被地理学、

---

① ［英］安东尼·吉登斯：《社会的构成》，李康、李猛译，北京：生活·读书·新知三联书店1998年版。

② ［英］安东尼·吉登斯，《社会的构成》，李康、李猛译，北京：生活·读书·新知三联书店1998年版。

③ Alan G. Phipps, "Empirical Applications of Structuration Theory", *Geografiska Annaler. Series B, Human Geography*, vol. 83, no. 4, 2001, pp. 189 - 204.

④ Matthew R. Jones and Helena Karsten, "Giddens's Structuration Theory and Information Systems Research", *MIS Quarterly*, vol. 32, no. 1, 2008, pp. 127 - 157.

信息科学、管理会计学等多学科运用与发展的趋势。[①] 但从根本上看，既然吉登斯将结构化理论定位于一种超越传统结构主义和各种解释社会学的社会理论，社会学界自然对吉登斯结构化理论的经验运用尤为重视，结构化理论被用来解释各种社会现象，如难民行为[②]、足球迷的行动与社会空间[③]、教师培训[④]、问题青年的就业行为[⑤]等。同时，吉登斯的结构化理论在中国社会学界也得到了广泛的应用。例如，郇建立基于国家政策和农民行动两个因素分析了中国农村贫困的结构性因素，[⑥] 黄建新则运用结构化因素分析了当前中国农民返乡创业的行动，[⑦] 等。

毫无疑问，上述研究都在经验层面肯定了吉登斯结构化理论的价值，也凸显了个体行动与社会结构之间的张力，但也不经意间显露出结构化理论经验运用的局限。例如，约翰·罗伯特就检测到结构化理论运用于会计研究时遭遇到三个批评，其中最关键的莫过于吉登斯结构化理论缺乏伦理考量的问题。[⑧] 实际上，吉登斯说过，结构化理论是一种本体论视角，吉登斯理论的重要研究者艾拉·科亨也重申结构化理论的本体论地位，这就必然使得结构化理论是一种"没有哲学的社会学理论"，它"发展了一种社会的本体论而没有参与认识论争论，也没有证成一种规范理论"。[⑨] 最终

---

① Zarzycka, Ewelina, "Anthony Giddens' structuration theory and its use in management accounting research", *Theoretical Journal of Accounting*, vol. 73, 2013, pp. 147 – 161. Hans Englund, Jonas Gerdin, "Structuration theory in accounting research: Applications and applicability", *Critical Perspectives on Accounting*, vol. 25, no. 2, 2014, pp. 162 – 180.

② Loshini Naidoo, "A Structuration Theory Analysis of the Refugee Action Support Program in Greater Western Sydney", *Australian Journal of Teacher Education*, vol. 34, no. 4, 2009, pp. 40 – 50.

③ Dixon, Kevin, "A 'third way' for football fandom research: Anthony Giddens and Structuration Theory", *Soccer and Society*, vol. 12, no. 2, 2011, pp. 279 – 298.

④ Burridge, Peter, "Investigating Praxis Inquiry Within Teacher Education Using Giddens' Structuration Theory", *Journal of Experiential Education*, vol. 33, no. 1, 2010, pp. 19 – 37.

⑤ Lisa Russell, "Conceptualising the lives of NEET young people: structuration theory and 'disengagement'", *Education, Knowledge and Economy*, vol. 5, no. 3, 2011, pp. 89 – 106.

⑥ 郇建立：《国家政策、农民与农村贫困——一个结构化理论的视角》，《北京科技大学学报》(社会科学版)，2007 年第 3 期，第 6 – 12 页。

⑦ 黄建新：《农民工返乡创业行动研究——结构化理论的视角》，《华中农业大学学报》(社会科学版)，2008 年第 5 期，第 15 – 23 页。

⑧ John Roberts, "Testing the limits of structuration theory in accounting research", *Critical Perspectives on Accounting*, vol. 25, no. 2, 2014, pp. 135 – 141.

⑨ Christopher G. A. Bryant, "Sociology without Philosophy? The Case of Giddens's Structuration Theory", *Sociological Theory*, vol. 10, no. 2, 1992, pp. 137 – 149.

也就不可能通过结构化方案而发展出一个良好社会（good society）。不仅如此，吉登斯的结构化理论意图超越进化论，但自始至终都没有注意到历史变迁的经验过程，① 也就是说，吉登斯运用“情节片断”和“世界时间”解构了历史，把社会历史的变迁过程看成是片断的组合，是非连贯性的。

二、结构化与农村社区化

应该承认，结构化理论是解释各种社会问题的重要工具，尤其是对于那些关涉宏大叙事与微观行为之间转换关系的社会现象，结构化理论有着天然的解释学魅力。恰好的是，中国农村社区化就是这样一种社会变迁现象，它既涉及农民行动的微观因素，也涉及农村社会关系、国家政策等宏观的结构性因素，因此，运用吉登斯的结构化理论来解释中国农村社区化变迁过程便不失为一种不错的选择。

具体来说，结构化理论与中国农村社区化变迁存在如下相关性：（1）结构化理论以时间地理学为背景，关注时间和空间维度中行动的“情境定位”，而在当今中国，村落和社区仍是两种完全迥异的处于特定时空情境中的基层单元，但农村社区化定位于从村落到社区的变迁过程，这也是中国农村社会的变迁过程。就此而言，从村落到社区的中国农村社区化发展过程，无论从农民行动还是农村社会结构来看，都不可避免地处于特定的时空之内，发生特定的时空转换。（2）结构化视角不仅可以观察宏观的社会结构变化以及这种变化内生的个体行动趋势，而且可以从微观的个体行动出发管窥宏大的社会变迁过程，这就摆脱了单一的从宏观或微观视角观察中国农村社区化过程的局限。实际上，对于中国农村社区化而言，不仅涉及传统农村规则的改变、资源的开发与利用、社会资本的发掘，还应该包括农民身份与认同意识的变化、农民物质与精神生活的提升以及农民对公共生活的关注等，是一个从微观到宏观、从传统到现代、从个体到社会的全方位重塑的过程。（3）农村社区化作为促进城乡衔接的重要方式，它一方面受到政府公共政策的影响和市场体制的外在冲击，另一方面则源于

① Ira J. Cohen, "Giddens' Theory of Structuration: A Critical Appreciation", *Contemporary Sociology*, vol. 21, no. 2, 1992, pp. 280 - 282.

村落共同体内生的发展动力，结构化视角可以很好地结合农村社区化中的外生与内生因素，为农村社区化发展提供解释框架和政策支持。不过，运用结构化理论观察中国农村社区化变迁过程，需要注意不可将村落与社区做静态的对立面处理，在中国农村社区化语境下，社区孕育于村落之中，从村落到社区不是一种跳跃或“断裂”，而是一种连续与“流”，结构化理论的教条化运用可能会陷入非此即彼的境地。

基于以上分析，学理上便可以在结构化与农村社区化之间建立起合适的关系模型。结构化理论认为，人类行动者通过具体情境中的实践活动，生产出内在于人类行动的社会结构，行动者与结构就在这种互动（interplay）中不断地进行生产与再生产。用吉登斯的话说，行动者在互动系统的再生产中利用了结构化模态，并借助同样的模态反复构成着系统的结构性特征。[①] 吉登斯在解释结构的二重性时，特别强调互动中的意义沟通与规范约束的动作之间的相互独立性只具有分析上的意义。如是，逻辑上可分别以行动者和结构作为支点解构结构化理论中的行动与结构之间的二重关系：（1）从行动者出发，行动者在行动时，利用丰富多样的行动情境下的规则与资源，生产出行动者；（2）从结构出发，共同在场情境下的规则与资源内在地作用于行动者，通过各种实践活动生产出结构。实际上，行动者支点意味着行动者利用结构重塑行动者，结构支点意味着结构作用于行动者形成新的结构。根据行动者支点与结构支点的逻辑，农村社区化也可以做如下解构：（1）从作为行动者的农民出发，村庄共同体中的农民利用村庄原有规则和资源，通过各种实践活动，不断地重塑自身形象、身份和地位，转变成社区共同体中的居民。（2）从作为结构的村庄社会结构出发，村落共同体中的规则和资源内在地影响农民，作为行动者的农民通过各种实践活动进行村庄社会结构的再生产。以上分析表明，农村社区化的结构化逻辑地表现为作为行动者的农民身份的重塑和作为结构的村庄规则与资源的重构。

---

① ［英］安东尼·吉登斯：《社会的构成》，李康、李猛译，北京：生活·读书·新知三联书店1998年版。

（一）作为行动者的农民身份的重塑

法国社会学家H. 孟德拉斯对传统农民社会中农民的本性有过如此素描，个人主义、土地恋、顺从、消极、因循守旧、农民在一切新事物面前都表现出犹豫不决等。[①] 美国社会学家詹姆斯·斯科特对农民有更加深入的刻画，他将农民看成保守、遵守生存伦理、本着回避风险原则而生存的一群人。[②] 我国学者在对农村社会进行深入调查时发现，农民普遍存在着易于满足、安于现状、墨守成规、短视、有较重的依赖思想等特点。[③] 毫无疑问，农民是传统村落共同体中的主体，也是农村社区化发展的重要表征与推动力量，在某种意义上，农村社区化就是传统农民向现代城市社区居民的变化。从村庄社会学的视野看，农民身份的转变主要体现在三个维度：一是从消极保守的农民向积极行动的公民转变。公民身份意味着一种参与精神，公民行为也意味着积极参与公共事务的行为方式，传统农民消极处世，对公共事务漠不关心，农村社区化意味着使农民从消极处世的人生哲学向积极参与公共事务的人生哲学转变。二是从个人主义的农民向具有社会公共意识的“社会人”转变。传统农民身处封闭的村庄，尽管传统农村富含社会资本，但难免带有严重的个人主义倾向，农村社区化意味着使农民从个人主义的圈子里走出来，从而建立起具有公共意识的社会关系网络。三是从“无为”的农民向具有自治能力的居民转变。居民自治是城市社区治理的重要特征，而传统农村基于地缘和血缘关系进行管理，农民不具有自治能力，农村社区化意味着农民向自治身份的转变。

在结构化理论看来，行动在其生产的一刻，也就同时在社会日常生活展开的具体情境中被再生产出来。农民身份的转变受着内置于农民自身的结构性因素影响，是农民自身在一定的社会结构中动态地相互建构的过程。一方面，村庄社会结构驱动农民身份向社区居民身份转变。根据结构化理论，村庄社会结构不仅包括村庄规则、制度或惯例，而且包括村庄拥有的

① ［法］H. 孟德拉斯：《农民的终结》，李培林译，北京：中国社会科学出版社1991年版

② ［美］詹姆斯·斯科特：《农民的道义经济学：东南亚的反叛与生存》，程立显译，南京：译林出版社2001年版。

③ 郇建立：《国家政策、农民与农村贫困——一个结构化理论的视角》，《北京科技大学学报》（社会科学版），2007年第3期，第6-12页。

有形和无形资源，从传统村落向现代城市社区转变过程中，村庄的规则与资源主要来自国家政策与市场运作。国家权力运用政策力量介入村庄规划，提供村庄社区化过程中所需资源，市场则展现出资本无孔不入的本性，对村庄秩序进行市场化重构，传统村落共同体在国家政策与市场运作面前向城市社区转型，传统意义上的农民也向社区居民转变。另一方面，农民自身的行动逻辑也使农民身份向社区居民身份转变。斯科特认为农民的经济、社会、道德安排奉行“安全第一”、回避风险的原则，农民对于新古典主义经济学的收益最大化原则，几乎没有进行计算的机会。斯科特基于生存伦理而对传统农民的解释也许并不适用于中国的农村社区化，在农村社区化进程中，农民会根据村庄结构的变化而调节自己的行为方式，并且，现代社会的信息化、传播的便捷以及农民流动改变了村庄的封闭状态，形成了传统村庄与现代城市生活的社会比较，城市社区居民新鲜的生活方式呈现在农民面前，传统意义上的农民受自身内在行动逻辑的驱使开始向社区居民身份转变。

（二）作为结构的村庄规则与资源的重构

费孝通将传统村落共同体称为“乡土社会”。在费孝通看来，乡土社会的生活富于地方性，乡土社会在地方性的限制下，各自保持着孤立的社会圈子，形成一个“熟悉”的社会。[①] 在某种意义上，费孝通对乡土社会境况的描述仍然适合当今中国诸多传统意义上的村落共同体，在村庄规则层面，建立在熟人社会之上的差序格局成为传统农民的主要行事准则，并且，村庄作为国家权力触及的基层单位，在村庄资源层面，除了落后的经济、自然、政治等资源外，农村社会资本是农民行动的重要依赖，熟人社会中存有大量的基于地方性限制之下的社会关系网络，这些熟人之间形成的关系网络无疑是农民行动的重要资源。从结构化理论的视野看，农村社区化导致了传统村落共同体向现代城市社区转变，乡土社会的结构在社区化进程中慢慢趋向瓦解并重构。首先，村庄规则的转变。农村社区化促使熟人社会的行事规则和国家单一治理村庄的格局发生变化，村庄基于村民自治的制度安排和地方性实践突破，开始从国家的基层治理单位，转向国

① 费孝通：《乡土中国 生育制度》，北京：北京大学出版社 1998 年版。

家与社会共同治理的单位，乡土性公共领域开始生长。[①] 其次，村庄资源的转变。由于国家、市场与社会对村庄的介入，基于地方性限制之下的村庄资源得以利用并重新生产，在社区化过程中，农民不断寻求新的发展资源，实现自身结构化的同时，也对原有的村庄结构产生影响。

根据结构化理论，结构作为反复不断地组织起来的一系列规则或资源，行动者正是利用这些规则和资源，在时间和空间中再生产出结构。在吉登斯那里，结构对于行动者而言不是消极的存在，也不强制性地构成对行动者的限制，结构化理论强调结构的能动作用，因此，结构并不是由行动者消极地生产出来的，而是结构本身积极地介入结构再生产的过程。就此而言，农村社区化导致的村庄结构的变化是行动者与村庄结构共同生产出来的结果。从作为行动者的农民来看，他们积极利用国家、市场与社会对村庄的介入，在村庄原有规则与资源之上进行村庄社会结构的再生产；从村庄结构方面来看，它内在地作用于农民，并通过农民的行动而得以再生产出来。

总体上看，农村社区化作为中国农村社会变迁的重要侧面，是村庄宏观结构和农民微观行动之间结构二重化的结果。身处于农村社区化中的农民所隐含的行动逻辑，只有在特定的制度规则框架、社会结构背景下才能理解，同样，农村宏观社会结构的变迁，也只有将之置于农民的日常实践活动中才能洞悉。在这个意义上，农村社区化过程必须同时考虑农民行动与村庄结构的二重化逻辑。

三、社会企业驱动的农村社区化：再结构化

社会企业嵌入地方或农村社区，作为农村社区化发展中的一种重要的结构性要素，不仅直接改变了传统村落共同体的组织生态结构，而且改变了传统农民的行动逻辑，为农村社区化发展提供了新的结构化方案。

社会企业最早源于法国经济学家蒂埃里·让泰提出的社会经济的概念。他认为，社会经济不是“以人们衡量资本主义经济的办法即工资、收益等

① 毛丹：《村庄的大转型》，《浙江社会科学》，2008 年第 10 期，第 2－12 页。

来衡量的，它的产出是把社会效果和间接的经济效益结合在一起的”。[①] 社会企业作为社会经济的一种特殊形式，近年不断成为世界范围内国家政策和学术辩论关注的焦点。在社会企业的公共辩论中，主要存在三种倾向：一是将社会企业看成是任务导向的商业组织，[②] 这一领域的文献通常会强调社会企业的商业或市场功能及其作为解决非营利组织资金短缺与削减政府财政支出的妙招。[③] 二是将社会企业隶属于第三部门的组织或社会组织的范畴，EMES 研究网络的学者普遍支持这种观点，[④] 社会企业的重要研究者雅克·迪弗尼更是明确指出社会企业是非营利组织与各种合作社的交集。[⑤] 三是强调社会企业的混合性质，认为社会企业是处于商业企业和非营利组织之间的一种多元混合组织形式，[⑥] 迪斯（Dees, J. G）提出“社会企业光谱”的说法，将社会企业视为“在纯慈善（非营利组织）与纯营利（私人企业）之间的连续体”。[⑦] 尽管社会企业至今仍然是一个相当宽泛且模棱两可的概念，但其公共辩论大都认同“运用商业策略实现社会目的”这一核心关照。

社会企业概念的争论折射出欧美国家社会企业的发展态势，从早期非营利组织的商业化和企业的非营利化模式发展到现在的混合组织模式，社会企业已经越来越从边缘成为主流。[⑧]社会企业与地方或社区有着天然的亲

---

① ［美］杰里米·里夫金：《工作的终结——后市场社会的来临》，王寅通译，上海：上海译文出版社 1998 年版。

② Barraket J. and Collyer N.，“Mapping social enterprise in Australia: Conceptual debates and their operational implications”，*Third Sector Review*，vol. 16，no. 2，2010，pp. 11 – 28.

③ Dees，J. G.，“Enterprising Nonprofits”，*Harvard Business Review*，January – February，1998，pp. 55 – 67.

④ Janelle A. Kerlin，“Social Enterprise in the United States and Europe: Understanding and Learning from the Differences”，*Voluntas: International Journal of Voluntary and Nonprofit Organizations*，vol. 17，no. 3，2006，pp. 247 – 263.

⑤ ［比利时］雅克·迪夫尼：《从第三部门到社会企业：概念与方法》，《经济社会体制比较》，2009 年第 4 期，第 112 – 120 页。

⑥ Robyn Eversole，“Social enterprises as local development actors: Insights from Tasmania”，*Local Economy*，vol. 28，no. 6，2013，pp. 567 – 579.

⑦ Dees，J. G.，“Enterprising Nonprofits”，*Harvard Business Review*，January – February，1998，pp. 55 – 67.

⑧ Mark Morrin，Dave Simmonds，and Will Somerville，“Social Enterprise: Mainstreamed from the Margins?”，*Local Economy*，vol. 19，no. 1，2004，pp. 69 – 84.

近关系，[①] 它的领域大部分依赖于地方或社区，如地方重建、地方生态保护、社区老年服务、社区弱势群体就业等。“人们越来越意识到，社会企业这种社区运动的新形态——基于商业原则来满足公众利益——有能力将其巨大的运营利润让渡给社会公益事业。……为社区重建中面临的最困难的问题寻求解决之道”。[②] 社会企业嵌入农村，不仅能够激发农村地区发展的活力，而且也能永续社会企业的竞争力和生命力。

从结构化理论来看，农村社区化是一个不断结构化的过程，其实也是各种例行化活动不断介入其中的过程。[③] 社会企业作为一种全新的组织化形态，当其嵌入农村时，会驱动传统农村地区向现代城市社区转型，构成了农村社区化的再结构化。也就是说，社会企业作为农村引入的一种新的结构性因素，当作为行动者的农民介入其中进行例行化活动（社会企业生产或经营活动）时，就在进行着农民和农村社会结构的再生产。

（一）社会企业嵌入农村：农民身份的重塑

当社会企业嵌入农村并进而作为农村社区化的重要推力时，农村居民就成为社会企业生长与发展的重要参与力量。首先，农民参与社会企业的创建。社会企业的生长离不开有远见的社会企业家，更离不开其所在地区农民自身力量的支持。就中国的农村社区化而言，除了政府、市场等外部力量的推动外，其根本途径来自于农村社区内部，农民组织化是农村社区化发展的内源基础。[④] 农民参与社会企业创建，是农民组织化的重要形式，也为农村社区化发展提供内部动力。其次，农民参与社会企业的经营。社会企业的长期持续性活动则主要根植于某一特定地区，尤其是那些农村地区更是如此，[⑤] 其重要原因在于，社会企业可以从地方得到源源不断的支

---

① Robyn Eversole, “Social enterprises in rural community development”, *Community Development Journal*, vol. 49, no. 2, 2013, p. 246.

② ［英］约翰·斯迈尼（John Smalley）：《社会企业：英国“困顿社区”重生的新推手》，李关云译，《21世纪商业评论》，2006年第1期，第111–112页。

③ ［英］安东尼·吉登斯：《社会的构成》，李康、李猛译，北京：生活·读书·新知三联书店1998年版。

④ 刘义波：《农民组织化：农村社区发展的内源基础》，《行政论坛》，2009年第3期，第62–65页。

⑤ ［比利时］马尔特·尼森主编：《社会企业的岔路选择：市场、公共政策与市民社会》，伍巧芳译，北京：法律出版社2014年版。

持特别是人力资本的支持。社会企业为农村地区居民中的弱势群体进行职业培训，提供就业机会，其实就是直接让农民参与社会企业的生产与经营活动。[①] 最后，农民参与社会企业的管理。社会企业作为运用商业策略解决社会问题的组织形态，其目的是回应社会特别是回应社会企业所扎根的地方的需求，因此，让来自农村地区的居民参与社会企业发展或管理的决策制定便成为一件很自然的事情。卡洛·波兹卡（2014）对意大利社会企业做过一项调查，只有 20% 的企业是采用单一利益相关者模式，而大约 80% 的企业称他们企业的性质属于多方成员或是多方参与管理制结构。[②] 总之，社会企业在农村或其他社区不断开发新的业务和项目的同时，也缓慢而坚定地推动这些最不发达地区形成一种新的文化：鼓励并授权当地居民以自己的方式采取行动，依靠他们自身解决问题，从而降低对于政府资助和由政府主导的解决方案的依赖。[③]

在结构化理论看来，农民参与社会企业的创建、经营与管理的过程，其实也是农民作为行动者进行身份重塑的过程。布雷克的研究中发现，社会企业为无劳动能力的人提供职业培训和社会参与，职业培训和雇用经验提升了他们的自信和自我效能，也加强了他们之间的社会关系，这种积极的结果促进了社会融合。[④] 因此，社会企业为农民身份的转变提供了组织化路径。农民通过参与社会企业活动，在其结构化过程中，实现了农民自身的再生产，即实现从消极角色向积极的公民角色、从个人主义向具有社会公共意识的“社会人”、从听命于国家意志的顺民向具有自治能力的社区居民的转变。

（二）社会企业嵌入农村：村庄规则的重构

根据结构化理论，规则主要指人们在社会生活中遵循的模式，包括正

---

① N. Galluzzo, “Social Enterprises in the Irish Rural Space: An Analysis in the Area of Ballyhoura”, *Asian Journal of Agricultural Extension, Economics & Sociology*, vol. 3, no. 2, 2014, pp. 147 – 163.

② ［比利时］马尔特·尼森主编：《社会企业的岔路选择：市场、公共政策与市民社会》，伍巧芳译，北京：法律出版社 2014 年版。

③ ［英］约翰·斯迈尼（John Smalley）：《社会企业：英国“困顿社区”重生的新推手》，李关云译，《21 世纪商业评论》，2006 年第 1 期，第 111 – 112 页。

④ Barraket, J., “Social inclusion through community enterprise? Examining the available evidence”, *Third Sector Review*, vol. 16, no. 1, 2010, p. 5.

式的制度化规则和人们行动的道德准则，前者如地方政府治理规则、地方惯例等，后者如特定区域中人们之间是否支持、合作、互惠、社会融合还是社会排斥等。社会企业嵌入农村，不仅可以重建地方治理规则，而且可以建立起农村居民之间行动的道德准则。

布雷克（Barraket）在这一问题上提供了关键的研究。他以新制度理论为视角，研究了澳大利亚 Victoria 当地的社会企业，指出社会企业通过制度化公共空间的重新阐释和重建，打破了地方政府现有的治理规则。布雷克看到，当社会企业嵌入农村地区，地方公民空间能够制度化地建构，不仅在物质上被制度角色形塑，而且被制度角色的相互交往所形塑，社会企业能够重塑了公民与商业空间，从而出现以公民参与和社会价值为取向的治理方式。[①] 同时，作为联结社会和经济领域的组织化形式，在社会和经济领域有目的地和自发地运作，把社会、环境、经济或文化发展目标与商业管理联结起来，社会企业的多重目标超越了地方政府制度在传统社会和经济领域的区分，因此，社会企业对传统的政府单一治理方式提出了挑战。[②]

农村社区化的重要关照在于，传统村落共同体要建立起相互帮助与支持、互惠、合作、社会团结、社会融合的社会生活氛围，即要使村落共同体成为富有人情味的社会生活共同体、成为公民社会的基本单位。“村落共同体要成为公民社会的构成，需要基于村落共同体的资源，恰当地训练农村居民的公共关心和处置公共事务的能力。”[③] 社会企业能够承担训练农村居民介入公民社会能力的重任，从而使农村居民之间形成良好合作、共同参与、相互帮助及社会团结与融合的氛围。N. 盖洛左在对爱尔兰 Ballyhoura 农村地区的社会企业进行研究后断言，社会企业的关键特色在于与合作原则的紧密联系，[④] 而对于那些工作整合型社会企业，其主要的社会目标在于满足一类特殊公民的需求，如社会排斥的人群、需要照料小孩和老

---

① Barraket, J. and Archer, V., “Changing the rules in use: an examination of the role of social enterprise in local governance”, *International Social Innovation Research Conference*, 2009, p. 11.

② Barraket, J. and Archer, V., “Changing the rules in use: an examination of the role of social enterprise in local governance”, *International Social Innovation Research Conference*, 2009, pp. 9 - 10.

③ 毛丹：《村落共同体的当代命运》，《社会学研究》，2010 年第 1 期，第 1 - 33 页。

④ N. Galluzzo, “Social Enterprises in the Irish Rural Space: An Analysis in the Area of Ballyhoura”, *Asian Journal of Agricultural Extension, Economics & Sociology*, vol. 3, no. 2, 2014, p. 151.

人的家庭、移民者等，从而将边缘化的人群融入社会。① 社会企业作为社会创新的一种新形式，能够有效地促进农村地区的社会融合，改变农村居民原有的行动准则。

（三）社会企业嵌入农村：农村资源的再造

社会企业的社会基础被普遍认为根植于地方或社区实践，② 因而，不同的地理区域会产生不同的类型的社会企业。③ 地理区域与社会企业之间的关联，其关键在于不同地理区域给社会企业提供不同的资源，社会企业需要调动有特色的区域资源并加以重新配置。从资源调动与配置的角度看，国家权力和市场机制对资源的配置都不可能在村落共同体这样一个微观地域内部达到最优，而社会企业作为一种依赖并拥有多种资源的组织，④ 它能够根据农村地区的资源状况、产业结构、历史传统等形成合理的资源配置格局，从而在一定程度上能弥补市场和政府在资源配置上的缺陷。从结构化理论来看，社会企业调动农村资源，可以有效实现农村资源的再造。

社会企业调动农村资源，是为了实现社会企业的目标。社会企业的目标通常较为多元化，社会企业实现多重目标的过程就是资源再造的过程，也是带动地方或农村社区发展的过程。罗宾·伊维尔索勒从对澳大利亚 Tasmania 地区社会企业的实证调研中发现，社会企业这种组织形式能调动农村社区的本地或非本地资源，尽管社会企业在结构上很难被界定，但是，

① 对于社会企业的社会团结与社会融合功用，美国学者塞拉西·安·威尔逊（Therese Ann Wilson）做了一个很有趣的比较研究，他在研究金融排斥（Financial Exclusion）问题时看到社区低收入消费者很难得到主流金融服务机构的信任，政府和企业通过增加福利供给和社会责任投入并不能有效解决金融排斥问题，而社会企业则可以为这些低收入消费者提供公平的金融服务。参见：Therese Ann Wilson, "Supporting Social Enterprises to Support Vulnerable Consumers: The Example of Community Development Finance Institutions and Financial Exclusion", *Journal of Consumer Policy*, vol. 35, no. 2, 2012, pp. 197 - 213.

② Somerville, P. and McElwee, G., "Situating community enterprise: a theoretical exploration", *Entrepreneurship & Regional Development*, vol. 23, no. 5 - 6, 2011, p. 326.

③ Smith, B. R. and Stevens, C. E., "Different types of social entrepreneurship: the role of geography and embeddedness on the measurement and scaling of social value", *Entrepreneurship & Regional Development*, vol. 22, no. 6, 2010, pp. 575 - 598.

④ ［比利时］马尔特·尼森主编：《社会企业的岔路选择：市场、公共政策与市民社会》，伍巧芳译，北京：法律出版社 2014 年版。

关于如何调动区域资源获得发展方面，它们分享共同的逻辑。[①] 社会企业为满足地方需求，在其社区范围内担当经济活动的可选择形式（例如非现金交易、资源重新利用和循环）和调动潜在资源（如专业技能、没有开发的劳动力、地方金融资源），它们在地方发展中充当了一个重要角色，能够推动农村社区可持续发展。[②]

社会企业不仅可以对地方或农村社区经济发展、弱势群体就业、农村公共服务或产品等物质性资源进行重新配置，而且还可以对村庄文化传统、公民意识、社会资本等非物质性资源再造。许多关于地方发展中社会企业角色的研究关注社会企业生产和使用社会资本，他们把社会企业视为一种发展社会资本的组织形式。[③] 很多研究者看到，传统农村的社会网络比城市更密集，社会资本存量更多，[④] 但传统农村是一个差序格局的社会，是由无数私人关系搭成的网络。[⑤] 社会资本作为社会企业中完全成熟的生产要素，在经过社会企业与地方或农村社区的互动合作后，作为一种私人关系网络的社会资本会上升到社会公共层面，社会企业嵌入农村，会带来高水平的社会信任和积极的公民参与。[⑥]

---

① Robyn Eversole, "Social enterprises as local development actors: Insights from Tasmania", *Local Economy*, vol. 28, no. 6, 2013, pp. 567 – 579.

② Robyn Eversole, "Social enterprises in rural community development", *Community Development Journal*, vol. 49, no. 2, 2013, pp. 245 – 261. Artur A Steinerowski, "Can social enterprise contribute to creating sustainable rural communities? Using the lens of structuration theory to analyse the emergence of rural social enterprise", *Local Economy*, vol. 27, no. 2, 2012, pp. 167 – 182.

③ Kay, A., "Social capital, the social economy and community development", *Community Development Journal*, vol. 41, no. 2, 2006, pp. 160 – 173. Evans, M. and Syrett, S., "Generating social capital? The social economy and local economic development", *European Urban and Regional Studies*, vol. 14, no. 1, 2007, pp. 55 – 74.

④ Hofferth, S and Iceland, "Social Capital in Urban and Rural Communities", *Rural Sociology*, vol. 63, no. 4, 1998, pp. 574 – 598.

⑤ 费孝通：《乡土中国 生育制度》，北京：北京大学出版社 1998 年版。

⑥ 布迪厄对社会资本的认识主要集中于个人联系或关系——一个人与亲戚、朋友、同事或者更一般的社会关系，通过这种关系，个人可以获得一定的社会资本。帕特南将社会网络作为社会资本的三个重要内容之一，与布迪厄、科尔曼等不同的是，帕特南将这种个人联系或关系上升到社会层面，即公民参与网络。帕特南认为，邻里组织、合唱队、合作社、体育俱乐部、大众性政党，这些公民参与网络是社会资本的基本组成部分，在一个共同体中，此类网络越密，其公民就越有可能进行为了共同利益的合作。参见［美］罗伯特·D. 帕特南（Robert D. Putnam）：《使民主运转起来：现代意大利的公民传统》，王列、赖海荣译，江西人民出版社 2001 年版。

四、结语

农村社区化作为一种村庄从传统农业共同体到城市弱质自治社区的城乡社区衔接方式，是中国农村社会从未经历的巨大变革，它关乎中国目前60多万个行政村的未来，更系乎国家发展的愿景。① 社会企业作为介于市场、公共政策与市民社会之间的岔路选择，能够解决国家、市场和社会介入农村社区化的发展困境。从新生概念到具体实践，社会企业通过持之以恒的行动，感召农村不发达地区的居民自己动手寻求本地化解决方案，其独特的价值和明显的优势，在农村社区化中有着巨大的发展潜力，社会企业的发展势必成为中国农村地区重建和发展战略中的一支重要推动力量。然而，社会企业在中国是一个新生事物，这就需要地方政府意识到机会所在，主动谋求合作与共赢，运用公共政策支持社会企业在农村地区的发展，开展公共政策与社会企业之间的“对话”。②

---

① 毛丹：《村庄的大转型》，《浙江社会科学》，2008年第10期，第2－12页。毛丹：《村庄前景系乎国家愿景》，《人文杂志》，2012年第1期，第150－155页。

② ［比利时］马尔特·尼森主编：《社会企业的岔路选择：市场、公共政策与市民社会》，伍巧芳译，北京：法律出版社2014年版。

后　记

残云收夏暑，新雨带秋岚。在这残云与新雨挟裹的夏日，我终于感觉到了久违的凉意与如释重负，历经多年的书稿终于落笔。这些年里忧世伤生，焦虑彷徨，但最终得以锱珠积累地写完，算是对过往岁月的一个纪念。

记得十年前，我带着理想主义的学术情怀闯入思辨哲学的领地，也曾想像康德那样仰望头顶的星空，像罗尔斯那样向往理想的社会，然而，形而上学的思考终究没能让我从学术研究中解脱出来。于是我折身而返，从形而上学的世界抽身出来，重新回到经验学术的原点，关注农村，关怀社会，聚焦乡村振兴与社区发展治理的研究前沿。

书稿的选题来自我对国家社科基金项目申报的执着和一次阅读的灵感。在很多次以不同选题申报国家社科基金项目未果之后，我便决定重点关注困顿社区的发展问题，但社区发展并不是一个新鲜的研究领域，文献颇丰，研究者众，要想有所发现，势必寻找新的研究视角和进路。正在思考和研究毫无进展之际，一个偶然的机会，比利时学者马尔特·尼森主编的《社会企业的岔路选择：市场、公共政策与公民社会》的中文译著引起了我的注意，我就像找到了一把打开房门的钥匙，研究视野一下开阔起来：社会企业这种超越国家、市场与社会三分框架的新型组织形态，成为我研究社区发展问题乃至后续若干思考和研究的理论视角和思想源泉。很幸运地，当年以社会企业介入社区发展问题为选题申报国家社科基金项目便获资助，一段令人难忘且具有挑战的研究与探索之旅得以成行。

困知勉行，虚而不淈，历经这份研究工作的探索与磨炼，对未来更添一份自信与豁然，对过去也多了一份感怀与留恋。一番教诲、一杯热茶，一阵欢笑，我无不时时感受到这段历程中得到的温暖与关爱。

在学术的道路上一路走来，最应该感谢的是我的学术和思想导师毛丹先生。回想当年，懵懂无知的我，在学术的殿堂外徘徊，是先生不嫌愚陋，提携点拨，唤起我对学术研究的兴趣与自信。先生热爱学术，关注民生，始终致力于中国农村社会学的发展，力求用最本真的语言传递他对中国传统乡村的现实思考与理论上的洞见。多年来受教于先生，使我在治学思路与治学方法上受益良多。

这些年来我总与枯燥的文字打交道，确是一件辛苦的事，好在我的爱人能够理解我。曾经有一段时间，我都有点厌烦这种枯燥无聊的文字游戏，是她，让我在学术理想与生活现实之间，再无功利的权衡与不负责任的退缩。我知道，在这个信仰不断流失的时代，却鼓励我埋头做好学问的人，肯定是最懂我的人。

古之治道者，以恬养知，小女以恬伴随着书稿的写作一起成长。在这些年的时间里，她从一个初生的婴儿长成一个小小丫头，甜蜜、温馨，有她的日子永远充满着快乐与欢声笑语。

最后，这份研究系国家社会科学基金一般项目（编号：14BSH101）的最终研究成果，也得到华南农业大学公共管理学院学科建设经费的出版资助，在此谨致谢意！同时也感谢中国财政经济出版社经济理论出版中心陆宗祥主任，书稿从选题申报到最终顺利出版成书，都离不开他的鼎力相助和默默付出，作为出版人的高效、严谨和热情给我留下了深刻的印象。

贺建军

2023年8月8日于杭州钱塘江畔